Spiele
im FREIEN

SPIELE im

FREIEN

mit Vorschulkindern

Ausgewählt und bearbeitet
von Waltraut Singer

Volk und Wissen
Volkseigener Verlag Berlin
1989

Spiele im Freien mit Vorschulkindern/ausgew. u. bearb. von
Waltraut Singer. – 1. Aufl. – Berlin : Volk u. Wissen, 1989. – 272 S. :
Ill. NE: Singer, Waltraut [Bearb.]

ISBN 3-06-262683-6

1. Auflage 1989
© Volk und Wissen Volkseigener Verlag, Berlin 1989
Lizenz-Nr. 203 · 1000/89 (E 262683-1)
Printed in the German Democratic Republic
Schrift: Publica 9/11p, Digiset
Gesamtherstellung: Grafischer Großbetrieb Völkerfreundschaft, Dresden
Redaktion: Waltraut Singer
Einbandgestaltung und Illustrationen: Sigrun Pfitzenreuter
Typographische Gestaltung: Atelier vwv, Dagny Scheidt
Redaktionsschluß: 23. September 1988
LSV 0635
Bestell-Nr.: 709 547 3
01360

Inhaltsübersicht

Einführung 7
Laufspiele 27
Wettläufe 27
Staffelläufe 33
Haschespiele 38
Platzsuchspiele 67
Kraft- und Gewandtheitsspiele 75
Felderhüpfspiele (Hopse) 75
Seilspringen und Seilschwingen 87
Tauziehen 95

Spiele und Übungen mit:
● Reifen 97
● Tennisringen 102
● Gymnastikkeulen . . . . , . 104
● Bällen 105
● Murmeln 129
● Luftballon und Tüchern 137
● Sandsäckchen 141
● Pappdeckeln und Papprollen 142
● Teddy 144
● Gummibändern 145
● Kinderfahrzeugen und Kreisel 149
● Windmühle, Papierfliegern und Drachen 155
● Kegeln, Kugeln und Würfeln auf Pflaster und Rasen 159

Im Park, im Wald, auf der Wiese und am Strand 171
Im Schnee und auf der Eisbahn 191
Lustige Wettbewerbe für Kinderfeste 217
Alphabetisches Spiel- und Übungsverzeichnis 248
Inhaltsverzeichnis 258
Literaturnachweis 270

Einführung

„Und was spielen wir jetzt?" fragen die Kinder – auf dem Spielplatz, im Park oder am Strand angekommen – und blicken dabei erwartungsvoll auf den sie begleitenden Erwachsenen. Sie hoffen, daß ihm oder den anderen Kindern ein fröhliches, aktionsreiches Spiel einfallen wird. Ein Spiel, bei dem sie zeigen können, wie schnell, wie gewandt und mutig sie schon sind. Eine beliebte Rolle möchten sie ausüben, einmal „der Fuchs" oder „das flinke Mäuschen" sein. Sie hoffen, erster im Wettspiel zu werden, einen kleinen Preis zu erringen. Alle freuen sich auf das gemeinsame Spielen und den Spaß dabei.
Viele Kinder laufen erst einmal los, den sich bietenden Spiel- und Bewegungsraum dabei auskostend. Dafür sollten wir ihnen erst einmal genügend Zeit lassen.
Wer kann sich der Vorfreude und Spiellust der Kinder in einer solchen Situation entziehen? – Sie steckt an, aber sie darf auch nicht enttäuscht werden! Jede Kindergärtnerin braucht deshalb ein reiches Spielrepertoire, muß viele Spiele verschiedener Spielarten kennen und dem Alter der Kinder entsprechend sicher auswählen können.
Von der Wahl des richtigen Spiels, das die Erwartungen der Kinder befriedigt, ihren Fähigkeiten entspricht und von der Führung der Kinder durch die Erzieherin ist es abhängig, ob die Spielfreude der Kinder und ihre Aktivität erhalten bleibt oder bald erlischt. Selbst beliebte Spiele rufen manchmal ein gelangweiltes „Ooch!" hervor, wenn sie den Kindern keinerlei Anstrengungen mehr abverlangen, immer in gleicher Weise oder einfach zu oft gespielt werden.
In den Spielen, die in den Kindergärten im Freien gespielt werden, beobachten wir manchmal eine gewisse Einseitigkeit. Meist werden die gleichen Grundtypen von Lauf- und Haschespielen, Ballspielen u. ä. veranstaltet, seltener werden Varianten erprobt.
In letzter Zeit bemühen sich Erzieherkollektive aber wieder mehr, in Vergessenheit geratene Spielarten neu zu beleben; sie schaffen selbst Spiele, mit denen sie das Leben der Kinder fröhlicher gestalten und bestimmte Bildungs- und Erziehungsaufgaben erfüllen können (vgl. Puzzle, Würfelspiele und Riesendomino auf Plattenwegen, S. 160). Vor allem wollen sie den täglichen Aufenthalt der Kinder im Freien sinnvoll gestalten.

7

Zum Anliegen der Sammlung

Bei der Erarbeitung dieser Sammlung stellten wir uns folgende Ziele: Sie sollte der Kindergärtnerin bei der inhaltsreichen, gesundheitsfördernden Lebens- und Tagesgestaltung für die 3- bis 6jährigen Kinder im Kindergarten helfen. Mit Hilfe eines reichen, vielseitig pädagogisch nutzbaren, methodisch aufbereiteten Angebots an sportlichen Spielen und Übungen sollte es ihr leichter werden, den täglichen mehrstündigen Aufenthalt der Kinder im Freien interessant und bewegungsaktiv zu gestalten. Natürlich kann man unter dieser Zielstellung auch Rollenspiele, Spiele im Sandkasten, Stegreifspiele, Beschäftigungen, Mahlzeiten u. ä. bei entsprechenden materiellen Bedingungen und günstigem Wetter ins Freie verlegen. Wir verfolgten mit dieser Sammlung insbesondere das Ziel, Anregungen für *Spiele im Freien zu allen Jahreszeiten und für unterschiedliche Witterungsbedingungen* zu geben, damit die Kinder jeden Tag an frischer Luft spielen und zum Beispiel auch im Winter interessante Anregungen erhalten. Dabei wollten wir die Aufmerksamkeit auch auf örtlich unterschiedliche Bedingungen der Freiflächen in den Kindergärten richten und dazu anregen, landschaftliche Besonderheiten außerhalb der Einrichtung für Spiele und Übungen besser zu nutzen, um das Bedürfnis der Kinder nach täglichen sportlichen Betätigungen herauszubilden. Wege, Wiesen, hügliges Gelände im Park, im Wald, am Strand, kleine Hänge bieten sich für freudvolle, intensive und abwechslungsreiche Spiele und Übungen an. Auch die Eltern finden Anregungen in diesem Buch für sportliche Betätigungen und Spiele mit ihren Vorschulkindern im Garten, auf Wanderungen und im Urlaub. Diesem Anliegen sind besonders die Kapitel „Spiele und Übungen in Park, Wald, Wiese und am Strand" und „Spiele im Schnee" gewidmet.
Als ein weiteres Ziel verfolgten wir die Sammlung überlieferter, zum Teil vergessener Spiele, die zu Unrecht aus den Kindergärten verschwunden sind. Spiele, die für unsere Ziele geeignete pädagogische Potenzen erkennen ließen, wollten wir wieder erschließen. Bei der Erprobung der Spielsammlung stellten wir fest, daß zum Beispiel Felderhüpfspiele, Murmelspiele und Spiele mit allerlei Hilfsmitteln, wie Tücher, Bänder, Pappscheiben, Luftballons u. a., die Kinder ebenso begeistern wie andere Generationen früher. Gepflasterte Gehwege, Terrassen in Kindergärten, großzügig angelegte Sandflächen (auch im Wohngebiet), bieten sich dafür reichlich an. Die Kindergärtnerinnen, die unsere Sammlung erprobten, entdeckten verwundert, was man mit diesen einfachen Mitteln alles machen kann und wieviel Freude sie den Kindern bereiten.
Musikalische Kreisspiele, die natürlich ebenfalls ins tägliche Spiel der Kinder im Freien einbezogen werden sollen, nahmen wir nicht auf, weil dafür die bewährte Sammlung *„Kommt herbei zum großen Kreis"* (vgl. 1986) und einige SCHOLA-Schallplatten zur Aneignung dieser Spiele zur Verfügung stehen.
Praktische Hilfe für die tägliche pädagogische Arbeit wollten wir mit der Anlage und der methodischen Bearbeitung des angebotenen Spielgutes geben. Wir möchten den Leser auf besondere Anforderungen und körpererzieherische Potenzen der einzelnen Spiele und Spielarten hinweisen, ihm Hinweise zur altersgerechten Auswahl, zur Organisation und Führung der Kinder bei den Spielen und Übungen ge-

ben. Bei der Auswahl und Darstellung der Spiele orientierten wir uns an den Zielen und Aufgaben zur Entwicklung des Spiels sowie zur körperlichen Bildung und Erziehung der Vorschulkinder, die im Programm für die Bildungs- und Erziehungsarbeit im Kindergarten (1985) vorgegeben sind.

Insbesondere beachteten wir die Aufgaben zur Entwicklung grundlegender Bewegungsfertigkeiten und körperlicher Fähigkeiten der Vorschulkinder sowie zur Herausbildung des Bedürfnisses nach regelmäßiger sportlicher Betätigung sowie des Spiel- und Wetteiferverhaltens.

Die im oben genannten Programm empfohlenen Spiele sind in der vorliegenden Sammlung enthalten. Darüber hinaus findet der Leser weitere Spiele und Übungen mit verschiedenen Handgeräten, an feststehenden oder beweglichen Spielplatzgeräten, mit Kinderfahrzeugen und Wintersportgeräten, die sowohl das angeleitete als auch das selbständige Spielen und individuelle Üben der Kinder bereichern können.

Grundsätzlich orientieren wir auf die Nutzung der in den Kindergärten zur Verfügung stehenden *Geräte für die Körpererziehung* (Turngeräte, Handgeräte, feststehende und bewegliche Spielplatzgeräte) sowie auf Hilfsmittel und Spielmaterial, das leicht zu beschaffen ist oder selbst hergestellt werden kann.

Die Sammlung bietet neben Spielen und Übungen, die einer Anleitung durch die Erzieherin bedürfen und nur in einer Gruppe von mehreren Kindern gespielt werden können, viele an, die auch allein oder zu zweit von den Kindern ausgeführt werden können. Damit bieten sich Möglichkeiten für die individuelle Förderung und Aktivierung einzelner Kinder an, sowohl im Kindergarten als auch in der Familie.

Sportliche Spiele und lustige Wettbewerbe werden gern in *Kinderfeste* im Kindergarten einbezogen. Ebensogern veranstalten junge Familien diese Spiele mit ihren Kindern bei *Haus- und Gartenfesten;* sie werden im Wohngebiet veranstaltet und bilden oft Höhepunkte für Kinder im Ferienheim. Für dieses fröhliche Miteinander von Kindern und Erwachsenen stellten wir besonders geeignete Spiele in einem gesonderten Kapitel „Lustige Wettbewerbe für Kinderfeste" zusammen, um dem Leser bei Bedarf ein schnelles Auffinden zu ermöglichen.

Zu den Arten der Spiele und ihrem erzieherischen Wert

Sportliche Spiele sind für die Gestaltung eines fröhlichen, anregenden Tagesablaufes in jeder Kindergruppe im Kindergarten unentbehrlich. Viele dieser Spiele haben hohen erzieherischen Wert, „weil sie das Bedürfnis der Kinder nach vielfältiger Bewegung und nach dem Zusammenspiel in der Kindergruppe befriedigen, einen notwendigen Ausgleich zwischen Ruhe und Bewegung schaffen und der Vervollkommnung der Grundbewegungsarten dienen" (vgl. Keller, St., 1986, S. 72).

Viele dieser Spiele vermitteln Lebensfreude und Wohlbefinden, sie bieten vor allem günstige Bedingungen für die Ausbildung von *konditionellen Fähigkeiten*, wie Kraft, Schnelligkeit, Ausdauer und für *koordinative Fähigkeiten*, wie Reaktions- und Rhythmusfähigkeit, räumliche Orientierungs- und Gleichgewichtsfähigkeit sowie kinästhetische Differenzierungsfähigkeit. Sie unterstützen die *allgemeine Entwicklung und Kräftigung des Körpers* und erhöhen die *Widerstandsfähigkeit* der Kinder. Durch die Einbeziehung vieler Spielarten in den Tagesablauf im Kindergarten kann die Erzieherin einen notwendigen, gut überlegten Wechsel von Belastung und Erholung zwischen vorrangig körperlicher und stärker geistiger Beanspruchung für die Kinder organisieren und dabei sowohl Aufgaben der Körpererziehung als auch der Gesundheitserziehung gleichermaßen erfüllen. Das gilt insbesondere für Spiele im Freien.

„Durch die verstärkte Bewegungstätigkeit der Kinder ... erhöhen sich alle körperlichen Prozesse im Organismus, verbessert sich die Tätigkeit der Organsysteme ... Bei den im Spiel entstehenden Bewegungssituationen gewöhnen sich die Kinder daran, ihre Bewegungsfertigkeiten zu vervollkommnen und vielseitig zu nutzen. Sie laufen, klettern, springen, werfen ..." (ebenda, S. 72).

Sportliche Spiele haben auch besondere Erziehungspotenzen, sie fördern zum Beispiel die Herausbildung von *Charaktereigenschaften* und *Verhaltensweisen*, sie unterstützen die Entwicklung eines gesunden Leistungsstrebens und Wetteiferns durch den unmittelbaren Vergleich mit anderen Kindern. Eine freudvolle spannende Spielatmosphäre motiviert die Kinder zu hohem Einsatz, für Zielstrebigkeit und Beharrlichkeit.

Sportliche Spiele erziehen auch zu verantwortungsbewußtem Handeln im Interesse eines kleinen Kinderkollektivs, der Spielgruppe: Sie müssen sich über Spielregeln einigen, sich diesen ein- und ggf. einem Spielführer unterordnen und gegenseitig Rücksicht nehmen lernen. Sie werden zu Ehrlichkeit und Disziplin beim Einhalten der Spielregeln erzogen, daran gewöhnt, Aufstellungs- und Ordnungsformen diszipliniert einzuhalten.

In diesen Spielen wird zugleich die *geistige Entwicklung* des Kindes gefördert. Es muß in häufig und schnell wechselnden Situationen Spielaufgaben verstehen, Spielregeln und Spielabläufe im Gedächtnis behalten, auf Signale (Kommandos) richtig und schnell reagieren lernen. Es muß sich Übungs- und Gerätebezeichnungen merken, sich im Raum orientieren, Raumwege und Richtungen einhalten lernen, abzählen, sich absprechen und verständigen können und ähnliche Leistungen erbringen.

Verschiedene Spiele im Freien geben den Kindern Gelegenheit, ihre *Kenntnisse anzuwenden* und *zu festigen*. Das kann zum Beispiel beim Aufsagen eines Abzählreimes geschehen, in dem die Zahlenfolge genannt werden muß. Beim Hüpfen von Feld zu Feld im „Hüpfkasten" müssen die Wochentage oder Monatsnamen aufgesagt werden. Im Spiel „Bilderwettlauf" sollen Tiere erkannt werden, im Spiel „Mutter, darf ich verreisen?" wird nach der Anzahl von Silben vorwärts geschritten. Auch in „Farbenraten", „Blumenhasche", „Vögelverkaufen", „Monatshäsche" und ähnlichen Spielen werden Kenntnisse abgefragt. In einigen Spielen müssen Ergebnisse registriert und bewertet werden; die Kinder müssen zählen, wie oft der Ball auf den Boden geprellt wurde; sie messen, wie weit ein Reifen gerollt ist; sie legen eine Rangfolge nach dem Einlauf beim Wettlauf fest u. a. Viele dieser Spiele wurden ursprünglich von Schulkindern zu diesem Zweck erfunden. Heute bemühen sich Kindergärtnerinnen, Lehrer und Studentinnen der pädagogischen Schulen verstärkt um die Weiterentwicklung dieses Spielgutes und greifen dabei auch Ideen der Kinder auf. In den Varianten, die fast jedem unserer Spiele beigegeben sind, findet der Leser solche neuen Spielideen und bekommt Impulse zum eigenen Variieren mit den Kindern. Somit besitzen sportliche Bewegungsspiele auch hohen Wert für die geistige und muttersprachliche Bildung und Erziehung der Kinder und für die Entwicklung ihrer schöpferischen Fähigkeiten.

Im folgenden wollen wir einige für Vorschulkinder geeignete Arten von sportlichen Bewegungsspielen und Körperübungen mit und ohne Geräte vorstellen, die wir mit Hinweisen für deren Alterseignung, den günstigen Einsatz und die Anleitung im Kindergarten, verbinden. Vorab noch einige Bemerkungen zur Gliederung.

Das Ordnungsprinzip der dargestellten Spiele und Übungen, der einzelnen Spielarten folgt den Zielen und Aufgaben, die der vorschulischen Bildung und Erziehung gestellt sind; es entspricht vor allem der Orientierung, die Körpererziehung als Prinzip in der Gestaltung des Lebens der Kinder im Kindergarten durchzuführen. Von der Vielfalt der im Kindergarten möglichen und notwendigen sportlichen Spiele und Tätigkeiten der Kinder ließen sich aber nur ein Teil nach traditionellen Ordnungsprinzipien gliedern, zum Beispiel die Lauf- und Haschespiele, die Kraft- und Gewandtheitsspiele, die Spiele und Übungen mit verschiedenen Handgeräten und Hilfsmitteln. Spezifische Kindergartenspiele, wie zum Beispiel das Murmelspiel, das Kreiseln, Roller- und Dreiradfahren, Spiele mit Kegeln, Würfel, Dominosteinen auf der Terrasse u. ä., mußten wir in gesonderte Kapitel fassen. Wir gliederten sie aus praktischen Erwägungen nach den verwendeten Spiel- und Sportgeräten.

Die Ganztagserziehung im Kindergarten ermöglicht es, sowohl das Freigelände als auch die nähere Umgebung der Einrichtung täglich für fröhliches Spiel, Spaziergänge und kleine Ausflüge in den Park, in den Wald, auf Wiesen, an den Strand usw. zu nutzen, für die Körpererziehung und Gesunderhaltung der Kinder auszuschöpfen. In zwei Kapiteln stellten wir deshalb Spiele und Übungen zusammen, die anregen sollen, landschaftliche Gegebenheiten in- und außerhalb des Kindergartens sowohl im Frühjahr und Sommer (vgl. S. 171), vor allem aber auch im Herbst und Winter (vgl. S. 191) intensiver für die gesunde körperliche und geistige Entwicklung und das Wohlbefinden der Kinder nutzbar zu machen.

Lauf- und Haschespiele

Weglaufen und sich wieder einfangen lassen, gehört zu den Spielen, die schon Zwei-jährige mit Vergnügen spielen. Welch Lebenslust und Tatendrang offenbart uns solch ein aus der Obhut des Erwachsenen ausbrechender Knirps, der sich kreischend und jauchzend immer wieder von Mutter, Vater oder der Erzieherin entfernt – ein-fangen läßt – wieder losläuft – erneut fangen läßt. Bald entdecken die Kinder, daß es sich auch mit anderen Kindern in dieser Weise fröhlich spielen läßt. „Einkriegen", „Wettlaufen", das „Katze-und-Maus-Spiel" kennt jedes Kind sehr bald.

Im Kindergarten sind *Laufspiele* zunächst einfache Wettläufe in einer Richtung. Alle Kinder starten zugleich auf ein Signal (Kommando), um ein vorher bestimmtes Ziel zu erreichen oder eine Aufgabe zu erfüllen: die Erzieherin zu fangen, bis zu einem Baum, zu einer Linie zu laufen, ein Fähnchen vom Sandberg zu holen u. ä. Sie legen dabei eine bestimmte Laufstrecke zurück (10 bis 30 m), in verschiedenen Fortbewe-gungsarten (Laufen, Gehen, Hüpfen, auch mit Windrad, Luftballon), bewältigen Hindernisse (ein Gerät umlaufen, es übersteigen, darüber klettern, darunter hin-durchkriechen, ein Handgerät aufheben, tragen, ablegen usw.).

Für größere Vorschulkinder sind besonders *Staffelläufe*, in die das Lösen lustiger Auf-gaben eingefügt ist, die viel Gewandtheit erfordern, geeignet (vgl. „Enten schöpfen", „Clown anziehen", S. 36 f.). Sie möchten ihre Leistungen miteinander vergleichen, ihr Können anwenden; sie verstehen die Bedingungen eines Wettspiels, eines Mann-schaftswettbewerbs in den Staffelläufen. Die im Kindergarten durchgeführten Wett-läufe helfen vor allem, die Schnelligkeit im Laufen zu entwickeln, konditionelle und koordinative Fähigkeiten zu schulen, zum Beispiel wenn auf dem Laufweg über ein Gerät geklettert, es umlaufen oder durchkrochen werden muß, ein Ball geholt, ge-tragen, geprellt werden muß.

Besonders geeignet für Vorschulkinder sind Lauf- und Haschespiele, die in *Spielhand-lungen eingekleidet* sind, in denen *Rollen zu gestalten* und *Dialoge zu sprechen* sind. Sol-che Dialoge können die Spielhandlung einleiten und weiterführen, zum erneuten Spielbeginn überleiten, wie in den Spielen „Alle meine Entchen, kommt nach Haus!" oder „Farben verkaufen". Die Kinder lieben diese, aus Dialogen mit feststehenden Spielhandlungen bestehenden Spiele und erlernen sie meist schnell. Das Imitieren von Tierstimmen, das Gestalten der Rollen (schlau und geschickt wie ein Fuchs zu laufen) motiviert sie, gibt ihnen reiche Möglichkeiten zu phantasievollem Spiel und zum Anwenden ihres Könnens.

Laufen und Haschen, das Verfolgen eines anderen Kindes, um es abzuschlagen, gibt es in vielfältigen Varianten. So kann man Haschen und das andere Kind antippen, abschlagen, ihm aber auch etwas wegnehmen („Schwänzchen haschen", „Pudel-mütze fangen"). Anschleichen und Berühren kann der wilden Verfolgungsjagd eben-falls vorausgehen („Klingelmännchen", „Plumpsack").

Bei Haschespielen kann man ein *Freimal*, einen Platz vereinbaren, um nicht abge-schlagen oder gefangen zu werden. Freimal kann eine vorher festgelegte *Bewegung* oder *Haltung* („Kauermännchen", „Humpelzeck") oder das *Anfassen* eines anderen Kindes sein, bevor der Fänger naht („Brüderchen, hilf!"). Manchmal muß man schnell einen Begriff nennen („Blumenhasche") oder eine ähnliche *Aufgabe erfüllen*. Ehrliches Spiel und gute Übersicht sind unbedingt erforderlich.

Das Haschespiel mit Freimal erlaubt den Kindern wiederholt eine Ruhepause, macht das Spiel spannend und auch geistig anregend – aber es erschwert dem Fänger das Abschlagen. Es kann zu Überforderungen einzelner Kinder kommen. Das Freimal darf deshalb nicht zu weit entfernt sein, das Spielfeld muß begrenzt werden (Wimpel aufstellen, auf dem Boden Seile auslegen), und es darf nicht zu groß sein. Mit Hilfe eines Reimes kann das Freimal jedoch auch „aufgehoben", der Spieler „abgeklatscht" werden.

Eine weitere Art der Lauf- und Haschespiele sind die *Platzsuchspiele*, bei denen das Freimal ein sichtbarer, feststehender Platz ist, der errungen werden muß (ausgelegte Gymnastikreifen, gezogene Kreise, Turnbänke, Stühle, Spielplatzgeräte). Mitunter sind es auch ein Spielpartner oder eine Lücke im Kreis („Drittenabschlagen"), zu denen sie eilen müssen. Beliebt sind die spieleinführenden Rufe oder Fragen bei Platzwechselspielen, wie „Wechselt das Bäumchen!" oder: „Haben Sie ein Kämmerchen zu vermieten?". Dialoge oder Rufe begleiten die Spielhandlung wie bei „Um das Häuschen gehe ich" oder „Die Schwalbe hat kein Nest!" Diese Spiele sind sehr lebhaft, auch wenn oft nur wenige Kinder gleichzeitig in Aktion sind. Es entsteht meist ein schneller Wechsel der Spielsituationen. Belastung und Erholung sind aber gleichmäßig verteilt, denn das Laufen und Fangen ist für das einzelne Kind nur kurzzeitig, jedes hat dazwischen Ruhepausen, es muß aber jederzeit reaktionsbereit das Spiel verfolgen.

Kettenhaschen, wie zum Beispiel im Spiel „Henne und Habicht", in welchem die Kinder in einer Reihe mit Hüftfassung hintereinander laufen müssen, ist nur für sehr geübte 6- bis 7jährige Kinder zu empfehlen. Jüngere Vorschulkinder sind meist noch nicht gewandt und nicht laufsicher genug, um sich in dieser Formation ohne zu fallen zu bewegen.

Kraft- und Gewandtheitsspiele

Kräftevergleiche unter Einsatz des ganzen Körpers, Ziehen und Schieben gelingen Vorschulkindern aufgrund ihrer noch ungenügend ausgebildeten körperlichen Fähigkeiten nur bedingt und kurzzeitig. Für den Kindergarten bietet sich aber eine große Anzahl von Spielen an, die uns helfen, die körperlichen Kräfte, wie Armkraft und Beinkraft, der Vorschulkinder auszubilden sowie Gewandtheit, Gleichgewichtsfähigkeit, Reaktionsfähigkeit und räumliche Orientierungsfähigkeit zu schulen. Zu diesen rechnen wir beispielsweise die *Felderhüpfspiele*.

Sobald die Erde im Frühling trocken wird, beginnen die Kinder Diagramme für Felderhüpfspiele und Schiebekästen aufs Pflaster zu malen oder in ebene Erde zu ritzen. Diese Spiele sind auch als „Hopse" oder „Hickeln" bekannt. Felderhüpfspiele tragen wesentlich zur Entwicklung und Vervollkommnung der Sprungkraft und zur Kräftigung der Beinmuskulatur bei. Sie erfordern viel Gleichgewichts- und Rhythmusfähigkeit und Kraft im Einbein- oder Schlußhüpfen sowie im Grätschhüpfen, im gezielten Werfen oder Schieben einer Marke (Kette, Stein) von Feld zu Feld. Räumliches Orientieren auf einer begrenzten Fläche, auf mehrere, immer weiter von der Abwurflinie entfernte Felder des „Hüpfkastens" sowie die Fähigkeit, die Sprünge genau der Größe eines Feldes anzupassen, werden verlangt. Es müssen auch Richtungen, wie vor-, seit- und rückwärts sowohl beim Springen als auch beim Werfen der Marke oder beim Weiterschieben derselben mit dem Fuß beachtet und eingehalten werden. Aber gerade diese vielen Regeln und unterschiedlichen geistig-körperlichen Anforderungen reizen die Kinder, sich zu erproben, Wissen und Können zu beweisen.

Diagramme für Felderhüpfspiele gibt es in unzähligen Varianten; sie sind in vielen Ländern verbreitet. In England heißen diese Spiele zum Beispiel „hopscotch" (scotch = skizzieren). Hüpfkästen in vielen Ländern ähneln einander.

Seit einiger Zeit nutzen Kindergärtnerinnen die in den Einrichtungen auf den Spielplätzen vorhandenen Hartflächen, wie Plattenwege und gepflasterte Terrassen, wieder für Felderhüpfspiele der Kinder. Verschiedene Hüpfkästen werden mit Lackfarbe auf den Boden gemalt, so daß sie jederzeit von den Kindern selbständig genutzt werden können. Wenn mehrere Hüpfkästen vorhanden sind, ihre Schwierigkeit durch Farben gekennzeichnet ist, so sprechen sie die Kinder besonders stark an. Sie können selbständig die Schwierigkeiten steigern, immer andere Spielformen erproben.

Ein Feld in einem Hüpfkasten sollte für 5- bis 7jährige Kinder etwa 30 cm breit und 30 bis 40 cm lang sein. Wir achten auf einen kräftigen Absprung mit Armschwung und auf elastisches, weiches Landen. Aus orthopädischer Sicht sollte das Hüpfen auf der Terrasse, auf hartem Untergrund, bei Vorschulkindern nicht über eine halbe Stunde ausgedehnt werden, da es sonst zu Schädigungen der Füße und des Skelettsystems kommen kann. Wenn die Kinder jeweils in kleinen Gruppen zu drei bis fünf Kindern spielen, hat das einzelne Kind wiederholt Pausen innerhalb eines Spieldurchlaufs, in denen es sich erholen kann.

Auch bei individuellem Spiel und Üben mit dem *Sprungseil*, beim Fangen, Schwingen oder Überspringen eines *Langseiles*, wobei man einen Reim aufsagen kann (vgl. S. 91), werden Arm- und Beinkraft und koordinative Fähigkeiten, wie Rhythmus-, Gleichgewichts- und Reaktionsfähigkeit, ausgebildet.

Tauziehen eignet sich nur für ältere Vorschulkinder, besonders wenn es als Mannschaftswettbewerb, zum Beispiel bei Kinderfesten durchgeführt wird. Dabei sollte die Freude am Mitmachen im Vordergrund stehen.

Spiele und Übungen mit Spiel- und Sportgeräten

Wichtig für das Sammeln von Bewegungserfahrungen, für die Ausbildung von Bewegungsfertigkeiten und die Vervollkommnung körperlicher Fähigkeiten sind alle Spiele und Übungen der Kinder mit *Spiel- und Sportgeräten*. Diese Geräte haben starken Aufforderungscharakter, sie regen zum Ausprobieren an. Denken wir nur daran, welche Wirkungen farbige Reifen, Bälle, Sprungseile, Wurfringe allein schon

14

beim Anschauen auslösen! Jedes Kind braucht viele, durch Probieren und Spielen mit diesen Geräten spontan erworbene Erfahrungen, und es sollte möglichst viel Phantasie dabei entfalten können. Der tägliche Aufenthalt im Freien bietet dazu zahlreiche Möglichkeiten. Lassen wir den Kindern viel Zeit, und geben wir ihnen reichlich Gelegenheit, auch allein herauszufinden, wie man Bälle, Reifen, Sprungseile, Wurfringe, Gymnastikkeulen, Gymnastikstäbe u. ä. handhaben kann. Sie sollten auch ausprobieren können, wie man Windräder zum Rollen, Papiertauben, Drachen zum Fliegen bringen kann.

Zur zielgerichteten Entwicklung bestimmter *Fertigkeiten*, wie Rollen, Werfen, Fangen, Prellen des Balles, Rollen und Fangen des Reifens, Schwingen und Überspringen des Seiles, benötigen die Kinder *systematische Anleitung in Sportbeschäftigungen,* in die natürlich auch viele Spiele einbezogen werden. Die in Spielhandlungen eingekleideten Übungen mit Geräten, wie „Ballschule", „Seilspringschule", die außerdem noch mit einem Wetteifern von Kind zu Kind verbunden sein können, motivieren größere Vorschulkinder sehr stark zu ausdauerndem Spiel, zu wiederholtem Üben mit dem Gerät. Es reizt sie besonders, sich selbst ein Ziel zu stellen (Ich will heute dreimal treffen, zehnmal seilspringen!). Mit Hilfe der Spielregeln sind sie in der Lage, sich selbst und sich gegenseitig zu kontrollieren und zu bewerten. Das trägt wesentlich zur Willensbildung bei, führt zu Selbstdisziplin, zu guten Ausdauerleistungen und zu gut entwickelten Bewegungsfertigkeiten.

Viele Geräte sind für *Partnerspiele* geeignet, zum Beispiel „Ball zurollen in der Gasse", „Partnerübungen mit Reifen", „Gummibandspiele". Partner sein heißt, den Willen zur Kooperation, zum Anpassen der eigenen Bewegung an die des Partners, zum erfolgreichen Zusammenspiel zu entwickeln. Von einem Kind, das dem anderen den Reifen oder Ball zurollt, hängt es ab, ob dieses ihn gut oder nur mit Mühe auffangen kann. Sie lernen aber auch, miteinander körperliche Kräfte zu messen, beispielsweise beim Ziehen eines Taues oder Sprungseils über eine Linie.

Bei Mannschaftswettbewerben unter Verwendung von Handgeräten entscheidet sowohl die Leistung des einzelnen als auch der ganzen Gruppe das Spiel. Der einzelne muß sich anstrengen, damit seine Mannschaft siegt, er lernt, Freude am Sieg oder Überwinden einer Niederlage zu teilen. Die Freude an der kollektiven Auseinandersetzung, am Wetteifern und das Streben nach guten Ergebnissen dabei sind für jedes Kind eine große aktivierende Kraft.

Beim Wetteifern in einer Übung mit Geräten vergleicht das Kind sein Können mit dem der anderen Kinder, es schaut sich Bewegungen ab, macht sie nach, lernt sich selbst einzuschätzen. Wetteifern mit Geräten in Mannschaftswettbewerben ist aber erst sinnvoll, wenn die Kinder Grundfertigkeiten im Umgang mit Sportgeräten erworben haben, wenn sie sicher werfen, fangen, zielen, klettern, springen, mit dem Roller fahren können u. ä.

Murmelspiele sind bei Kindern in vielen Ländern heute noch beliebt und verbreitet. Man nennt sie auch „Marmeln", „Klickern", „Schussern" u. ä., denn es gibt Murmeln aus Stein, Ton, Glas oder Marmorstein (daher der Name „Marmeln"). Platz für ein Murmelspiel – zu dem jedes Kind in einem Säckchen oder Kästchen einige Murmeln mitbekommt – findet sich im Freien auf Wegen, an Wegrändern, auf festem Sandboden, auf gepflasterten Wegen. Mit dem Absatz ist schnell eine Grube in weichen Boden gedreht, auf Asphalt oder Stein wird die Spielfläche mit Kreide markiert. Unter einem großen schattigen Baum, unter dem sowieso nichts mehr wächst, kann man einige Plastebecher eingraben – schon haben die Kinder einen festen Murmelspielplatz.

Eine Murmel können bereits vierjährige Kinder, im Hockstütz dabei kauernd, mit leicht gekrümmtem Zeigefinger und eingezogenem Daumen nahe am Boden vorwärts treiben und in ein Ziel (Kreis, Linie, Grube) befördern. Das erfordert und übt die Geschicklichkeit der Finger. Die Kinder müssen mittels Augenmaß Entfernungen schätzen, die Stärke der Abstoßbewegung mit der Größe der Murmel oder Kugel in Übereinstimmung bringen und die Entfernung vom Ziel gut abwägen. Dabei erwerben sie vielerlei Erfahrungen, lernen ihre Handbewegungen differenziert zu steuern, üben Geduld und Ausdauer. Sie müssen gleichzeitig auch lernen, Niederlagen zu verarbeiten. Bald entdecken sie jedoch eigene Stärken und körperliche Vorzüge an sich. Bevor man ein Wettspiel veranstaltet, sollten die Kinder das Murmeltreiben deshalb allein oder zu zweit ausgiebig geübt haben.

Veranstaltet man Kugelspiele auf schiefer Ebene, läßt man in verschieden große Ziele unterschiedlich große Kugeln rollen, so machen die Kinder auch physikalische Erfahrungen. Sie lernen, die Eigenschaften der Gegenstände im Spiel zu nutzen.

Wir haben in unsere Sammlung auch einige *Kugel- und Zielballspiele* mit Regeln aufgenommen (vgl. S. 166). Wir beobachteten, daß diese schon gern von Vorschulkindern gemeinsam mit Erwachsenen gespielt werden. Kugeln für das Boccia-Spiel oder Kugeln und Schläger für Golf und Krocket gehören mancherorts zur Spielgeräteausstattung des Kindergartens. Man sollte diese Geräte auf jeden Fall für die sportliche Betätigung der größeren Vorschulkinder erschließen.

Spiele und Übungen mit Hilfsmitteln

Spielen und üben die Kinder mit Sandsäcken, Luftballons, Papprollen, Pappdeckeln, Tüchern, Gummibändern, Schaumstoffkissen oder Kuscheltieren (Teddys), so ist das keineswegs als Ersatz für nicht ausreichend zur Verfügung stehende Sportgeräte anzusehen. Es lassen sich mit diesen Hilfsmitteln viele interessante und wirkungsvolle *gymnastische und rhythmische Übungen* und auch *Turnübungen* durchführen. Auch körperformende und haltungsschulende Übungen, insbesondere *Fußgymnastik* und viele Spiele können damit sehr anregend für Vorschulkinder gestaltet werden. Somit sind sie wertvolle Mittel der körperlichen Bildung und Erziehung und bereichern unseren Gerätebestand.

Wir bieten eine kleine Auswahl von geeigneten Spielen und Übungen mit Hilfsmitteln als Ergänzung zu den bisher genannten mit Sportgeräten an. Vielleicht geben sie Impulse zum Erschließen weiterer Möglichkeiten für eine gesundheitsfördernde, bewegungsintensive Tagesgestaltung.

Spiele und Übungen mit dem *Luftballon*, mit *Sandsäckchen, Pappdeckeln, Papprollen, Tüchern, Bändern* oder ähnlichem, können sowohl in die wöchentlich stattfindende

Sportbeschäftigung eingefügt werden als auch im Alltag oder bei Kinderfesten Höhepunkte bilden.

Mit dem Teddy oder einem anderen *Kuscheltier* zu turnen, das gefällt vor allem den Jüngsten. Wir wollen insbesondere diese Spiele als Angebot für die Dreijährigen verstanden wissen. Die Turn- und Sportfeste unseres Landes beweisen, wie gut und vielseitig Vorschulkinder mit *Schaumstoffkissen* turnen und spielen können, wieviel Lebensfreude diese Tätigkeiten vermitteln.

Mit *Gummibändern* spielen vor allem größere Vorschulkinder, insbesondere die Schulanfänger gern. Sie bewegen sich bereits recht geschickt zwischen einer solchen „Gummibandgasse". Für das Gummibandspiel (auch Gummitwist genannt) wird ein etwa drei Meter langes, 10 bis 20 mm breites Stück Einziehgummi zusammengenäht oder -geknüpft. Das so entstandene Hilfsmittel – man sollte 5 bis 10 Gummibandspiele bereit haben – eignet sich vorzüglich zum Üben des Steigens, Springens, Hüpfens und Kriechens. Es besitzt starken Aufforderungscharakter, so daß die Kinder selbst immer wieder neue Übungsvarianten erfinden. Verwendet man für die rechte Seite rotes, für die linke Seite blaues Gummiband, so lernen die Kinder schnell, diese Richtungen zu unterscheiden. Als Aufstellungsform eignen sich am besten frei auf dem Spielplatz oder im Raum verteilte Dreiergruppen, wobei zwei Kinder das Gummiband mit den Füßen leicht gespannt halten, während ein drittes Kind in dieser „Gasse" übt (vgl. Abb. S. 145). Nach einigen Übungen sollte gewechselt werden.

Spiele und Übungen mit *Tüchern* oder mit *Bändern* können als gymnastische Übungen sehr gut auch rhythmisch gestaltet und mit Instrumentalbegleitung verbunden werden. Rhythmische Betonungen können durch Rahmentrommelschlag, Handklapp oder Musik unterstützt werden, so daß fließende Bewegungen entstehen.

Während *Pappdeckel* mehr zur Markierung von Raumwegen benutzt werden, über die man gehen, steigen, laufen, hüpfen, springen kann, sind *Papprollen* gut für spezielle Fußgymnastik: Man kann sie mit bloßen Füßen rollen, auf den Beinen rollen, über sie steigen. Man kann sie mit der Hand aufnehmen, als Stab, als Hindernis benutzen. Ein *Sandsäckchen* läßt sich tragen (auf Kopf, Rücken, Fuß), man kann es werfen, fangen, weitergeben, übersteigen, überspringen, mit Zehen erfassen u. ä. mehr.

Spiele mit Kinderfahrzeugen und Wintersportgeräten

Das Dreirad-, Roller- oder Radfahren sollte eigentlich der Phantasie und den Einfällen der Kinder überlassen bleiben. Unter den Bedingungen des räumlich begrenzten Freigeländes im Kindergarten, das sich sehr viele Kinder und Gruppen teilen müssen, steht nicht jederzeit ausreichend Bewegungsraum für das Rollern und Radfahren oder Schieben großer Autos und Schubkarren zur Verfügung. Daher empfehlen wir, einige Spiele zur Entwicklung der Sicherheit der Kinder im Umgang mit diesen Kinderfahrzeugen und zur abwechslungsreichen Gestaltung dieser Tätigkeiten.

Kinderfahrzeuge und andere fahr-, schieb- und nachziehbare große Spielgeräte bieten körpererzieherisch mannigfaltige Potenzen, die man nutzen kann. Beim Dreirad-, Roller- und Radfahren bilden sich vor allem koordinative Fähigkeiten, wie die Gleichgewichtsfähigkeit, räumliche Orientierungsfähigkeit, Reaktionsfähigkeit, sowie die Arm- und Beinkraft heraus. Beim Schieben und Ziehen großer Plasteautos und des Schlittens kräftigt sich gleichermaßen die Arm- und die Beinmuskulatur. Im Winter werden beim Spiel mit Schlitten und Plasterodel, beim Laufen auf Eisgleitern, Skiern und Schlittschuhen neben den spezifischen sportartbezogenen Bewegungsfertigkeiten in gleicher Weise die konditionellen und die koordinativen Fähigkeiten der Kinder entwickelt, die Stabilisierung der Gesundheit und die allgemeine körperliche Kräftigung der Kinder unterstützt.

Von Anfang an halten wir die Kinder dazu an, sich sehr umsichtig mit einem Kinderfahrzeug oder Wintersportgerät zu bewegen, vorauszuschauen, durch Zuruf oder Klingeln andere Kinder zu warnen, die ihre Fahr- oder Laufstrecke kreuzen und rücksichtsvoll zu fahren oder zu laufen. Sie lernen, das Fahrzeug (Sportgerät) ordentlich abzustellen, so daß es nicht beschädigt oder zur Unfallquelle werden kann. Vorschulkinder sollten nur auf Spielplätzen sowie auf nicht mit der Fahrbahn in Verbindung stehenden Wegen mit dem Kinderfahrrad, dem Roller u. a. fahren dürfen. Wir lehren sie elementare Verkehrsregeln einhalten.

Nutzen landschaftlicher Gegebenheiten innerhalb und außerhalb des Kindergartens

In neuerbauten Kindergärten wird das Freigelände entsprechend den staatlich festgelegten Normativen angelegt. Es wird aufgeteilt in Funktionsbereiche, wie Gruppenspielplätze, Sandkästen, Spielrasen, Spielgeräteplätze, Rabatten, Beetflächen für die Gartenarbeit der Kinder, in Wege und Gehölzanpflanzungen. In Landkindergärten und in älteren Einrichtungen stehen mitunter größere Freianlagen zur Verfügung. Hier wie da versuchen die Erzieherkollektive, das Vorhandene noch besser auf die Bedürfnisse der Kinder abzustimmen, manches umzugestalten. Dabei sollte immer im Auge behalten werden, daß die Kinder möglichst *alle Spielarten* im Freien spielen können und sich in *jeder Jahreszeit* vielseitig sportlich betätigen können. Es hat sich bewährt, den Boden nicht zu stark einzuebnen, die Spielplätze nur sparsam betonieren zu lassen. Einige natürlichen Niveauunterschiede im Boden beleben nicht nur die Gestaltung der Anlage, sondern bieten vor allem viele Anregungen für das Spiel und für körperliche Betätigungen der Kinder. Belassen oder schaffen wir zum Beispiel kleine Hügel, Abhänge, schiefe Ebenen, Treppen und ähnliches, so bieten diese den Kindern Möglichkeiten zum Steigen, Klettern, Rutschen, Rollern und Rodeln. Sie können auch als Kullerbahnen für Bälle, Kugeln und Murmeln genutzt werden. Sandflächen, ebener Erdboden, kurzgeschnittener Rasen eignen sich für Kugel- und Zielballspiele, wie Krocket, Golf, Boccia. Wege müssen nicht immer gerade angelegt sein, ein Schlängelpfad ist viel reizvoller für die kleinen Roller- oder Autofahrer.

An der Ballwurfwand sollten auch Netze für das Hochwerfen, für Korbballspiele angebracht sein. Bei all diesen Spielanlagen muß aber unbedingt noch *genügend freie*

Fläche zum Laufen der Kinder, für weiträumige Gruppenspiele belassen werden. Wir raten deshalb davon ab, zu viele Spielgeräte aufzustellen oder die Lauffläche durch andere feststehende Vorrichtungen zu blockieren und zu beschneiden.[1]
Spiele mit großen Figuren, Kegeln, Kugeln, Legetafeln u. ä. auf Terrassen, gepflasterten Gehwegen oder kurzgeschnittenem Rasen zu spielen, das ist in unseren Kindergärten in den letzten Jahren sehr beliebt geworden, weil sich dabei die Forderungen nach einem langen, sinnvoll gestalteten Aufenthalt der Kinder im Freien auch bei kühlerem Wetter, gut erfüllen läßt. Bekannte Tischspiele – nun aber in größeren Dimensionen – wurden für das individuelle Spiel und für Gruppenspiele im Freien gestaltet. Diese großformatigen Spiele, wie Domino, Puzzle, Sportwürfelspiel (vgl. S. 160 f.) zwingen die Kinder, beim Spiel hin- und herzugehen, die Figuren zu stellen, die Dominotafeln zu legen, wieder aufzuheben, sie zu tragen, sich also vielseitig zu bewegen. Die größeren Kinder erfüllen besonders gern die in diesen Spielen zu lösenden Aufgaben, denn dabei können sie ihr erworbenes Wissen anwenden, knobeln, wetteifern. Diese Verbindung von körperlicher und geistiger Tätigkeit im Spiel ist eine für den Kindergarten besonders geeignete Möglichkeit altersspezifischer Bildung und Erziehung.
Eine asphaltierte Fläche regt auch zum Kreiseln, zum Ballprellen, zu Felderhüpfspielen an. Wetterbeständige Aufzeichnungen für Hüpfkästen, für Ballprell- und Wurfziele, für Kreisaufstellung helfen, diese Spiele schnell zu organisieren (vgl. Abb. S. 23). In gleicher Weise sind Einsteckhülsen im Rasen für Netze, Tore, Wurffiguren sehr *praktische Spielhilfen,* die auf dem Freigelände des Kindergartens nicht fehlen sollten.
Spaziergänge in nahegelegene Parkanlagen, in den Wald, auf eine größere Wiese oder an den Strand können mit Spielen und Anregungen für kurzzeitige sportliche Übungen abwechslungsreicher gestaltet werden. In den Kapiteln „Spiele und Übungen im Wald, Park, Wiese und am Strand" sowie „Spiele im Schnee" haben wir uns bemüht, einige Anregungen für die unterschiedlichsten örtlichen Bedingungen zusammenzustellen. Wir sind sicher, daß die Erzieherinnen und die Kinder dabei noch erfinderischer sein werden, daß für jede Jahreszeit, jedes Wetter etwas dabei ist, was ihnen Freude macht. Hier finden auch Eltern Anregungen für den Freizeitsport mit Vorschulkindern.

[1] Vgl.: Der Kindergarten zweckmäßig und schön. Volk und Wissen Volkseigener Verlag, Berlin 1978, Kap. 2.4. Zur Planung und Gestaltung der Freiflächen im Kindergarten.

Zur Auswahl und Organisation sportlicher Spiele im Kindergarten

Im Kindergarten sind sportliche Spiele *Inhalt der Körpererziehung.* Sie werden in Sportbeschäftigungen als auch beim Aufenthalt der Kinder im Freien vermittelt und angeeignet und dienen der planmäßigen, zielgerichteten körperlichen Entwicklung und Erziehung der Kinder, der Herausbildung kollektiver Verhaltensweisen und positiver Charaktereigenschaften.

Zum anderen sind sie als Regelspiele selbständige Veranstaltungen der Kinder. Daraus ergeben sich die Formen der Anleitung dieser Spiele. Sie werden sowohl unter Anleitung der Erzieherin in der Sportbeschäftigung als auch im Tageslauf vermittelt, angeleitet und gespielt, und sie werden zugleich zunehmend selbständig von den Kindern nach eigenem Ermessen veranstaltet.

Bei der Auswahl sportlicher Spiele durch die Erzieherin sollten die in *Sportbeschäftigungen* vermittelten Körperübungen und Bewegungsfolgen, die Bewegungsfertigkeiten und die körperlichen Fähigkeiten der Kinder berücksichtigt werden. Meist ist die Übungszeit in den Sportbeschäftigungen nur kurz, für das einzelne Kind nicht intensiv genug, um einen ausreichenden Zuwachs an körperlichen Fähigkeiten zu erzielen. Auch die in Sportbeschäftigungen eingefügten Spiele genügen dafür meist nicht. Erst durch häufiges Üben und spielerisches Anwenden des Gelernten im Tageslauf können allmählich bestimmte Bewegungsfertigkeiten ausgebildet, körperliche Fähigkeiten entwickelt, Verhaltensweisen und Eigenschaften ausgeprägt werden. Deshalb ist es wichtig, die Kinder immer wieder für solche Spiele zu begeistern, in denen sie Gelerntes anwenden, sich darin üben und vervollkommnen können. Wollen wir, daß sie bestimmte Fertigkeiten üben, Bewegungsabläufe wiederholen, so müssen wir sie in interessante Spielhandlungen einkleiden, anspornende Regeln und gute Motivierungen dafür finden. Durch ein sinnvolles Abstimmen der pädagogischen Arbeit in der Sportbeschäftigung mit dem Spiel und mit sportlichen Tätigkeiten im Tageslauf können die guten Bedingungen, die die Ganztagserziehung im Kindergarten bietet, für die gesunde, allseitige Entwicklung und Erziehung und das Wohlbefinden der Kinder maximal genutzt werden.

Es hat sich als günstig erwiesen, die Kinder nicht zu viele Spiele zu lehren, sondern in jeder Altersgruppe jährlich etwa bis 4 Spiele neu einzuführen, dabei mehrere Spielarten zu berücksichtigen und Traditionsspiele des Kindergartens zu entwickeln. Letztere fördern besonders das selbständige Spiel der Kinder, zu dem sie von Anfang an zu befähigen sind. Kindergartenneulinge erlernen die Spiele häufig von den älteren Kindern. Das schließt nicht aus, bekannte Spiele auch oft zu wiederholen. Ein Spiel, das den Kindern Freude bereitet, spielen sie gern und oft.

Das Niveau der Entwicklung der Bewegungsfertigkeiten und der körperlichen Fähigkeiten der Kinder ist beim Einsatz eines Spiels im Tageslauf sehr differenziert, sowohl im Hinblick auf einzelne Kinder als auch auf die Gruppe zu ermitteln und zu berücksichtigen. Dabei muß auch die *Spielart* beachtet werden. Ein Ballspiel macht erst Spaß, wenn viele Kinder den Ball sicher fangen und werfen oder prellen können, Lauf- und Haschespiele gelingen erst, wenn die Kinder sicher und schnell laufen können. Wir bereiten sie durch individuelles Spielen oder in kleinen Gruppen systematisch darauf vor.

Wettspiele mit Kindern der jüngeren Gruppen zum Beispiel in den ersten Wochen im Kindergarten zu spielen ist wenig sinnvoll. Sie müssen erst zum Mitmachen ermuntert werden, haben noch kein Verständnis für einen Wettbewerb.

Ausscheidungsspiele haben zur Folge, daß immer weniger Kinder aktiv tätig sein können, vor allem scheiden die körperlich schwächeren zuerst aus – werden also am wenigsten gefördert. Im Vorschulalter verwenden wir diese Spielart deshalb weniger. Laufspiele und Ballspiele dagegen können mit allen Kindern zugleich gespielt werden, fast in jeder Phase können sich dabei alle aktiv bewegen.

Leistungsunterschiede innerhalb einer Gruppe und zwischen den Altersgruppen können durch *Variierung* der Anforderungen innerhalb eines Spiels berücksichtigt werden. Die Anforderungen können erhöht oder herabgesetzt werden, zum Beispiel durch die

- Größe des Spielfeldes;
- Dauer des Spiels;
- Art der zu bewältigenden Spielaufgaben und die Anzahl der dabei zu beachtenden Merkmale;
- Art der zu bewältigenden Hindernisse;
- Anzahl, die Größe und das Gewicht der verwendeten Geräte;
- Spielregeln (leichte oder schwierige);
- Laufstrecke.

Die *Anzahl der Kinder* muß ebenfalls bei der Organisation eines Spiels berücksichtigt werden. Alle Kinder sollen aktiv beteiligt sein. Ist das nicht möglich, so bildet man zwei oder drei Spielkreise, setzt mehrere Fänger ein, zeichnet mehrere Hüpfkästen auf, spielt in Staffeln. Beim „Schwänzchenhaschen" verteilen wir Bänder an mehrere Kinder u. ä.

Bei der Wahl des Spiels ist natürlich auch das vorherrschende *Wetter* zu beachten. Nicht jedes Spiel eignet sich für jedes Wetter. Laufen ist zum Beispiel bei hochsommerlichen Temperaturen nicht zu empfehlen; an kühlen Tagen, vor allem auch im Winter, hilft es, den Körper zu erwärmen. Bei Laufspielen im Winter prüfen wir vorher den *Bodenbelag* im Freien. Feuchtes, glitschiges Laub oder eine Eisschicht auf Wiese und Weg behindern das Laufen, die Kinder fallen hin. Für Ballspiele, Zielwerfen, Ballprellen braucht man ebenfalls trockene Flächen, mit nassen Bällen spielt es sich nicht gut. Ballspiele im Stehen kann man dagegen auch an heißen Tagen im Schatten spielen. Murmelspiele, Kriechen oder Fußgymnastik auf der Wiese, nahe am Boden empfehlen wir ebenfalls nur, wenn der Boden warm und trocken ist. *Fußgymnastik* auf der Wiese oder im Sand, die besonders viel Spaß macht, betreiben wir außerdem täglich auch im Zimmer, zum Beispiel auf der Liege, vor- oder nach dem Mittagsschlaf.

Einige *Wintersportgeräte* sollte jede Einrichtung besitzen. Fröhliche Spiele im Schnee oder an schneefreien kalten Tagen im Freien sind nicht nur für die Kinder, sondern auch für die Erwachsenen gesund!

Zur Einführung und Anleitung der Spiele

Wir wiesen eingangs bereits darauf hin, daß sportliche Bewegungsspiele im Kindergarten zunehmend selbständig gespielt und von den Kindern auch schöpferisch verändert werden sollen. Nur so kann sich das Spiel der Kinder voll entfalten und das Spielgut auch erhalten und weiterentwickelt werden. Vorschulkindern muß man aber erst eine bestimmte Anzahl Spiele vermitteln, die ihrem Alter und Leistungsvermögen entsprechen.

Bei einer solchen Einführung nennt die Erzieherin den Namen des Spiels, sie erklärt den Kindern die Spielhandlung, die Organisation und die Regeln, die dabei zu beachten sind. Diese Einführung kann sie bei schwierigen Spielen auch abschnittsweise vornehmen. Sie demonstriert ggf. Teile der Spielhandlung oder bestimmt einzelne Kinder dazu, evtl. auch für einen Probelauf. Sie sollte auf bereits bekannte Spiele hinweisen, daran anknüpfend Neues erklären.

Einfache Laufspiele, wie zum Beispiel das Haschen der Erzieherin, das Fangen eines Balles („Halli-hallo, wer hat den Ball?"), beginnt sie sofort und regt so zum Mitspiel an.

Die Jüngsten beteiligen sich anfangs nicht alle gleichermaßen. Einige schauen nur zu, bis es für sie interessant wird. Vorschulkinder einer älteren Gruppe möchten manchmal mehrere und unterschiedliche Spiele zu gleicher Zeit spielen. Den Kleinen läßt man am besten Zeit, sich zu entscheiden; die Wünsche der Größeren, sollte man vorher erfragen, um ein oder zwei interessante Spiele zu wählen.

Meist sind zur Organisation eines sportlichen Spiels *Aufstellungen* notwendig (vgl. Abb. S. 23), wie Kreis (Innenstirnkreis, Außenstirnkreis, Doppelkreis), Gasse (eng, weit), Linie, Reihe, Doppelreihe (Staffeln). Diese Bezeichnungen sowie solche für Raumwege, Richtungen und Tempowechsel sollten möglichst in Sportbeschäftigungen eingeführt und nach und nach im Spiel im Tageslauf gefestigt werden.

Das gleiche gilt für *Ordnungsformen* und ihre Anwendung beim Spiel: Stehen an der Ablauflinie, Einhalten des Laufweges, Umlaufen des Wendemals, Einhalten der Spielfeldbegrenzung, Übergabe von Geräten beim Lauf, Abschlagen des Spielers u. ä. Alle zu einem neuen Spiel gehörenden Ordnungsformen nennt und erklärt die Erzieherin einführend, wiederholt sie vor dem erneuten Spiel, zum Beispiel am anderen Tag, bei jüngeren Kindern auch während des Spiels in geeigneter Form. Sie kann einzelne Kinder freundlich korrigieren oder sich damit an alle wenden. Sie sollte es so tun, daß die Spielfreude erhalten bleibt. Das *Verteilen von Rollen und Spielaufgaben* nimmt die Erzieherin anfangs selbst vor. Ab mittlere Gruppe sind die Kinder schon erfahren. Sie kennen Spielregeln und Handlungen einiger Spiele so sicher, daß sie selbständig entscheiden können und sollen, wer eine Rolle oder Spielaufgabe übernehmen, wer Spielführer sein kann. Mitunter ist es auch notwendig, daß die Erzieherin die Rollenverteilung nach pädagogischen Erwägungen vornimmt.

Anfangs sollte man die Kindergruppe in zwei gleich starke Mannschaften einteilen (Staffeln), später kann man zu drei übergehen. Das vorderste Kind jeder Mannschaft wird jeweils zum Mannschaftsführer ernannt („Das ist die Mannschaft von

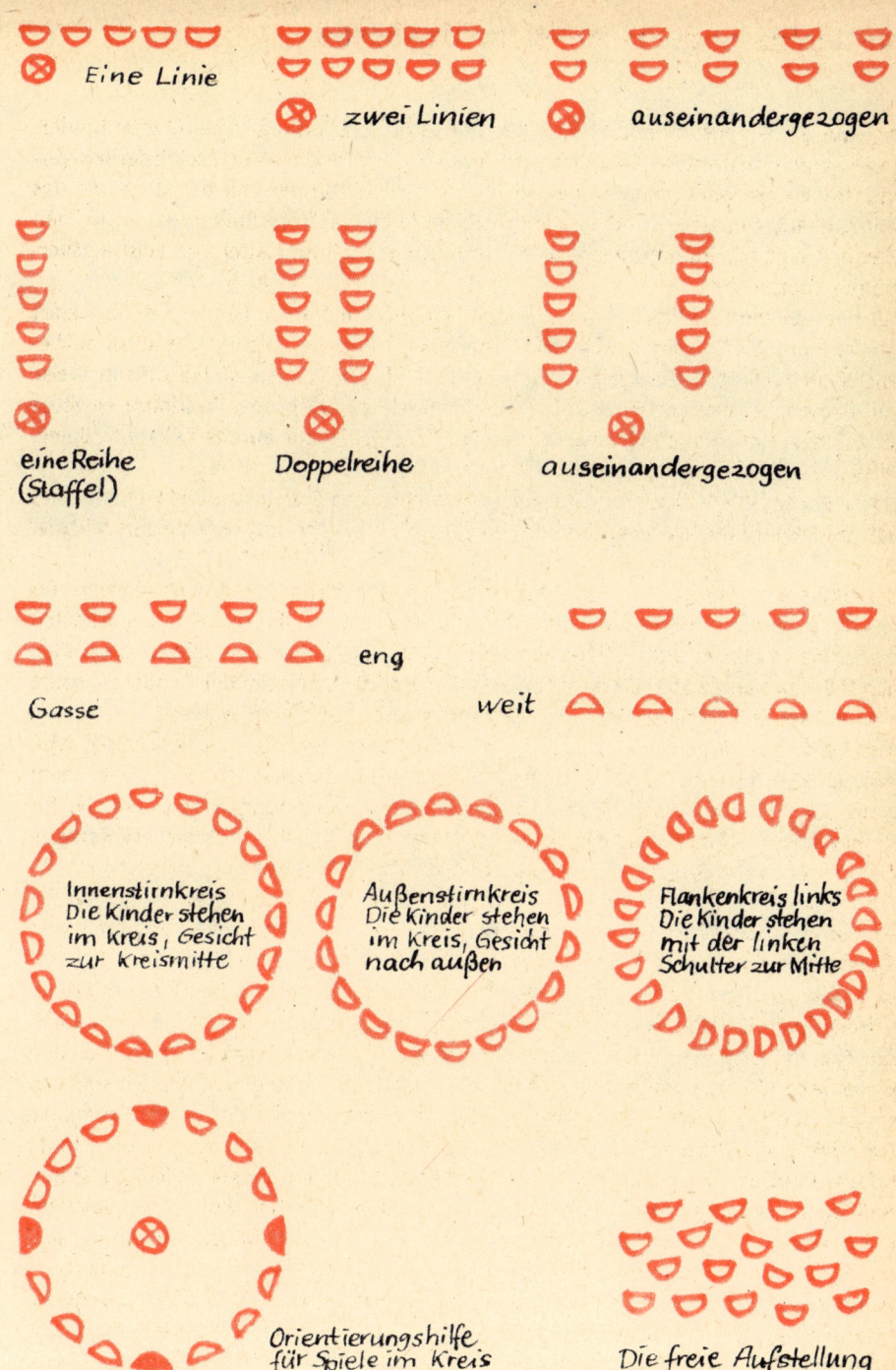

Eine Linie

zwei Linien

auseinandergezogen

eine Reihe (Staffel)

Doppelreihe

auseinandergezogen

Gasse

eng

weit

Innenstirnkreis
Die Kinder stehen
im Kreis, Gesicht
zur Kreismitte

Außenstirnkreis
Die Kinder stehen
im Kreis, Gesicht
nach außen

Flankenkreis links
Die Kinder stehen
mit der linken
Schulter zur Mitte

Orientierungshilfe
für Spiele im Kreis

Die freie Aufstellung

23

Michael"). Dadurch kann die Erzieherin erkennen, wann ein Durchgang beendet ist. Anfangs stellt sie die Mannschaften selbst zusammen. In der älteren Gruppe wählen zwei bis drei Kinder jeweils Spieler für „ihre" Mannschaft aus.

Ist die Gruppe nicht genau aufzuteilen, hilft das übrigbleibende Kind der Erzieherin, den Spielverlauf zu kontrollieren; nach einem Durchgang wird es ausgewechselt.

Die wesentlichen *Spielregeln* sollen vor jedem Spiel kurz wiederholt werden (von den Kindern erfragt oder von der Erzieherin genannt), besonders in jüngeren Gruppen.

Während des Spiels lenkt die Erzieherin die Kinder vor allem durch ihr *Mitspiel*, ermuntert sie, lobt kluges Spielverhalten, gewandtes Bewegen, korrigiert taktvoll, spornt langsame zaghafte Kinder an. In der mittleren und vor allem in der älteren Gruppe verstehen die Kinder immer besser, daß vom disziplinierten Einhalten der Spielregeln das Gelingen eines freudvollen Spiels abhängt. Wir leiten sie an, selbst immer auf ehrliches, richtiges Spiel zu achten, und halten sie konsequent dazu an. Deshalb muß die Ablaufmarkierung bei Wettbewerben, Staffelläufen u. ä. immer deutlich sichtbar sein (Tau, Kreidestrich, Brett). Als Kommando zum Start gilt: Achtung-fertig-*los*! oder Schläge auf die Rahmentrommel. Jedes Kind sollte auch einmal Spielführer sein und ein Spiel organisieren können.

Bewertungen sind für viele Spiele unerläßlich. Es muß eine Siegermannschaft ermittelt, es müssen Ergebnisse registriert und bewertet werden. Es muß herausgefunden werden, wer der Schnellste, der erste, der zweite, der dritte war, wer am weitesten geworfen, die meisten Treffer erzielt hat. In die Bewertung beziehen wir die Kinder so früh als möglich ein, vermitteln ihnen vor allem *praktische Kenntnisse* zur *Selbstkontrolle* und zum *Registrieren von Ergebnissen*.

- Wie oft habe ich getroffen?   = Muggelsteine auslegen, Striche auf Tafel, in Sand, in Liste eintragen
- Wie weit bin ich gesprungen?   = Wimpel einstechen, Meßlatte anlegen mit Markierungen
- Wie weit habe ich geworfen?   = Wimpel einstechen, Seile auslegen

Nach jedem Spieldurchlauf, beispielsweise bei einem Wettlauf, sollte die Erzieherin einschätzen, was gut war, was verbessert werden könnte, welche Kinder sich besonders bemüht haben, wer sich noch anstrengen müßte. So erwerben die Kinder allmählich Maßstäbe, Kriterien, die sie zur Selbstkontrolle und damit zum selbständigen Spielen und Üben befähigen.

Gekonnte Spiele bereiten die meiste Freude, man sollte sie deshalb auch voll auskosten lassen und nicht zu schnell zu Neuem übergehen. Von Spiel zu Spiel erlernen die Kinder die für das Spiel notwendigen Fertigkeiten besser, wird der Spielverlauf

fließender. Beherrschen die Kinder die Regeln gut, streiten sie sich immer seltener. Von Vorteil ist dabei, wenn erfahrene ältere Kinder mit jüngeren gemeinsam spielen, wie es in gemischten Gruppen der Fall ist, aber in jedem Kindergarten gelegentlich auch gut organisiert werden kann.

Variationen, Abwandlungen nehmen wir erst vor, wenn die Grundform eines Spiels gut beherrscht wird und neue Anforderungen an die körperliche und geistige Entwicklung der Kinder notwendig werden. Einige Varianten sind den Spielen in unserer Sammlung beigegeben, die beliebig ergänzt werden können.[2]

Während des Spiels, vor Beginn einer Wiederholung oder bei der Wahl eines anderen Spiels ist die Belastungskurve zu beachten. Zu Beginn der Spielzeit (oder der Sportbeschäftigung) wählen wir ein Spiel zum Ermuntern, zum Erwärmen und um das Bewegungsbedürfnis der Kinder erst einmal zu stillen. Danach (oder im Hauptteil einer Sportbeschäftigung) sind körperlich anstrengende, schwierigere, länger andauernde Spiele und auch Spieleinführungen zu empfehlen. Ruhige Spiele, die vor allem Einzelleistungen erfordern, während der die anderen Kinder zeitweilig sitzen und „verpusten" können (z. B. „Ballschule", „Der Plumpsack geht um"), legen wir ans Ende der Spielzeit, nutzen sie für eine Ruhephase nach dem Spaziergang oder für den Ausklang einer Sportbeschäftigung. Auch die Tätigkeiten sollten innerhalb der Spielzeit wechseln: zum Beispiel Laufen mit Gehen und Hüpfen, Werfen und Fangen, mit Rollen und Prellen des Balles, Rollern mit ruhigem Ball oder Murmelspiel u. ä.

Die Belastbarkeit der Kinder hängt von ihrem Wohlbefinden ab. Beim Aufenthalt der Kinder im Freien spielt dabei das Wetter eine große Rolle. Die Witterungsbedingungen sind bei sportlichen Spielen immer zu beachten. Damit die Kinder sich im Sommer nicht zu stark erhitzen, achten wir darauf, daß sie nur kurzdauernde, nicht sehr bewegungsintensive Spiele spielen, vor allem nicht in praller Mittagssonne.

Im Winter gilt es dagegen, die Kinder zur Bewegung anzuregen, nasse Bekleidung und Schuhe (auch Handschuhe) rechtzeitig auszuziehen bzw. zu wechseln. Bei starkem, kaltem Wind sollte nicht oder nur kurzzeitig im Freien gespielt werden. Bei Regenwetter ist eine überdachte Terrasse oder Veranda ideal. Laufen, hüpfen und springen sollte man bei trübem kalten Wetter viel, aber darauf achten, daß die Kinder nicht lange hocken, zum Beispiel beim Haschen mit Freimal.

Vieles von dem Gesagten kann der Erzieherin bei der Vorbereitung auf ein Spiel oder den Aufenthalt der Kinder im Freien nützlich sein. Sie sollte aber nicht vergessen, die Kinder selbst immer wieder anzuregen, ihr Leben, den Tageslauf im Kindergarten selbst mitzugestalten. So legten Erzieherinnen eines Kindergartens zum Beispiel eine Sammlung aller von den Kindern erlernten Spiele (auch Kreis- und Tanzspiele) an. Sie bastelten aus Velourpapier eine „Eisenbahn", bestehend aus einer Lokomotive und zwei Waggons. In diese steckten sie viele Kärtchen mit je einem Spiel, geordnet danach, ob dafür Material, Bälle, Reifen, Kreide usw., benötigt wird oder nicht. Kinder, die noch keine Spielidee haben, erhalten täglich die Möglichkeit,

---

[2] Vgl. hierzu: Abwandlungsmöglichkeiten von Spielen durch Veränderungen der Fortbewegungsart, der Laufstrecke, der Geräte nach Döbler, E. u. H.: Kleine Spiele, 1980, S. 60 bis 63.

sich aus dieser „Eisenbahn" eine Spielkarte zu ziehen. Die Erzieherin liest ihnen den Namen des Spiels vor, und die Kinder beginnen, alles Notwendige für dieses Spiel zu beschaffen. Oft wird die Erzieherin um Mitspiel gebeten.

Damit es keinem Kindergarten an Spielen und Übungen mangelt, trugen wir die nachfolgenden zusammen und wünschen allen Kindern und ihren Erzieherinnen freudvolle erholsame Stunden im Freien.

Der Herausgeber

Laufspiele

Wettläufe

Wer ist zuerst am Baum?

Alle Kinder laufen auf ein Signal der Erzieherin gleichzeitig zu einem vorher angegebenen Ort. Die Aufgabe in diesem einfachen Wettlauf kann lauten: „Wer ist zuerst bei mir? – Wer ist zuerst am nächsten Baum?" und ähnlich. Die Kinder lernen, danach zu streben, das Ziel möglichst schnell zu erreichen.

Varianten:

- Bis zum angegebenen Ziel und zurück zur Ablauflinie laufen;
- die Fortbewegungsart verändern, z. B. im Nachstellsprungschritt vorwärts, im Vierfüßlergang oder ähnlich;
- ein Handgerät tragen (Ball, Keule, Reifen, Seil), auf ein Zeichen zu einem bestimmten Ort laufen und zur Ablauflinie zurückkehren;
- paarweise zu einem bestimmten Ziel laufen.

Handgeräte
(Bälle, Keulen,
Reifen u. a.)

Laufen! – Setzen! – Laufen!

Die Kinder laufen um die Wette über die Wiese bis zu einer Ziellinie. Auf das Kommando „Setzen!" setzen sich alle, auf das Kommando „Laufen!" erheben sie sich schnell und laufen weiter. Zur Übung der Reaktionsfähigkeit können die Signale in unregelmäßigen Abständen und immer kürzer aufeinander erfolgen, so daß die Kinder es gerade so schaffen, der Aufforderung nachzukommen. Wer ist zuerst am Ziel?

Eimerchen füllen

Die Kinder stellen sich nebeneinander an der Startlinie auf. Neben ihnen stehen leere Körbe. Auf der gegenüberliegenden Seite steht eine Kiste mit Gegenständen. Auf ein Signal müssen die Kinder mit einem kleinen Eimer in der Hand loslaufen, einen Gegenstand aus der Kiste holen, in den Eimer werfen, zurücklaufen, den Inhalt des Eimers in den Korb entleeren. Wer es zuerst geschafft hat, ist Sieger.

Wettlauf durch Tore

6 Fähnchen
für Tore

Etwa 6 bis 9 Kinder stellen sich nebeneinander an einer Linie auf. In der Mitte des abgegrenzten Spielfeldes sind drei Tore mit Fähnchen markiert, jedes Tor ist 2 m breit.
Auf ein Signal laufen die Kinder um die Wette zur gegenüberliegenden Ziellinie und durch eines der drei Tore hindurch.
Dieses Spiel erfordert gewandtes Ausweichen und gute Raumorientierung, denn kein Kind darf vom anderen behindert werden.

Varianten:
● Die Kinder stehen in drei Staffeln, die Tore werden enger gestellt; es laufen nun jeweils drei Kinder um die Wette. Die Sieger erhalten einen Punkt.
Welche Staffel (Mannschaft) ist die schnellste?

● Die Anzahl der Tore kann verringert werden, dadurch wird das Spiel schwieriger.

Paarwettlauf

Die Kinder stellen sich zu Paaren an einer Linie auf und laufen zur gleichen Zeit von einer Seite der Wiese bis zur anderen. Das zuerst ankommende Paar hat gesiegt. Erschwert kann dieses Spiel dadurch werden, daß die Kinder sich mit Kammgriff anfassen.

Das letzte Paar heraus!

Die Kinder stellen sich paarweise in einer Doppelreihe auf. Vor dieser steht ein Fänger. Auf sein Kommando „Das letzte Paar heraus!" läuft das letzte Paar nach vorn (eines der Kinder von links, das andere von rechts) und versucht, erneut zusammenzukommen. Gelingt es dem Fänger, eines der beiden Kinder abzuschlagen, bildet er mit diesem ein Paar und stellt sich vorn an. Das abgeschlagene Kind wird nun Fänger.

Komm mit! – Lauf weg!

Die Kinder stehen im Innenstirnkreis. Ein Spieler läuft um den Kreis herum, gibt einem Kind einen Schlag auf die Schulter und ruft entweder „Komm mit!" oder „Lauf weg!" Bei „Komm mit!" muß das angeschlagene Kind dem Läufer schnell nachlaufen, um vor ihm auf seinen alten Platz zu gelangen. Bei diesem Wettlauf ist der erste Läufer meist im Vorteil. Wer zuletzt ankommt, übernimmt die Rolle des Läufers und beginnt von neuem das Spiel.
Ruft der Läufer dagegen „Lauf weg!", so muß das abgeschlagene Kind in der *entgegengesetzten Richtung* wie der Läufer um den Kreis eilen. Wieder kommt es darauf an, zuerst auf dem frei gewordenen Platz zu stehen.

Varianten:
- Veränderung der Ausgangsstellung: aus dem Sitz, aus der Hocke;
- Veränderung der Fortbewegungsart: Hüpfen auf einem Bein; im Vierfüßlergang gehen;
- doppelter Innenstirnkreis, beide Kinder eines Paares laufen.

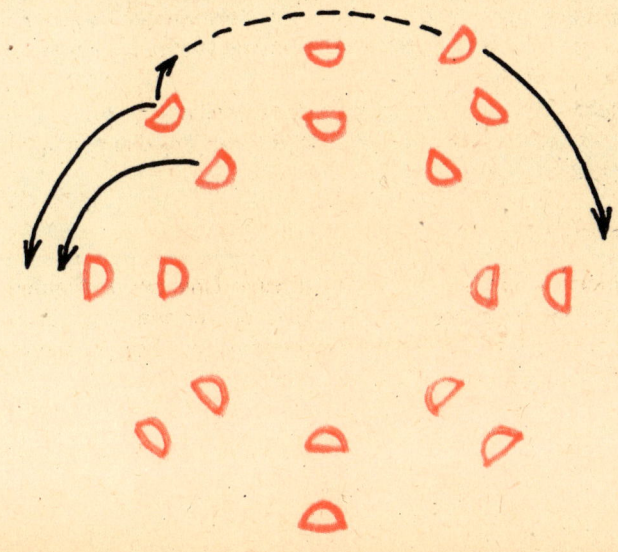

Mannschaftswettlauf

Die Kinder werden in zwei bis drei gleich starke Mannschaften eingeteilt. Jede Mannschaft steht in einer bestimmten Aufstellungsform (Reihe, Linie, Gasse). Auf das Kommando der Erzieherin starten alle gleichzeitig. Gewonnen hat die Mannschaft, die zuerst am Ziel ist und ihre Aufstellungsform wieder eingenommen, den vorgeschriebenen Laufweg eingehalten hat.
Für die Sieger gibt es einen Punkt. Die Mannschaft, die die meisten Punkte erworben hat, ist Hauptsieger.

Varianten:

Keulen, Seile, Kästen, Turnbank

- Hindernisse auf dem Übungsweg überwinden (im Slalom um aufgestellte Keulen laufen, Kästen überklettern, Seile überspringen, durch die Turnbank kriechen);
- Fortbewegungsart verändern (Schlußhüpfen, einbeiniges Hüpfen, Vierfüßlergang rücklings, vorwärts u. a.).

Seitenwechsel

einfache Formen

Zwei Mannschaften stehen einander in weiter Gasse gegenüber (12 m, bis zu 20 m in der älteren Gruppe). Auf Kommando wechseln die Mannschaften auf die andere Seite. Die Mannschaft, die zuerst hinter der gegenüberliegenden Linie steht, ist Sieger.

Varianten:

- Alle Fortbewegungsarten können zum Seitenwechsel, entsprechend dem Können der Kinder, gewählt werden: Vierfüßlergang, Sitzstützeln, Sitzrutschen, Stützhüpfen, Schlußhüpfen, einbeiniges Hüpfen rechts und links, Nachstellsprungschritt vor- und seitwärts, Wechselsprungschritt, Laufen;
- die Ausgangsstellung kann verändert werden, sie muß nach dem jeweiligen Spieldurchgang wieder eingenommen werden: Stand vorlings (vor dem Gerät), Stand rücklings (Gerät im Rücken), Strecksitz, Hocksitz, Schneidersitz, Grätschsitz, Kniestand, Kniesitz, Bauchlage, Rückenlage, Sitzen mit einander zugekehrtem Rücken.

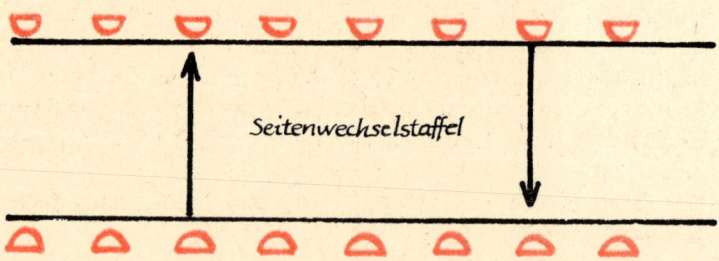

Seitenwechselstaffel

Handabschlagen

Die Kinder stehen in zwei Linien einander gegenüber. Das Spiel beginnt, indem von der ersten Linie ein Kind zur zweiten läuft und durch Handschläge „1-2-3" – ein Kind der anderen Linie zur Verfolgung auffordert. Fängt es dieses nicht, sondern kann das erste Kind seinen „Heimathafen" erreichen, so muß das geforderte Kind sich einen neuen „Verfolger" durch drei Handabschläge wählen und zur eigenen Linie zurücklaufen usw.

Variante:

● Handabschlagen mit Gefangenen: das abgeschlagene Kind muß mit auf die Ausgangslinie zurückgehen.
Beide Spiele verlangen Laufgeschwindigkeit und Konzentration, aber auch Gewandtheit beim Ausreißen.

Luftballonlauf

Auf dem Spielplatz werden zwei Linien gezogen mit einem Zwischenraum von 4 m. Auf einer Linie steckt man im Abstand von 2 m Fähnchen ein oder stellt Spielzeug aus Plast auf. Die Kinder stellen sich in zwei Staffeln gegenüber den Fähnchen (Spielzeug) auf. Jedes hält einen Luftballon in der Hand. Auf ein Signal laufen die ersten Kinder jeder Staffel um die Fähnchen und reihen sich am Ende der Staffel wieder ein. Dann laufen die nächsten Kinder los. Sollte ein Kind den Luftballon verlieren, kann es dennoch weiterlaufen. Sieger ist die Staffel, deren Läufer zuerst wieder vollzählig in der Reihe stehen.

Der Faden, an dem der Luftballon befestigt ist, sollte einen Knebel zum Halten haben.

für jedes Kind einen Luftballon, Fähnchen oder Plastespielzeug zum Aufstellen

Drittenabschlagen

Bei diesem bekannten Spiel stellen sich die Kinder zu Paaren in einem Doppelkreis auf, so daß der Abstand nach rechts und links etwa zwei Schritte beträgt. Einer der Mitspieler, der „Läufer", steht in der Mitte des Kreises, der andere, der „Fänger", außerhalb desselben. Der „Läufer" stellt sich bei Beginn des Spieles vor eins der Paare. Der „Fänger" hat die Aufgabe, den zu dritt Stehenden mit der Hand abzuschlagen. Der letzte aber springt nun, um dem Schlag auszuweichen, sofort in den Kreis und stellt sich vor ein anderes Paar. Jetzt eilt wieder der Dritte dieses Paares von dannen und sucht sich vor ein anderes Paar zu stellen. So hält dieses Spiel alle in Bewegung. Verboten ist dem „Läufer", den Kreis mehrmals zu umlaufen; auch das lange Suchen nach einem Paar ist nicht erlaubt. Der „Fänger" darf für gewöhnlich den Kreis nicht betreten.

Das Spiel mit dem Hut

1 Papierhut
(oder
mehrere)

Die Kinder stellen sich im Innenstirnkreis auf, die Füße sind gegrätscht. Ein Kind steht außerhalb des Kreises, es hält einen Hut in der Hand. Mit diesem läuft es hinter dem Rücken der Kinder im Kreis herum. Plötzlich stülpt es einem Kind den Hut schnell auf den Kopf und läuft davon. Das „behütete" Kind läuft ihm hinterher und versucht, es zu fangen, das erstere ist bestrebt, den frei gewordenen Platz einzunehmen. Wird es gefangen, bekommt es den Hut zurück und muß weiterhin um den Kreis laufen. Geschieht das nicht, so beginnt das Spiel wieder mit dem neuen Läufer.

Variante:

● Alle im Kreis stehenden Kinder haben einen Papierhut auf. Nur das Kind, das außen um den Kreis herumläuft, besitzt keinen. Es ist bemüht, einem Kind einen Hut abzunehmen. Gelingt es ihm, so läuft es mit dem Hut davon, das „unbehütete" Kind läuft nun hinterher. Das Kind ohne Hut beginnt das Spiel von neuem.

32

Staffelläufe

Umkehr- oder Rücklaufstaffel

Einer Staffel sollen nicht mehr als sechs bis acht Kinder angehören. Nach Bekanntgabe des Übungsweges wird ein Spieldurchgang ohne Wertung durchgeführt. Er dient dem Kennenlernen des Übungsweges. Die Laufstrecke sollte nur bis 10 m lang sein, die Wartezeit für das einzelne Kind wird sonst zu lang. Auf das Kommando der Erzieherin startet das erste Kind jeder Staffel, läuft um ein Wendemal, kehrt schnell zurück, gibt dem nächsten Kind seiner Mannschaft, das hinter der Startlinie wartet, einen Handschlag und reiht sich danach als letztes ein. Die Staffel wird Sieger, deren Mitglieder als erste wieder in die Ausgangsstellung zurückgekehrt sind.

Handgeräte
(Ball, Reifen)

Varianten:
- Tragen und Übergeben eines Balles;
- Reifentreiben;
- auf dem Übungsweg kleine Hindernisse überwinden;
- Veränderung der Fortbewegungsarten.

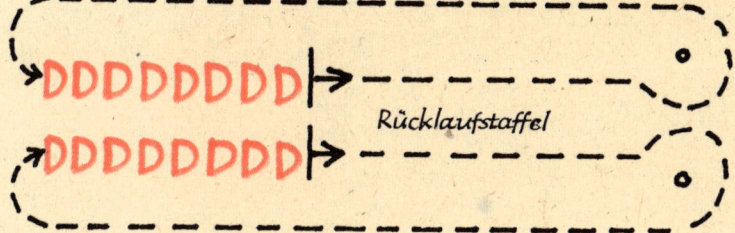

Rücklaufstaffel

Gärtner

Je fünf Kinder stellen sich in zwei bis drei Reihen (Staffeln) auf. Die ersten Kinder jeder Mannschaft halten in der Hand Papierringe, die zweiten Eimerchen mit Bausteinen, die dritten Eimerchen mit Sand, die vierten Gießkannen, die fünften Kinder leere Eimerchen.
In einer Entfernung von 5 bis 6 m von der Startlinie ist noch eine Linie gezogen. Auf ein Signal laufen die ersten Kinder los und legen die Papierringe dort ab – es sind die „Beete". Danach laufen sie zurück und schlagen die zweiten Kinder an. Diese laufen nun los und „pflanzen" das „Gemüse" (Bausteine ablegen). Die dritten „düngen" das Gemüse, die vierten „begießen" es, die fünften „ernten" es, holen die Gegenstände zurück. Gewonnen hat die Mannschaft, die als erste ihre Arbeit beendet hat.

Papierringe,
Eimerchen,
Bausteine,
Gießkännchen
(mehrmals)

Ernte einbringen

Schubkarren
und Sand-
säckchen
(mehrere)

Die Kinder stellen sich zu fünft in zwei bis drei Staffeln an einer Linie auf. Auf der gegenüberliegenden Seite des Platzes wird eine zweite Linie gezogen. Die ersten Spieler jeder Staffel haben eine Schubkarre. Neben ihnen liegen fünf Säckchen, mit Papier oder Sand gefüllt. Die ersten Kinder jeder Staffel müssen jeweils ein Säckchen auf die Schubkarre aufladen, dieses schnell hinter die zweite Linie fahren, abladen, zurücklaufen, die Schubkarre dem zweiten Kind übergeben und sich hinten anstellen. Das Spiel wird so lange fortgesetzt, bis alle Säckchen transportiert sind, der letzte Spieler mit der leeren Schubkarre zurückgekehrt ist und sich wieder hinten eingereiht hat. Welche Staffel ist zuerst fertig?

Säckchen tragen und werfen

mehrere
Sandsäckchen

Die Kinder stellen sich zum Wettlauf in zwei Staffeln auf. Die ersten Spieler tragen in den Händen je zwei Sandsäckchen. Die Weglänge beträgt etwa 20 m. Am Ende des Weges sind Kreise (Durchmesser 1 m) gezeichnet. Die Kinder müssen die Kreise erreichen, die Sandsäckchen hineinwerfen und zurücklaufen. Gesiegt hat, wer am schnellsten wieder zurück ist und sich hinten in seine Staffel eingereiht hat.

34

Kanal

Die Spieler stellen sich in drei bis vier Reihen (Staffeln) hintereinander an einer Linie auf. In jeder Staffel befindet sich die gleiche Anzahl Spieler. Vor jeder ist ein „Weg" gezeichnet und im Abstand von 70 bis 80 cm darüber eine Querlinie, der „Kanal", gezogen. Am Ende des Weges liegen Reifen. Auf ein Signal müssen die ersten Kinder jeder Staffel loslaufen, den „Kanal" überspringen, bis zu den Reifen gelangen, durch sie hindurchkriechen, sie wieder hinlegen, zurücklaufen, den Kanal noch einmal überspringen und sich als letzte wieder in der Reihe aufstellen. Wer es zuerst schafft, erhält einen kleinen Preis.
Die Staffel, die die meisten Preise (z. B. Abzeichen) bekommen hat, ist Sieger.

mehrere Reifen, kleine Preise

Variante:
- Dieses Spiel kann auch so gestaltet werden, daß die ersten Kinder nach der Erledigung der Aufgabe die nächsten Spieler in der Staffel anschlagen und diese erst danach loslaufen dürfen.

Bilderwettlauf (Nummernwettlauf)

Die Kinder stellen sich in drei Reihen zu je fünf Kindern auf, jede Reihe einige Schritte voneinander entfernt. Jede Reihe bekommt fünf Schilder mit den gleichen Tiermotiven, z. B. Frosch, Hase, Storch, Elefant, Vogel. Jedes Kind hängt sich ein Schild um. Der Spielführer ruft einen Tiernamen auf, die Kinder, die das genannte Tierbild umhängen haben, laufen los, um ein 10 m entferntes Wendemal herum und zurück. Wer zuerst wieder an seinen Platz angekommen ist, hat für seine Reihe einen Punkt errungen. Der nächste Tiername wird aufgerufen, die betreffenden Kinder laufen los. Sind alle Kinder einmal gelaufen, wird die Reihe ermittelt, welche die meisten Punkte errungen hat.

Schilder zum Umhängen mit Tierabbildungen (5 Motive, 3fach)

Varianten:
- In einer dem Tier entsprechenden Fortbewegungsart laufen, wie ein Hase hüpfen, wie ein Frosch u. ä.; ein Hindernis auf dem Weg zum Wendemal überwinden, unter einer Turnbank hindurchkriechen, über sie steigen;
- ältere Kinder erhalten anstelle der Tierbilder Schilder mit Ziffern (1–10) und spielen „Nummernwettlauf", die Kinder jeder Staffel stellen sich in der Reihenfolge der Zahlen auf; wird nun eine Zahl aufgerufen, z. B. die „Vier", so laufen alle Kinder, die diese Zahl auf ihrem Schild haben, los und um die Wette um das Wendemal herum auf ihren Platz zurück.

Wer hat den Clown zuerst angezogen?

2 Stofftunnel,
2 Körbe mit:
je 1 Hose,
1 Mütze,
1 Bluse,
Schuhen,
1 gefüllten
Luftballon mit
Schnur

Die Kinder bilden zwei Staffeln. Auf Kommando laufen die ersten Kinder jeder Staffel los und durchkriechen jeweils einen Stofftunnel, dessen Einschlupf an einem Reifen befestigt ist, den zwei Kinder halten. Hinter diesem steht jeweils ein Kind in Turnkleidung neben einem mit lustigen Kleidungsstücken gefüllten Korb. Das aus dem Stofftunnel kommende Kind muß nun ein Kleidungsstück dem „Clown" anziehen und schnell zurück zur Staffel laufen, das nächste Kind abschlagen, und dann kriecht dieses durch den Tunnel und zieht dem „Clown" ein weiteres Stück an usf.

Sieger ist jene Staffel, die ihren „Clown" zuerst fertig angezogen hat.

Variante:
- Dieses Staffelspiel wird anschließend in umgekehrter Folge gespielt, der „Clown" muß nach und nach wieder ausgezogen werden.

Eilbotenlauf

Die Kinder werden in zwei gleich starke Gruppen (je acht Kinder) eingeteilt. Jede Gruppe stellt sich zuerst in einer Linie auf und zählt ab. Jedes Kind muß sich seine Zahl (Nummer) merken. Die Kinder mit einer ungeraden Zahl gehen danach zehn Schritte vorwärts und machen dann kehrt, so daß sie nun an einer zweiten Linie mit dem Gesicht zu den stehengebliebenen Kindern Aufstellung nehmen (weite Gasse). Das Kind Nr. 1 sollte gegenüber dem Kind Nr. 2 stehen, Nr. 3 gegenüber von Nr. 4 usw.

2 Fähnchen

Auf ein Kommando läuft nun Kind Nr. 1 jeder Gruppe mit einem Fähnchen in der Hand zu dem gegenüberstehenden Kind Nr. 2, übergibt das Fähnchen und stellt sich auf dessen Platz; denn Kind Nr. 2 nimmt das Fähnchen und läuft damit sofort zu Nr. 3 und bleibt auf dessen Platz. So wird gespielt, die Eilbotschaft bis zum letzten Läufer der eigenen Gruppe getragen. Dieser muß mit dem Fähnchen in der erhobenen Hand schnell zum Platz des *ersten* Läufers eilen – dabei darf er auch schräg durch die Gasse laufen. Gelingt das, so ist diese Gruppe Sieger im „Eilbotenlauf".

Kein Läufer darf dem Fähnchen entgegenlaufen! Anfangs sollte man die Laufwege etwas markieren (Striche auf der Erde ziehen).

Varianten:

- Sind die Kinder geübt in diesem Lauf, so kann man sie in drei Gruppen einteilen und jeweils drei „Eilboten" zwischen den Gassen laufen lassen.
- Anstelle des Fähnchens kann auch ein Staffelstab weitergereicht werden.

Enten schöpfen

Es werden zwei Staffeln gebildet. Das erste Kind jeder Staffel bekommt einen leeren Spielzeugeimer. Es läuft mit diesem zum Stofftunnel, durchkriecht ihn, läuft bis zu einer wassergefüllten Plastewanne mit darin schwimmenden Plasteenten (für jedes Kind eine Ente), schöpft eine Ente und etwas Wasser heraus, läuft weiter zum Wendemal, einem Wassereimer. Dort schüttet es seinen Eimer aus, läuft zurück und übergibt dem nächsten Kind den leeren Eimer. Gewinner ist die Staffel, die zuerst alle Enten im Wassereimer hat. (Es muß jeweils die gleiche Anzahl Enten wie Mitspieler sein!)

2 Spielzeugeimer, mehrere Plasteenten, 2 Wassereimer, 1 Plastewanne mit Wasser, 2 Stofftunnel zum Durchkriechen

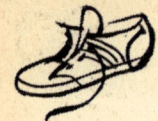

Haschespiele

Abzählreime

Ich und du, Bäckers Kuh,
Müllers Esel, der bist du.

Ix, ax, u
raus bist du.
Ixe, axe, enn
und du mußt renn'n.

Ene, dene, daus,
und du bist raus.
Ene, mene, mei,
du bist frei.
Ene, mene mu,
raus bist du.

Reime, reime Rätsel,
wer backt Brezel?
Wer backt Kuchen?
Der muß suchen!

Eine kleine Piepmaus
lief zum Hühnerstall hinaus,
fiel ins Murmelloch hinein,
eins, zwei, drei, du sollst es sein.

Oberpoppel-Hoppelhase
hoppelt in dem Stoppelgrase,
hoppelt in das Hasenhaus,
und du bist raus.

Itzli-pitzli-Rabenfuß,
rate mal, wer suchen muß!
Itzli-pitzli-buh,
nämlich du!

Auf einem Billi-Bolli-Berg,
da wohnt ein Billi-Bolli-Zwerg
mit seiner Frau Marei.
Und du bist frei.

Eins, zwei, drei, vier, fünf,
strick mir ein Paar Strümpf',
nicht zu groß und nicht zu klein,
sonst mußt du der Haschmann sein.

1, 2, 3, 4, 5, 6, 7,
wo ist unser Hund geblieben?
Er sitzt hinterm Hundehaus,
zieht sich seine Jacke aus,
zieht sie wieder an,
und du bist dran.

Eins, zwei,
kein Geschrei,
drei, vier,
du bleibst hier,
fünf, sechs,
alte Hex'
sieben, acht,
ich hab's gedacht,
neun, zehn,
du mußt gehn.

Hopp, mein Bällchen,
hopp, mein Bällchen,
spring nicht an das Hühnerställchen,
sonst kommt noch der Gockelhahn,
pickt mir dann mein Bällchen an.

Ach, du Schreck,
die Luft ist weg,
Katz – Mies – Maus,
du bist raus!

Eine kleine Piepmaus
lief zum Rathaus,
schnippeldieschnapp,
schnippeldieschnapp,
und du bist ab.

Eins, zwei, drei und viere,
hinter dieser Türe
sitzt 'ne kleine Maus,
und du bist raus.

Es geht ein Männchen über die Brücken,
hat ein Säckchen auf dem Rücken,
Pfosten kracht,
Männchen lacht.
Tipp, tipp, tapp,
und du bist ab!

Haschen und Weglaufen

Einfaches Haschen

Das Spielfeld wird sichtbar begrenzt durch Bekanntgabe natürlicher Merkmale (Bäume, Sträucher), mittels eingesteckter Fähnchen oder in den Sand gezogener Linien. Zu Beginn jedes Spiels wird ein *Freimal* bestimmt, z. B. Baum, Hauswand, Reifen, Hangelbogen. Wer es berührt, darf nicht abgeschlagen werden. Wenn der Fänger sich vom Freimal entfernt, muß auch das Kind das Freimal verlassen. Es dürfen sich nie mehr als zwei bis drei Kinder am Freimal aufhalten.
Die Erzieherin ist anfangs der Fänger. Sie fordert die Kinder auf, schnell wegzulaufen, und fängt ein Kind. Haben die Kinder verstanden, daß es darauf ankommt, sich möglichst nicht fangen zu lassen, wird ein Kind als Fänger bestimmt oder mit einem Reim ausgezählt. Wer vom Fänger einen Schlag erhalten hat, löst ihn ab. In der jüngeren Gruppe muß die Erzieherin anfangs laut den Namen des jeweiligen Fängers rufen.

Variante:

● Die Erzieherin läuft den Kindern davon, die Kinder fangen sie.

Trippeltrappel

Ein Kind ist Fänger und erhält den Namen „Trippeltrappel". Es stellt sich auf eine kleine Anhöhe, die übrigen Kinder springen um „Trippeltrappel" herum und rufen:
„Trippeltrappel, siehst du mich? Komm herab und hasche mich!"
Während „Trippeltrappel" herabspringt, um ein Kind abzuschlagen, versuchen die anderen, auf die Anhöhe zu gelangen, und rufen:
„Trippeltrappel, siehst du mich? Komm herauf und hasche mich!"
Das Kind, das abgeschlagen wurde, wird neuer „Trippeltrappel".

Wassermann

Der Wassermann hockt in der Kreismitte, die Kinder gehen um ihn herum und sagen:
„Großväterchen Wassermann, warum sitzt du unter Wasser? Komm ein Stündchen heraus und werde unser Fänger!"
Dann rufen die Kinder „Nacht!", und hocken sich nieder. Weil Nacht ist, kann der Wassermann sie nicht sehen. Er versucht, mit geschlossenen Augen ein Kind zu fangen und zu erraten, wer es ist. Gelingt ihm das, wird er von diesem Kind abgelöst, sonst muß er seine Rolle noch einmal spielen.

Der Bär ist los

Der „Bär" sitzt in der Mitte des Kreises, die Kinder umkreisen ihn – laufend, trippelnd, schleichend –, bis der Ruf „Der Bär ist los!" ertönt. Dieser springt auf, fängt ein Kind. Die anderen flüchten auf eine Turnbank, eine Matte o. ä. Freimal. Das gefangene Kind wird nun „Bär".

Der Fuchs im Hühnerstall

Im „Hühnerstall" sitzen die „Hühner" auf der Stange (Turnbank). Der „Fuchsbau" (Stuhl oder Baum) befindet sich auf der gegenüberliegenden Seite. Die „Hühner" springen auf ein Signal der Erzieherin von der Stange, gehen im Hof umher und schlagen mit den Flügeln. Auf das Signal „Der Fuchs!" kommt dieser aus seinem Bau, die „Hühner" versuchen in den Hühnerstall zu entkommen und sich auf die Stange (Turnbank) zu setzen. Wer das nicht schafft und vom „Fuchs" gefangen wird, muß in den Fuchsbau. Das Spiel wird wiederholt, bis nur noch ein Kind übrig ist.

Das Männchen

Ein Kind hockt sich als „Männchen" auf den Boden, die übrigen laufen frei umher. Dabei kommen sie ihm so nahe, daß es sie mit der Hand erreichen kann. Beim Umherlaufen rufen sie ihm übermütig zu: „Männlein klein, Männlein klein, zieh mich in das Bächelein!" Wer von dem „Männchen" berührt wird, der muß aus dem Spiel ausscheiden und sich auf die Seite stellen. Das Kind, das als letztes gefangen wurde, darf nun „Männchen" sein, und das Spiel beginnt von neuem.

Kreishasche

Um die im Kreis stehenden Kinder geht ein Kind als „Spaziergänger" herum und krabbelt sie mit einem Zweig oder Tuch an den nach hinten gehaltenen Händen. Unverhofft legt es einem Kind den Zweig in die Hände und läuft weg. Dieses Kind muß ihm nun mit dem Zweig in der Hand um den Kreis herum nachlaufen. Der „Spaziergänger" darf sich auf den Platz des Verfolgers stellen. Das andere Kind wird „Spaziergänger". Wird es aber vorher eingeholt, so muß es eine weitere Runde laufen.

Löwe und Antilope

Dieses Spiel spielen die Kinder in Afrika. Bevor man es einführt, sollte man unseren Kindern etwas über die Tiere in Afrika erzählen, denn in diesem Haschespiel ist der Fänger der „Löwe", und die Fliehenden sind „Antilopen". Die „Antilopen" laufen auf dem Spielplatz umher und zählen dabei laut bis 10, während der „Löwe" sich hinter Sträuchern oder Bäumen versteckt hält. Bei „10" stürmt er plötzlich aus seinem Versteck hervor und versucht, eine „Antilope" zu fangen. Die gefangenen „Antilopen" (Kinder) helfen bei der Wiederholung des Spiels dem „Löwen", bis die letzte „Antilope" gefangen ist.

Henne und Katze

Zwei Kinder sind „Henne" und „Katze". Die anderen Kinder sind die „Küken". Das Spiel wird im Freien gespielt, dort wo Büsche als Verstecke für die „Katze" stehen.
Die „Henne" läuft mit ihren „Küken" in der Nähe der Büsche umher. Plötzlich springt die „Katze" aus ihrem Versteck hervor und versucht, ein unvorsichtiges „Küken" zu fangen. Durch schnelles Hokken können sich diese retten. Das Spiel geht so lange, bis die „Katze" mehrere oder alle „Küken" gefangen hat. Dann werden die beiden Hauptrollen neu besetzt.

Gürkchen, geht nicht weiter!

Kinder und Fänger (Erzieherin) stehen sich auf zwei Linien gegenüber. Die Kinder sind die „Gürkchen" und nähern sich dem Fänger,
indem sie mit beiden Beinen (Schlußsprünge) gleichzeitig vorwärts
springen. Die Erzieherin ruft:
„Gürkchen, Gürkchen,
geht nicht weiter!
Hier wohnt das Mäuschen,
das euch fressen will!"
Nun laufen die Kinder zurück, die Erzieherin jagt sie und fängt ein
Kind. Das Spiel wird wiederholt. Fänger wird nun das gefangene
Kind.

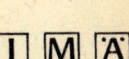

Störche fangen die Frösche

In der Mitte ist ein Tau zum Kreis, dem „Teich", gelegt. In ihm befin-   2 Taue
den sich die „Frösche". Ein Kind ist der „Storch" und sitzt etwas ab-
seits im „Nest" (Reifen). Auf akustisches Zeichen springen die „Frösche" aus dem Teich und laufen, gehen oder hüpfen um diesen
herum. Auf zweimaliges Signal darf der „Storch" fangen. Die „Frösche" springen in den „Teich" zurück.
Wer außerhalb des „Teichs" gefangen worden ist, wird „Storch",
fängt allein, oder alle gefangenen „Frösche" werden zu „Stör-
chen".

Hasenjagd

Die „Hasen" befinden sich in einem Haus (Kreis). In einiger Entfernung, seitwärts, steht ein „Jäger" mit seinem „Hund". Die „Hasen" laufen aus dem Haus und tummeln sich auf der Wiese. Wenn der „Jäger" ins Horn bläst (Täte-tä-tä-tä), laufen die „Hasen" schnell in ihr Haus zurück. „Jäger" und „Hund" versuchen, die „Hasen" zu fangen. Die beiden zuletzt gefangenen Kinder werden nun „Jäger" und „Hund".

Katze und Maus

Die Kinder stehen mit Handfassung im Innenstirnkreis. In der Mitte des Kreises hockt die „Maus", außerhalb desselben lauert die „Katze". Die „Katze" lockt die „Maus":
„Mäuschen, Mäuschen, komm heraus,
sonst kratz' ich dir die Augen aus!"
Die „Maus" antwortet: „Ich mag nicht!"
Die „Katze" ruft: „Dann hol' ich dich!"
Die „Maus" flieht, von der „Katze" verfolgt, bald innerhalb, bald außerhalb des Kreises. Dabei sind die im Kreis stehenden Kinder der „Maus" behilflich und erleichtern ihr durch Heben der Arme das Aus- und Einschlüpfen, während sie es der „Katze" durch Senken der Arme und Schließen der Zwischenräume verwehren. Gelingt es der „Katze", die „Maus" zu fangen, wird ein neues Paar bestimmt. Kann die „Katze" die „Maus" etwa nach einer Minute nicht fangen, so werden zwei neue Spieler bestimmt.

Variante:

● Es werden zwei Tore für die Katze gebildet, sie darf nur noch diese Tore benutzen, während die „Maus" überall hindurchschlüpfen kann.

Katze und Maus (mit Geräten)

Das Spiel kann mit einer kleinen Gruppe von Kindern im Zimmer oder auf einer Wiese gespielt werden. Ein Kind wird als „Katze" ausgewählt, die anderen Kinder sind „Mäuschen". Mit Hilfe einer Gymnastikleiter oder einer Schnur wird der Platz (Höhle) für die „Mäuschen" abgegrenzt. Die „Katze" setzt sich auf einen großen Stuhl oder auf einen Baumstumpf. Die „Mäuschen" sitzen in ihrer Höhle. Die Erzieherin sagt:
„Die Katze lauert den Mäuschen auf,
tut aber, als ob sie schläft."
Jetzt kriechen die „Mäuschen" aus ihrer Höhle hervor (durch die Sprossen der Leiter oder unter der Schnur hervor) und laufen umher. Nach einiger Zeit sagt die Erzieherin:
„Still, ihr Mäuschen, macht keinen Lärm,
ihr weckt die Katze auf!"
Das ist das Signal für die „Katze". Sie springt vom Stuhl, steht auf allen vieren, krümmt ihren Rücken, ruft laut „miau" und versucht, die „Mäuschen" zu fangen, die sich in ihre Höhle retten. Das Spiel kann drei- bis viermal mit einer anderen Katze wiederholt werden.
Für die Rolle der Katze muß man anfangs die am weitesten entwickelten, lebhaftesten Kinder aussuchen, später kann man schüchterne Kinder dafür auswählen, um sie aufzumuntern.

Schnur, Gymnastikleiter oder Turnbank

Eisbär, Eisbär, komm heraus!

Der „Eisbär" sitzt hinter der aufgestellten Bodenwippe oder einem ähnlichen Gerät in seinem „Käfig". Die Kinder kauern in etwa 2 m Entfernung vor ihm und rufen: „Eisbär, Eisbär, komm heraus!" Darauf laufen sie weg. Der „Eisbär" muß versuchen, ein Kind zu fangen. Überqueren sie ein Freimal (Tau), sind sie gerettet. Wer gefangen ist, wird „Eisbär" und fängt allein weiter, oder alle gefangenen Kinder werden „Eisbären".

Varianten:
- Veränderung der Ausgangsstellungen, wie Bauchlage, Schneidersitz, Hockstand u. ä.;
- der „Eisbär" befindet sich hinter einer Turnbank und muß sie vor dem Fangen erst überwinden; Ausgangsstellung der Kinder variieren;
- Veränderungen der Fortbewegungsart (Vierfüßlergang, einbeiniges Hüpfen).

Bodenwippe oder Turnbank, Tau

Häschen im Busch

Die Kinder stehen im Doppelkreis einander paarweise gegenüber. Zwei Kinder – „Jäger" und „Hase" – stehen außerhalb des Kreises. Alle Kinder müssen dem „Hasen" ausweichen, der „Jäger" muß ihn rasch und zielbewußt verfolgen. Der „Hase" reißt aus, sucht sich eine Wohnung, d. h., er kriecht in den Kreis, und das Kind, hinter dessen Rücken sich der „Hase" stellt, muß weglaufen, wird also der nächste „Hase" und vom „Jäger" gefangen. Gelingt das dem „Jäger", wird er „Hase".

 Wird der Verfolgte gefangen, bevor er einen neuen Busch (Kind) erwischt, muß er ausscheiden.

Blinde Kuh

Tuch zum Verbinden der Augen

Einem Kind werden die Augen verbunden, es stellt die „Blinde Kuh" dar. Ein anderes faßt die „Blinde Kuh" an der Hand. Es entsteht folgendes Wechselgespräch:
Kind: „Blinde Kuh, ich führe dich!"
Blinde Kuh: „Wohin denn?"
Kind: „In den Stall."
Blinde Kuh: „Was soll ich da?"
Kind: „Heu fressen."
Blinde Kuh: „Ich habe keinen Löffel."
Kind: „Such' dir einen!"
Danach läßt das Kind die „Blinde Kuh" los, die nun nach einem „Löffel" (anderes Kind) sucht. Alle Kinder dürfen sich frei im begrenzten Spielfeld bewegen, müssen aber durch Klatschen, Stampfen oder Rufen ihren Standort anzeigen. Die „Blinde Kuh" muß versuchen, ein Kind zu fangen. Gelingt das, werden die Rollen getauscht.

Vögel verkaufen

Die Kinder stehen in einer Reihe, ein Kind ist „Vogelhändler", eines der „Käufer", die anderen sind „Vögel", die vorher einen Namen bekommen haben. Der Käufer tritt nun an den Vogelhändler heran, und es beginnt folgender Dialog:
Käufer: „Guten Tag! Haben Sie Vögel zu verkaufen?"
Vogelhändler: „Ja, was für einen möchten Sie denn?"
Käufer: „Welche Vögel haben Sie denn zu verkaufen?"
Vogelhändler: „Alle Vögel, singt einmal!"
Jeder Mitspieler ahmt nun den Ruf oder Gesang des Vogels nach, den er darstellt (Kuckuck, Uhu, Spatz, Krähe usw.). Nennt der Käufer einen der vorhandenen „Vögel", so ruft der Händler diesen: „Kuckuck, fliege aus! Komm wieder in mein Haus!" Der Käufer jagt dem fliehenden „Vogel" bis zu einer vorher festgelegten Linie nach und versucht, ihn zu fangen, sonst fliegt dieser zum „Händler" zurück. Es können auch mehrere Vögel zugleich ausfliegen. Das Spiel wird fortgesetzt, bis alle Vögel verkauft (gehascht) worden sind.

Farben verkaufen

Die Kinder sitzen in zwei Reihen auf Bänken einander gegenüber. „Käufer" und „Verkäufer" werden ausgewählt. Die Kinder nennen dem „Verkäufer" leise die Farbe, die sie darstellen möchten. Der „Käufer" klopft an, wird nach seinem Wunsch gefragt, nennt die Farbe, die er kaufen möchte. Der „Verkäufer" nennt den Preis (1 bis 10); der „Käufer" gibt ihm eine entsprechende Anzahl Handklappe. Beim letzten Schlag läuft die „Farbe" weg. Der „Käufer" muß sie fangen und nach Hause bringen. Ist die gewünschte Farbe nicht vorhanden, antwortet der „Verkäufer": „Spring' auf dem roten (grünen, gelben) Weg auf einem Bein!" Der „Käufer" springt bis zu einer verabredeten Stelle und zurück. Das Spiel ist beendet, wenn alle „Farben" verkauft sind.

Bär und Bienen

Die Kinder teilen sich in zwei ungleiche Gruppen auf:
die Gruppe der „Bienen" soll größer als die der „Bären" sein. Die „Bienen" wohnen in Bienenstöcken (Strauch), die „Bären" in ihren Höhlen (Baum). Auf ein Signal fliegen die „Bienen" aus in den Wald. Sobald sie ihre Bienenstöcke verlassen haben, laufen die „Bären" aus ihren Höhlen und begeben sich zu den Bienenstöcken, wo sie kräftig naschen. Auf das Signal „Die Bienen kommen!" müssen sie schnell in ihre Höhlen zurücklaufen, die „Bienen" aber versuchen, sie abzuschlagen.

Vogelhändler (ältere Spielweise)

Einer der Spieler ist „Vogelhändler", der andere „Käufer". Der Händler stellt seine „Vögel" der Reihe nach auf; jeder Mitspieler erhält einen Vogelnamen, der aber dem Käufer nicht bekannt werden darf (Rabe, Kuckuck, Lerche usw.). Es entspinnt sich nun folgendes Gespräch zwischen Händler und Käufer:

„Guten Tag, Herr Stichel!"

„Schönen Dank, Herr Michel!"

„Haben Sie schöne Vögel zu verkaufen?"

„Allerdings, prächtige Exemplare; was für einen wollen Sie denn haben?"

Nennt „Michel" einen Vogel, der nicht vorhanden ist, so antwortet „Stichel":

„Den hab' ich nicht!"

Andernfalls einigt er sich mit dem Händler über den Preis, der durch Schläge auf die Handfläche entrichtet wird. Bei dem letzten Schlage entschlüpft der betreffende „Vogel" und sucht ein Freimal zu erreichen. Der „Käufer" verfolgt ihn und versucht, ihn zu erhaschen. Gelingt ihm dies, so wird der Gefangene in ein seitwärts gelegenes Mal, die „Hölle", gebracht. Entwischt der Vogel, so kommt er in das gegenüberliegende Mal, „den Himmel". Sind alle Vögel verkauft, so bilden die gefangenen und ebenso die entwischten Vögel eine Kette und machen Tauziehen. Eine Mannschaft versucht nun, die andere auf ihre Seite hinüberzuziehen. Siegerin ist die, der dies gelingt.

48

Uhren verkaufen

Spielweise wie bei „Farben verkaufen". Die Kinder auf den Bänken sind nun verschiedene „Uhren", wie Armbanduhr, Turmuhr, Kukkuckuhr, Wecker u. ä. Bevor der „Käufer" sich zum Kauf entschließt, werden die Uhren „aufgezogen". Sie sagen: „Tick-tack" oder „Kuckuck-Kuckuck", „Rrrrr--" usw. Beim „Käufer" zu Hause aber geben sie schnarrende Geräusche oder lustige Sätze von sich, und deshalb bringt der „Käufer" sie wieder zurück. Das Spiel endet, wenn die letzte, richtiggehende Uhr verkauft wurde.

Fuchs und Hühner

Als „Hühnerstange" kann ein auf der Erde liegender Baum, eine Bank oder ein Klettergerüst dienen. Die „Hühner" laufen auf der Wiese herum, hüpfen, schlagen mit den Flügeln, scharren. Hinter einem Strauch lauert ein „Fuchs". Er beginnt, sich langsam an die „Hühner" heranzuschleichen. Der „Hahn" (vorher bestimmen!) bemerkt ihn und ruft: „Kikeriki!" Die Hühner klettern schnell auf ihre „Stange" (Baum, Bank, Klettergerüst). Der „Hahn" stolziert herum und klettert als letzter hinauf. Der „Fuchs" schlägt die Hühner ab, die es nicht geschafft haben, auf die Stange zu klettern, und bringt sie in seinen Bau. Auf dem Wege begegnet er jedoch einem „Jäger" (vorher bestimmen!) mit einem Gewehr in der Hand. Vor Schreck läßt der „Fuchs" die „Hühner" los und rettet sich. Die „Hühner" laufen weg.

Kasper, krieg uns!

Mitten im markierten Kreis (auf einer Kiste oder einem Stuhl) steht der „Kasper". Die Kinder hüpfen um ihn herum und rufen:
„Kasper, Kasper, laß dich nicht erschrecken,
lauf hinter uns her, dann hören wir auf zu necken!"
Sie rufen ein paarmal. Plötzlich springt der „Kasper" von seinem Stuhl herunter und versucht, ein Kind zu fangen. Hat er es geschafft, so muß dieses Kind der „Kasper" sein. Der „Kasper" darf den Kreis nicht überschreiten, die Kinder aber tanzen immer dicht um den Kreis herum.

Küken und Habicht

Ein Kind wird als „Habicht" gewählt. An einem Ende des Spielplatzes wird ein Kreis gezogen, der sein „Nest" darstellt. Die anderen Kinder sind die „Küken". Sie hüpfen fröhlich umher und spielen. Plötzlich hören sie das Signal „Habicht!"
Der „Habicht" läuft auf sie zu, die Küken bleiben unbeweglich auf ihrem Platz stehen, damit er sie nicht bemerkt. Der Habicht „fliegt" vorüber, schaut sich jedes einzelne „Küken" an und nimmt das mit in sein Nest, das sich dabei bewegt hat. Das Spiel wird zwei- bis dreimal wiederholt, dann wird ein neuer „Habicht" gewählt. Die Küken dürfen nicht vom „Hof" herunterlaufen. Der Hof und das „Habichtnest" müssen vorher markiert werden.

Variante:
● Die Kinder werden in zwei Gruppen eingeteilt, zwei „Habichte" gewählt. Vor Beginn des Spiels müssen nun zwei „Nester" und zwei „Höfe" markiert werden. Die Gruppen spielen selbständig, die „Habichte" können auch die „Küken" der anderen Gruppe fangen. Nach Beendigung des Spiels wird ausgewertet, in welcher Gruppe die „Küken" am geschicktesten waren.

Marktfrau

Spielzeug, Steine u. ä.

Ein Kind ist „Marktfrau" und sitzt vor den „Waren" (Spielzeug, Steine, Hölzchen) in einem Kreis. Die anderen Kinder sind die „Diebe", die um die Marktfrau herumlaufen und ihr etwas wegnehmen wollen. Die „Marktfrau" versucht, die „Diebe" zu fassen, sie darf sich aber nicht von ihrem Stand wegrühren. Sie kann die „Diebe" also nur abschlagen, wenn sie im Inneren des Kreises etwas berühren. Wen sie abschlägt, der scheidet aus.

Brückenwächter

Seile oder Matten, Bänder

In der Mitte des Spielfeldes ist mit Seilen eine Gasse gelegt, oder es sind Matten ausgelegt oder zwei Bänke nebeneinander aufgestellt – „die Brücke". Auf ihr befindet sich der „Brückenwächter". Auf ein Kommando der Erzieherin wechseln die Kinder auf die andere Seite des Spielfeldes und müssen dabei die Brücke überqueren. Der „Brückenwächter" versucht, einige Kinder zu fangen. Um gute Übersicht zu behalten, empfehlen wir, Spielbänder auszugeben.
Das Spiel ist nur eine bestimmte Zeit bis zum letzten Kind oder den letzten drei Kindern zu spielen.

Variante:
● Das gefangene Kind löst den „Brückenwächter" ab und fängt allein weiter.

Hühner und Habicht

Die Kinder wählen ein möglichst großes Kind zum „Habicht", alle anderen Kinder stellen „Hühner" dar. Sie laufen „gackernd und pikkend" im markierten Kreis. Der „Habicht" steht außerhalb und versucht, ein „Huhn" zu fangen, indem er in den Kreis eindringt. Dieses muß sich an ihm festhalten. Der „Habicht" zieht somit eine sich ständig vergrößernde „lebende Kette" hinter sich her und wird dadurch immer unbeweglicher im Fangen. Die Kinder müssen einander gut festhalten, um die Kette nicht zu zerreißen. Das letzte Kind, das nicht gefangen wurde, wird neuer „Habicht".

Kieseljagd

Es beteiligen sich etwa 6 Kinder, die sich an einer Linie nebeneinander aufstellen. Sie halten die Hände nach vorn, die Handflächen halb geöffnet. Ein Kind (Spielführer) steht vor ihnen, es hat einen Kieselstein in der Hand versteckt. Während es nun vor der Linie auf- und abschreitet, tut es so, als ob es den Kieselstein einem oder dem anderen Kind in die Hände gäbe. Läßt es ihn plötzlich wirklich fallen, so muß dieses Kind loslaufen bis zu einem Wendemal und zurück, um den Kieselstein dem Kind wiederzugeben. Die anderen Kinder aber setzen ihm sofort nach, versuchen den Kieselsteinbesitzer zu fangen; das dürfen sie nur bis zur Linie – dort ist er frei. Wird er aber gefangen, so darf das Kind, dem das gelungen ist, in der nächsten Runde Spielführer sein.

1 Kieselstein

51

Der Obstdieb

Ein Kind versteckt sich im Gebüsch, es ist der „Wächter". Die anderen Kinder zupfen oder rütteln leicht an den Blättern und rufen:
„Äpfel, Äpfel schmecken gut,
schmecken gar zu süße,
wenn der alte Wächter kommt,
macht er schnelle Füße."
Beim letzten Wort stürzt der „Wächter" hervor und verfolgt die fliehenden „Obstdiebe". Wer gefangen wird, muß nun der „Wächter" sein. Es können im Vers auch andere Obstnamen oder Gemüsearten genannt werden.

Das böse Tier (Häscher im Versteck)

Ein Kind, das „böse Tier", hält sich hinter einem Baum (Gebäude) versteckt. Die anderen gehen in einer Reihe angefaßt (untergehakt) über den Spielplatz und sprechen:
„Wir woll'n einmal spazierengehn
in unserem schönen Garten,
wenn nur das böse Tier nicht käm',
wir woll'n solange warten.
Um eins kommt's nicht,
um zwei kommt's nicht (usw. bis neun).
Um *zehn, da kommt es!*"
Bei „zehn" stürzt das „böse Tier" aus seinem Versteck hervor und versucht, eins der fliehenden Kinder zu fangen. Diese dürfen sich erst herumdrehen, wenn das fangende Kind dicht hinter ihnen ist. Beim nächsten Spiel dürfen die Gefangenen nun mit dem „bösen Tier" ebenfalls fangen, aber ohne sich dabei loszulassen. Daher können nur die beiden außen laufenden Kinder der immer größer werdenden Reihe ein weiteres Kind abschlagen. Das zuletzt übrigbleibende Kind darf bei einem neu beginnenden Spiel das „böse Tier"

sein.

Haschen mit Freimal

Humpelzeck

Wer vom Fänger einen leichten Schlag bekommen hat, wird neuer Fänger. Er muß sich aber mit der Hand an die geschlagene Stelle fassen und so weiterlaufen, bis es ihm gelingt, einen anderen Spieler abzuschlagen.

M Ä

Kauermännchen

Wer sich niederhockt, wenn sich der Fänger nähert, darf nicht abgeschlagen werden (Spielweise wie einfaches Haschen). Wenn zu viele Kinder kauern, darf der Fänger rufen: „Dreimal drei ist neun, wer nicht läuft, ist mein!" Auf diesen Ruf hin müssen alle aufstehen und weglaufen. Wer abgeschlagen wird, ist neuer Fänger.

Zwerg und Riese

In einem gekennzeichneten Raum (Reifen, Seil) schläft der „Riese". Die anderen Kinder sind die „Zwerge". Sie kommen aus ihren Verstecken (Reifen, Sandkasten) und necken den Schlafenden. Auf den Ruf der Erzieherin: „Der Riese kommt!" springt dieser auf und versucht, die ins Freimal (ihr Versteck) zurückeilenden „Zwerge" zu fangen. Wer gefangen wird, löst den schlafenden „Riesen" ab.

Paarzeck

Hat der Fänger ein Kind gefangen, so fassen sich beide an den Händen und fangen so ein drittes und viertes Kind. Beim vierten Spieler trennt sich die Gruppe wieder in zwei Paare. Wer übrigbleibt, hat gewonnen und darf beim nächsten Spiel der erste Fänger sein.

Blumenzeck

Ein Kind wird als „Rose" bestimmt und beginnt, die anderen Kinder zu haschen. Wenn die „Rose" ein Kind abschlagen will, so muß dieses schnell einen Blumennamen rufen, z. B. „Vergißmeinnicht!" Wer das nicht rechtzeitig tut oder einen schon genannten Blumennamen ruft, der kann abgeschlagen werden und wird der neue Fänger.

Varianten:

- Wurstzeck – es werden Wurstsorten als Freimal genannt;
- Autozeck – es werden Autotypen genannt u. ä.

Monatszeck

Alle Kinder sagen dem Spielleiter, in welchem Monat sie geboren sind. Sie stellen sich an einer Seite des Spielfelds auf, der Spielleiter als Fänger ihnen gegenüber an der anderen Seite. Er ruft einen Monatsnamen auf, alle Kinder, die in diesem Monat Geburtstag haben, laufen zur gegenüberliegenden Seite bis zu einem Freimal. Der Fänger versucht, ein Kind oder mehrere abzuschlagen. Diese werden seine Helfer.

Brüderchen, hilf!

Ein Kind kann das andere vor dem Abschlagen bewahren, indem es ihm die Hand gibt und sagt: „Brüderchen, hilf!" Entfernt sich der Fänger von dem Paar, beteiligen sich beide Kinder wieder als Einzelspieler am Haschen.

Kletterzeck (Hochhasche)

Klettergerüst,
Hangelbogen

Ein Kind bekommt eine bunte Mütze auf und wird „Fänger". Nähert dieser sich den um das Klettergerüst (oder den Hangelbogen) laufenden Kindern, retten diese sich vor dem Abschlagen, indem sie schnell an einer Stange hangeln oder die Leiter des Klettergerüstes o. ä. ein Stück hinaufklettern.

Der „Halt" auf diesem Gerät kann nur kurzfristig sein, der Fänger zählt bis fünf, dann beginnt das Haschen von vorn. Wer abgeschlagen wird, ist neuer Fänger.

54

Elefantenhasche

Der Fänger streckt seinen rechten Oberarm aus und umspannt ihn mit dem linken so, daß er mit der linken Hand die eigene Nase erfaßt. Der gestreckte Arm stellt den „Rüssel" des „Elefanten" dar, mit dem der Schlag ausgeführt wird. Nur in dieser Haltung darf ein Kind abgeschlagen werden.

Schattenhasche

Das ist ein Spiel für Sonnenwetter. Der Fänger muß versuchen, den Schatten eines Kindes mit dem Fuß zu berühren. Das Kind, dessen Schatten gehascht wurde, muß ausscheiden, bis alle gehascht sind, oder es muß die Rolle des Fängers übernehmen.

Fuchs und Hasen

Ein Kind bekommt eine rote Mütze oder ein Stirnband, es ist der „Fuchs", der hinter einem Kasten oder Baum lauert. Alle anderen Kinder hüpfen als „Hasen" zwischen auf der Wiese ausgelegten Reifen (einer weniger als Hasen!) umher und rufen: „Der Fuchs ist tot!" Plötzlich tritt dieser hervor und ruft: „Ich fange euch!" Die „Hasen" flüchten in ihre Höhlen (Reifen). Einer bleibt übrig. Dieser wird gefangen und neuer „Fuchs".

1 rote Mütze oder Stirnband, mehrere Reifen

Haschen und etwas wegnehmen

Schwänzchen haschen

1 Band oder Tuch zum Anbinden

Ein Kind der Gruppe bekommt ein Schwänzchen (Band, Tuch) angebunden, mit dem es fortlaufen darf. Die anderen Kinder versuchen, das Schwänzchen zu fangen. Wer es fängt, darf damit davonlaufen.

Es darf nur das Schwänzchen gehascht, das Kind dabei aber nicht berührt werden. Wenn das Band ergriffen ist, wird das Spiel für kurze Zeit unterbrochen, um das Schwänzchen erneut am nächsten Kind zu befestigen.

Variante:

● Alle Kinder erhalten ein „Schwänzchen" und versuchen, es gegenseitig zu fangen. Wer hat am Ende die meisten erwischt?

Bänder haschen

Bänder für jedes Kind, eines weniger

Alle Kinder – außer einem Fänger, der zu Beginn des Spiels bestimmt wird – tragen ein Band um die Hüfte. Holt der Fänger ein Kind beim Haschen ein, so darf er ihm das Band abnehmen und es sich selber umlegen. Das andere Kind wird neuer Fänger.

Dieses Spiel darf nicht zu lange gespielt werden; da ja kein Kind ausscheidet, kann es leicht zu Überforderungen kommen. Man sollte es nach etwa 8 bis 10 Minuten beenden.

Pudelmütze fangen

Ein bis zwei Kinder bekommen eine rote langzipflige Pudelmütze aufgesetzt. Alle laufen in einem begrenzten Spielfeld umher und versuchen, die Pudel herunterzuziehen. Die Kinder, welche einen Pudel tragen, müssen ausweichen, ohne die Pudel festzuhalten, und versuchen, ihn möglichst lange zu tragen. Es wird lustiger, wenn nach und nach immer mehr Pudelmützen ins Spiel gebracht werden.

2 rote Pudelmützen (oder mehrere)

**1 langes Band
zum Anbinden**

J M Ä

Fangt die Enten!

Es wird ein Spielfeld abgegrenzt (12 bis 15 m). Drei Kinder der Gruppe werden als „Enten" ausgewählt. Sie bekommen ein 0,80 m langes Band umgebunden, das frei flattert, die anderen sind „Kindergartenkinder". Die „Enten" befinden sich 3 bis 4 m von den „Kindern" entfernt. Diese locken die „Enten", die langsam heranwatscheln. Auf das Signal „Fangt die Enten!" wenden die „Enten" sich um und laufen davon, die „Kinder" jagen ihnen hinterher.

Die „Ente", die gefangen oder am Band berührt wurde, wird ausgewechselt.

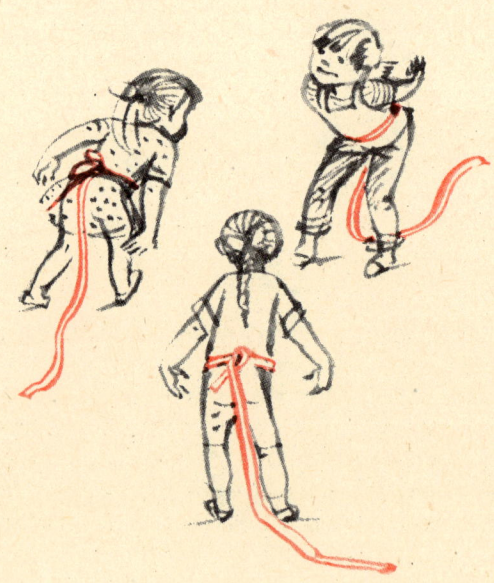

Anschleichen und Haschen

Anschleichen

Die Kinder sitzen im Schneidersitz in einem großen Innenstirnkreis. In der Mitte befindet sich ein Kind mit verbundenen Augen. Die Kinder des Kreises schleichen sich auf ein Zeichen der Erzieherin an das in der Mitte sitzende Kind heran. Hört dieses ein Geräusch und zeigt es die genaue Richtung an, aus der dieses kam, so muß das betreffende Kind in die Mitte.

1 Tuch zum Verbinden der Augen

Klingelmännchen

Dieses lustige Spiel wird am besten auf einer Wiese ausgeführt, auf der die Kinder im Kreis stehen oder sitzen.
Ein Spieler wird „Klingelmännchen", das heißt, ihm wird ein kleines Glöckchen angehängt oder im Knopfloch befestigt. Zwei bis drei Spielern werden die Augen verbunden. Ihre Aufgabe ist es, innerhalb von etwa fünf Minuten das sich durch Klingeln des Glöckchens verratende heranschleichende „Klingelmännchen" zu erhaschen. Wem es gelingt, der wird neues „Klingelmännchen".

1 Glöckchen zum Anbinden, 2 Tücher

Pudelmütze
oder Tuch,
Stöckchen

Stöckchen, klopf!

Die Kinder bilden einen Innenstirnkreis. Ein Kind geht in die Mitte. Die Erzieherin setzt ihm eine Pudelmütze mit einer Bommel auf den Kopf und zieht sie ihm über die Augen, so daß es nichts sehen kann. Dann erhält es ein Stöckchen. Die anderen Kinder fassen sich an den Händen, gehen im Kreis herum und sagen:
„Eins, zwei, drei, vier, fünf – nun, Stöckchen, klopf!"
Klopft das Kind mit dem Stöckchen auf den Boden, bleiben alle sofort stehen und warten, bis es das Stöckchen in Richtung eines Kindes ausstreckt. Dieses Kind faßt das andere Ende des Stöckchens und sagt laut den Namen des stöckchenschlagenden Kindes. Dieses muß erraten, wer es beim Namen gerufen hat. Gelingt es, bekommt das andere Kind Pudelmütze und Stöckchen. Es tritt in die Mitte, und das Spiel beginnt von vorn.

Jakob und Jakobinchen

2 Tücher zum
Verbinden
der Augen

Die Kinder stehen im Innenstirnkreis. Zwei Kindern, „Jakob" und „Jakobinchen", werden die Augen verbunden. Beide müssen sich einmal drehen, damit sie das Richtungsgefühl verlieren. Dann versucht „Jakob", „Jakobinchen" zu fangen.
Er ruft: „Jakobinchen, wo bist du?"
Jakobinchen antwortet: „Hier bin ich!"
Ihrer Antwort entnimmt er, an welcher Stelle des Kreises sie sich befindet. Hat er sie gefangen, gehen beide, noch mit verbundenen Augen, auf den Kreis zu und greifen sich zwei andere Kinder heraus, die nun „Jakob" und „Jakobinchen" darstellen.

Wieviel Hörner hat der Bock?

Die Kinder stellen sich im Innenstirnkreis auf. Mitten in diesem steht ein Stuhl, auf den sich ein Kind setzt, während sich ein anderes davor bückt. Nacheinander kommen mehrere Mitspielende heran, klopfen dem gebückt stehenden Kind leise auf den Rücken und rufen dabei:
„Rumpeldi-pumpeldi-Hollerstock! Wieviel Hörner hat der Bock?"
und stellen ihm einen, zwei, drei, vier usw. Finger auf den Rücken. Die Zahl der Finger darf während des Erratens nicht geändert werden. Nun muß das sich bückende Kind die Anzahl der Finger raten. Ist die Antwort richtig, so ist es erlöst, und ein anderes kommt dran. Ist die Antwort falsch, so fahren die anderen fort, auf den Rücken zu klopfen und zu rufen.

Böckchen, Böckchen, schiele nicht!
(Eins, zwei, drei, erstes Paar vorbei!)

Die Kinder bilden eine Doppelreihe, ohne Handfassung. Das erste Paar steht an einer Linie (Kreidestrich). Etwa 1 m vor dem ersten Paar steht der Fänger auf einer Markierung (Kreidekreuz) mit dem Rücken zu den Kindern und ruft:
„Eins, zwei, drei, erstes Paar vorbei!"
Er klatscht bei „vorbei" kräftig in die Hände. Darauf läuft das erste Paar, getrennt, rechts und links, am Fänger vorbei nach vorn, um sich innerhalb des Spielfeldes, aber vor dem Fänger zu vereinigen. Dieser darf zum Fangen von seinem Platz starten, sobald ein Läufer die Mallinie überschritten hat. Gelingt es dem Läuferpaar, dem Fänger zu entweichen und sich vor ihm wieder anzufassen, so ist es frei und stellt sich hinter dem letzten Paar der Reihe wieder auf. Wird aber ein Läufer gefangen, so muß dieser Fänger sein.

Variante:
- Es kann auch gerufen werden: „Böckchen, Böckchen, schiele nicht!" Der Fänger hält sich die Augen zu, bis er das erste Paar loslaufen hört oder bis drei gezählt hat.

Haschen mit Zurücklaufen
oder Seitenwechsel

Alle meine Entchen, kommt nach Haus!

Die Kinder stehen in einer Linie nebeneinander. Etwa 10 bis 20 m entfernt steht ein Kind, die „Entenmutter". An der Seite des Spielfeldes hockt der „Wolf".

Die „Entenmutter" ruft: „Alle meine Entchen, kommt nach Haus!"

Die Kinder antworten: „Wir können nicht, der Wolf steht vor dem Haus!"

Die „Entenmutter" fordert die Kinder auf: „Versucht es!" Darauf laufen alle „Entenkinder" auf die andere Seite zur „Entenmutter". Der „Wolf" versucht, durch Abschlagen ein Kind zu fangen. Das gefangene Kind darf die Rolle des „Wolfes" übernehmen, der „Wolf" reiht sich den anderen Kindern ein.

Variante:

● Alle vom „Wolf" gefangenen Kinder bleiben bei ihm und helfen, die übrigen „Entenkinder" zu fangen. Diese Variante ist bei älteren Vorschulkindern möglich.

$\boxed{J}$ $\boxed{M}$ $\boxed{Ä}$

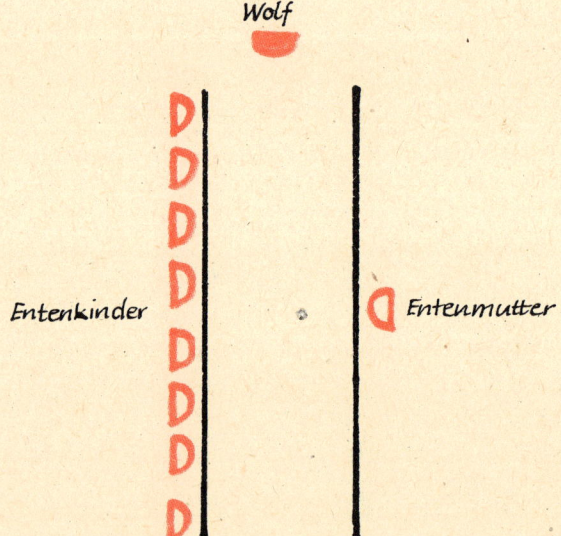

Frost Rotnase und Frost Blaunase

Auf den beiden gegenüberliegenden Seiten eines Platzes oder Zimmers werden zwei „Häuser" angedeutet, die etwa 12 bis 15 m voneinander entfernt sind. Die Kinder stehen auf einer Seite des Platzes, zwei Kinder, „Frost Rotnase" und „Frost Blaunase", stehen zwischen den Häusern den Kindern zugewendet und sagen:
„Wir sind einer Mutter Kinder, zwei verwegene Winter: Ich bin der Frost Rotnase. – Ich bin der Frost Blaunase. Na, wer von euch traut sich aus dem Haus?"
Alle antworten im Chor: „Auch wenn ihr uns droht, wir haben keine Angst vor dem Winter!"
Nun laufen die Kinder über die Mittellinie in das gegenüberliegende „Haus". Die beiden „Fröste" wollen sie fangen und einfrieren. Wen sie berühren, der muß stehen bleiben, bis alle im gegenüberliegenden Haus angekommen bzw. „gefroren" sind. Die „gefrorenen" Kinder werden gezählt. Das Spiel wird drei- bis viermal wiederholt. Danach werden mit Hilfe eines Abzählreims zwei neue „Fröste" gewählt.

Der Eiskönig

Ein Kind wird als „Eiskönig" gewählt. Die anderen Kinder versammeln sich an einer Seite des Spielplatzes. Der Eiskönig spricht zu den Kindern:
„Lauft weg, wen ich fange, der wird zum Eiszapfen!"
Die Kinder laufen nun schnell in ihre „Häuser" (Reifen o. ä.) auf die andere Seite des Spielplatzes. Tippt der „Eiskönig" ein Kind an, so muß es stehenbleiben, es ist ein „Eiszapfen" geworden.

Gänse, wollt ihr fressen?

Auf einer Seite der Wiese wird ein „Gänsestall" markiert, auf der gegenüberliegenden Seite steht der „Hirt". Seitlich des Platzes lauert der „Wolf". Der „Hirt" läßt die „Gänse" auf die Wiese und ruft nach einer Weile:
„Gänse, Gänse, wollt ihr fressen?"
Die Gänse sagen: „Ja, ja, ja!"
Der Hirt: „So fliegt doch!"
Die Gänse: „Wir können nicht! Der graue Wolf lauert auf uns und läßt uns nicht nach Hause!"
Der Hirt: „So fliegt, doch gebt acht auf eure Flügel!"
Die „Gänse" breiten ihre Flügel (Arme) aus und fliegen nach Hause. Der „Wolf" versucht, so viele „Gänse" wie möglich am Arm abzuschlagen, die er dann in seinen Bau schleppt.

Meister, gib uns Arbeit!

Die Kinder stehen als „Gesellen" in einer Linie nebeneinander dem „Meister" (einem Kind) gegenüber. Die „Gesellen" überlegen sich ein Handwerk, gehen bis auf zwei Meter an den „Meister" heran und rufen:

„Meister, gib uns Arbeit!"

Der „Meister" fragt: „Was könnt ihr denn?"

Die „Gesellen" führen die Arbeitsbewegungen des ausgewählten Handwerks vor (zum Beispiel sägen, hämmern). Errät der „Meister" das Handwerk oder den betreffenden Beruf, z. B. „Tischler", dann flüchten die „Gesellen" zurück, hinter ihre Linie. Der „Meister" versucht, möglichst viele „Gesellen" zu haschen, die dann Helfer des „Meisters" werden und mitfangen dürfen.

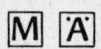

Variante:

● Der zuletzt abgeschlagene „Geselle" wird neuer „Meister".

Fischerspiel

Ein 12 m breites und 15 m langes Spielfeld wird mit Fähnchen markiert. Zwei Spieler sind „Fischer", die anderen die „Fische". Die beiden „Fischer" fassen sich an der Hand und laufen kreuz und quer über das Spielfeld, um einen „Fisch" zu fangen; die „Fische" laufen einzeln und versuchen, ihnen auszuweichen. Können sie ein Kind mit dem Arm umschließen, so ist es gefangen. Es wird ebenfalls „Fischer" und schließt sich ihnen an. Nun ziehen sie zu dritt auf Fang aus. Die Kette der „Fischer" darf nicht zerreißen, das Spielfeld nicht verlassen werden. Der letzte „Fisch" wählt sich einen Gefährten, der mit ihm neuer „Fischer" wird.

Fischer, wie hoch steht das Wasser?

Die Kinder stehen in einer Linie nebeneinander an der linken Außenlinie des Spielfeldes. In der Mitte des Spielfeldes wird ein Strich gezogen (Grenze des Wassers). Auf diesem steht ein Kind, der „Fischer". Ein Kind fragt:
„Fischer, wie hoch steht das Wasser?"
Der „Fischer" zeigt: „So hoch!"
Die Kinder fragen: „Wie kommen wir da hinüber?"
Der Fischer antwortet: „Macht es alle so!"
Er zeigt eine beliebige Lauf- oder Hüpfbewegung (auf einem Bein hüpfen, mit verschränkten oder erhobenen Armen laufen, im Hockgang). In dieser Bewegung versuchen die Kinder, auf die rechte Seite des Spielfeldes, hinter den Standort des „Fischers", zu gelangen. Der „Fischer" versucht, ein Kind oder mehrere zu fangen. Er darf dabei nur das linke (bzw. das rechte bei Wiederholung) Spielfeld betreten. Das zuletzt gefangene Kind wird „Fischer", die anderen Kinder stellen sich nun an der rechten Außenlinie des Spielfeldes auf, das Spiel beginnt von neuem.

Der Hering

Auf dem Spielplatz werden zwei Linien mit einem Zwischenraum von 8 bis 10 Schritten gezogen. Hinter einer Linie steht ein Spieler, „der Hering". Er wendet den anderen Spielern den Rücken zu. Sie stehen hinter der anderen Linie. Der „Hering" zählt bis drei. Während dieser Zeit versuchen die anderen Spieler, mit Sprungschritten möglichst schnell an den „Hering" heranzurücken. Bei der Zahl „drei" schaut der „Hering" über seine Schulter. Wer sich bewegt, muß zurück hinter die Linie. Der „Hering" zählt wieder bis drei, die Spieler springen weiter nach vorn, der „Hering" schaut abermals zurück usw. Wer von den Spielenden als erster das Territorium des „Herings" erobert, wird der neue „Hering".

Blumen im Wind

Die Kinder werden in zwei Mannschaften eingeteilt, in die der „Blumen" und die des „Windes und seiner Gesellen". Sie stehen in einer breiten Gasse – 4 Meter voneinander entfernt – einander gegenüber. Die „Blumen" geben sich flüsternd je einen Namen. Dann rufen sie: „Wind, rate, welchen Blumennamen tragen wir?"
Errät der „Wind" einen der Blumennamen, laufen *alle* Kinder los zur anderen Seite (Linie). Wer dabei von den „Windgesellen" abgeschlagen wird, gilt als Pluspunkt für die Mannschaft. Nach einiger Zeit werden die Rollen gewechselt. Welche Mannschaft hat am Ende die meisten Punkte?

Schwesterchen, komm mit!

Es werden zwei Mannschaften gebildet, die sich in einer weiten Gasse (10 m Entfernung) einander gegenüberstellen. Eine Mannschaft entsendet ein Kind zur anderen, dieses beginnt dort die Kinder abzuzählen. Es sagt folgenden Vers und tippt bei jedem Wort ein anderes Kind an:
„Guten Tag, wie geht es? Schwesterchen, komm mit!"
Das Kind, welches bei „mit" berührt wird, muß das nun in seine Mannschaft zurücklaufende Kind zu fangen versuchen. Gelingt das, so muß sich das gefangene Kind der Gegenmannschaft einreihen. Gelingt es nicht, muß das ausgezählte „Schwesterchen" in die Mannschaft des zählenden Kindes. Die Mannschaft, die ein „Schwesterchen" gefangen hat, darf den nächsten „Auszähler" entsenden. Es gewinnt die Mannschaft, die die meisten Kinder gefangen hat.

Mutter, darf ich verreisen?

Die Kinder wählen ein Kind als „Mutter" aus und stellen sich ihr gegenüber in einer Linie – etwa 10 m entfernt – an einem in den Sand geritzten Strich auf. Nacheinander fragt jedes Kind:
„Mutter, darf ich verreisen?"
Die Mutter bejaht oder verneint es. Im ersten Fall fragt sie:
„Wohin willst du fahren?"
„Nach Potsdam!" (Es werden nur den Kindern bekannte Städte, Orte oder Dörfer genannt.)
Je nach der Entfernung – weit oder nah – bestimmt die „Mutter" die Anzahl der Schritte, die das betreffende Kind nach vorn schreiten darf. (Die Kinder der älteren Gruppe skandieren die Silben des Stadtnamens und machen entsprechend viele Schritte.)
Das Kind, welches zuerst an die Linie herangekommen ist, an der die „Mutter" steht, ist Sieger bzw. übernimmt nun die Rolle der „Mutter".

Wieviel Teile hat mein Name?

An diesem Spiel kann sich die gesamte Gruppe beteiligen. Die Erzieherin bestimmt vier aufgezeichnete Orientierungshilfen (Kreise) auf der Hartfläche des Spielplatzes, die jeweils ein-, zwei-, drei- oder viersilbigen Namen entsprechen.
Sie schlägt nun mit der Rahmentrommel entweder ein-, zwei-, drei- oder viermal an. Wer eine Übereinstimmung mit seinem Namen festgestellt hat, läuft in die dafür vorgesehenen Kreise und springt oder schreitet dabei entsprechend oft vorwärts. Hat ein Kind nicht richtig gehört, bekommt es eine blaue Schleife um den Arm, die ihm bei richtiger Namensteilung wieder abgenommen wird.

Platzsuchspiele

Kämmerchen vermieten

Alle Mitspieler – bis auf einen – wählen sich auf dem Spielplatz einen Baum oder Strauch aus, in welchem ihr „Kämmerchen" ist. Das einzelne Kind geht herum und fragt: „Haben Sie ein Kämmerchen zu vermieten?"
Während es noch spricht, wechseln die anderen sofort ihre Plätze. Das fragende Kind versucht, schnell einen der leer gewordenen Plätze einzunehmen. Gelingt das, muß das nun übrigbleibende Kind herumgehen und fragen.

M Ä

Um das Häuschen gehe ich

Die Kinder stehen im Innenstirnkreis und legen die Hände in die Hüfte, so daß „Fensterchen" entstehen. Ein Kind geht außen um den Kreis herum und sagt:
„Um das Häuschen gehe ich,
in die Fenster sehe ich.
An eines trete ich heran
und klopfe leise an."
Es bleibt hinter einem Kind stehen, schaut ins „Fenster" und sagt:
„Tuk, tuk, tuk."
Das vor ihm stehende Kind fragt: „Wer ist da?" Das anklopfende Kind nennt seinen Namen. Es wird gefragt: „Warum bist du gekommen?" und antwortet „Laß uns um die Wette laufen!" Beide laufen in verschiedene Richtungen um den Kreis herum. Wer zuerst den freien Platz erreicht, darf ihn besetzen. Das andere Kind geht nun außen um den Kreis, das Spiel wird wiederholt, bis mehrere Kinder an der Reihe waren.

Findet ein Haus!

Auf der Wiese sind mehrere Reifen ausgelegt, so viel wie Kinder mitspielen. Die Kinder stehen etwa 10 m entfernt. Auf das Kommando „Findet ein Haus!" laufen sie zu den Reifen, die jeweils „ein Haus" darstellen. In einem Reifen darf nur ein Kind „wohnen". Haben alle Kinder ein „Haus" gefunden, ruft die Erzieherin: „Kommt schnell zu mir!", und das Spiel beginnt von vorn.

Varianten:

- Die Kinder stehen in Linie hinter einem Strich. In 10 bis 15 m Entfernung sind so viele Reifen ausgelegt, wie Kinder in der Linie stehen. Ein Kind steht einige Meter davor und ruft: „Findet ein Haus!" Da für dieses Kind kein Reifen ausgelegt wurde, bleibt am Schluß ein Kind, der neue „Rufer", übrig.
- Es wird gerufen: „Findet ein Haus im Nachstellsprungschritt (oder im Schlußhüpfen)!"

J M Ä

Schnell, ins Haus!

Für dieses Spiel sucht sich jedes Kind auf dem Spielplatz einen Baum, in dem es „wohnt" (die Bäume kennzeichnen, Schleifen anhängen). Ein Kind, das kein „Haus" hat, bleibt in der Mitte stehen und lockt die anderen mit dem Ruf: „Kommt schnell aus eurem Haus und sucht euch rasch ein neues aus!" Alle Kinder, auch der Rufer, versuchen jetzt, wieder ein „Haus" (Baum) zu erreichen. Wer kein „Haus" findet, muß nun der neue Ausrufer sein.

Die Schwalbe hat kein Nest

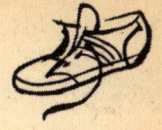

Alle Kinder stellen „Schwalben" dar. Auf dem Spielplatz werden Kreise gezogen, es sind die „Nester", in die sich jeweils zwei „Schwalben" hineinstellen. Eine „Schwalbe" hat kein Nest, sie bleibt in der Mitte stehen. Auf das Signal „Fliegt!" fliegen alle „Schwalben" davon, laufen frei auf dem Platz umher. Auf das Signal „In die Nester!" stellen sie sich zu zweit in ein Nest. Eine „Schwalbe" bleibt ohne Nest. Das Spiel wird einige Male wiederholt. Am Ende des Spiels wird gewertet, welche Kinder am schnellsten waren. Die „Schwalben" können verschiedene Nester wählen, so kann jede „Schwalbe" nacheinander verschiedene Partner haben.

Wechselt das Bäumchen!

Im Spielfeld werden in unregelmäßigen Abständen Reifen ausgelegt, Kreise gezogen oder Stäbe eingesteckt. Jedes Kind stellt sich in einen Reifen (in einen Kreis, an einen Stab), diese stellen „Bäume" dar. Ein Kind ruft: „Wechselt das Bäumchen!", worauf alle Kinder ihren „Baum" verlassen, um sich schnell einen neuen zu suchen. Auch der Rufer sucht sich einen „Baum". Das Kind, das keinen mehr findet, ruft erneut: „Wechselt das Bäumchen!"
Bei einer größeren Spielerzahl als 12 Kinder ist es schwierig, die Übersicht über alle Kinder zu behalten. Es kommt dann vor, daß Kinder ihren Platz nicht wechseln und das gleiche Kind mehrmals als Rufer auftritt. Das beeinträchtigt die Freude am Spiel.

Reifen oder Stäbe für jedes Kind

1 Rahmen-
trommel

Das obdachlose Häschen

Der Spielplatz stellt eine „Waldwiese" dar. Die Kinder sind die „Hasen". Einer von ihnen stellt sich in die Mitte der Wiese mit einer Rahmentrommel in der Hand. Die anderen Kinder stellen sich zu zweit
um ihn auf. Neben jedem Paar wird ein Kreis markiert, der das Haus
dieser beiden „Häschen" darstellen soll.

Zu Spielbeginn läuft das „Häschen", das ohne Häuschen ist, auf der
Wiese umher, schlägt die Rahmentrommel und ruft: „Kommt, wir
wollen spielen!" Die „Häschen" laufen alle auf die Wiese, bilden nun
einen Kreis und fassen sich an den Händen. Eines von ihnen fängt
an zu zählen, dabei bewegt sich der Kreis nach links. Ist bis sechs gezählt, bewegt sich der Kreis in entgegengesetzter Richtung. Plötzlich wird das Signal gegeben: „Der Jäger kommt!" Nun laufen alle
„Häschen", auch der Trommler, schnell in ihre „Häuschen", jeweils
zwei Kinder in eins.

Der „Hase", dem das nicht gelingt, nimmt nun die Rahmentrommel,
stellt sich in die Mitte der Wiese, und das Spiel beginnt von neuem.
Anstatt zu zählen, können die Kinder auch ein ihnen bekanntes Lied
singen und dazu klatschen.

Hundehütte

Die Kinder bilden einen doppelten Innenstirnkreis. Die Kinder des inneren Kreises stehen in Seitgrätschstellung. Sie stellen die „Hundehütten" dar. Hinter ihnen wird in etwa 2 m Abstand ein Kreidekreis markiert, um den die Kinder des äußeren Kreises laufen müssen. Auf das Kommando der Erzieherin (Handklapp, Rahmentrommelschlag) versucht jedes Kind des äußeren Kreises, in eine „Hundehütte" zu kommen; es muß dabei unter die gegrätschten Beine eines Kindes kriechen.

Im äußeren Kreis muß ein Kind mehr sein als im inneren. Eine „Hundehütte" darf nur von einem Kind besetzt werden. Wer keine „Hundehütte" bekommen hat, muß noch einmal mitlaufen, wenn die Rollen getauscht werden. Jede Gruppe sollte mehrmals hintereinander die gleiche Aufgabe ausführen.

Varianten:
- Veränderung der Fortbewegungsart: Gehen, Laufen, Vierfüßlergang, Nachstellsprungschritte vorwärts, seitwärts, Wechselsprungschritte;
- die Erzieherin singt ein Lied; hört sie auf, sucht sich jedes Kind eine „Hundehütte".

71

Mäuschen, ins Häuschen, der Kater kommt!

12 Kinder stellen sich zu Paaren im Kreis auf, jedes Paar kann auch in einem Reifen stehen. Die beiden Kinder fassen sich jeweils an den Händen, heben diese hoch und bilden so ein „Mäusehäuschen". 6 weitere Kinder suchen sich eines der „Häuschen" und verstecken sich darin. Ein 7. Kind ist der „Kater". Wenn er ruft: „Mäuschen, aus dem Häuschen!", müssen alle „Mäuse" ihre Häuser verlassen und sich ein neues Haus suchen. Während dieser Zeit versucht der „Kater", ein „Mäuschen" zu fangen. Gelingt ihm das, tauschen die beiden Kinder ihre Rollen.
Der „Kater" wird ein „Mäuschen", das andere Kind spielt nun den „Kater".

Wechselt den Partner!

Jedes Kind sucht sich einen Partner, beide Kinder nehmen geschlossene Handfassung. Ein Kind bleibt übrig und ruft: „Wechselt den Partner!" Jedes Kind, auch der Rufer, versucht, einen neuen Partner zu finden. Das nun übrigbleibende Kind beginnt das Spiel von neuem.

Variante:
- Die Paare müssen nach Aufforderung verschiedene Bewegungen ausführen, zum Beispiel hüpfen, Hampelmann; ruft das einzelne Kind aber: „Wechselt den Partner!", muß der Wechsel schnell vonstatten gehen;

Der Plumpsack geht um

Die Kinder sitzen im Schneidersitz auf der Wiese im Innenstirnkreis.
Ein Kind läuft (geht) mit dem Plumpsack außen um den Kreis herum
und sagt dabei:
„Dreht euch nicht um, der Plumpsack geht um!"
Unauffällig läßt es den Plumpsack hinter einem Kind auf die Erde
fallen. Die Kinder dürfen sich erst umdrehen, wenn der Läufer an ihnen vorbeigegangen ist. Bemerkt ein Kind den hinter ihm liegenden
Plumpsack, hebt es ihn auf, erhebt sich schnell und versucht, den
Läufer zu fangen. Dieser läuft einmal um den Kreis und setzt sich
rasch an den frei gewordenen Platz. Das Spiel beginnt von vorn.
Bemerkt ein Kind den Plumpsack nicht, wird es vom Läufer nach einer Runde ausgezählt: „Eins, zwei, drei, ins faule Ei!" Das abgeschlagene Kind muß sich in die Kreismitte setzen und so lange warten,
bis der nächste unachtsame Läufer es ablöst. Gelingt es einem Kind,
den Läufer zu fangen, bevor er den freien Platz erreicht hat, ruft es
ebenfalls: „Eins, zwei, drei, ins faule Ei!"

1 Plumpsack
(sauberes
geknotetes
Tuch)

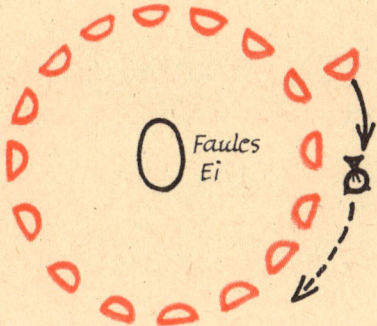

Rette sich, wer kann!

Die Kinder sitzen rittlings in einer Richtung auf der Turnbank (Balken, Baumstamm), dem „Ruderboot" und „rudern", das heißt, sie bewegen den Oberkörper im gleichen Rhythmus vor und zurück,
Hände auf den Schultern des Vordermannes. Auf den Ruf: „Sturm!
Rette sich, wer kann!" stürzen alle aus dem „Ruderboot" und suchen
sich eine „Insel" (einen Platz im Reifen, auf der Matte, im Sandkasten, auf dem Klettergerüst, auf dem Baumstumpf o. ä.).

Spielplatz-
geräte,
Turnbank,
Kasten oder
Matte

Variante:
● Alle laufen um den Sandkasten (um einen großen Sandhaufen am
  Strand). Auf den Ruf: „Rette sich, wer kann!" springen alle in den
  Sandhaufen. Die Erzieherin schlägt dabei auf die Rahmentrom-
  mel; bricht sie ab, ist es zu spät bzw. das „Boot" zu voll.

Plätze wechseln durch Tore

Zwei Mannschaften stehen sich in 12 bis 15 m Entfernung gegenüber. In der Mitte des Spielfeldes stehen 4 Kinder und bilden durch Handfassung Tore. Auf ein Signal der Erzieherin versuchen beide Mannschaften, so schnell wie möglich ihre Plätze zu wechseln. Dabei muß jedes Kind durch ein „Tor" hindurchlaufen. Welche Mannschaft steht zuerst vollzählig auf der Gegenseite?

Wasser und Sturm

Ein Spiel für Spielplatz und Spaziergänge im Wald. Wenn der Ruf „Wasser!" ertönt, versuchen alle Kinder, auf einen erhöhten Standpunkt zu klettern (Sandkasteneinfassung, Baumstumpf, Hügel, Treppenstufen, Bank, Klettergerüst). Wird „Sturm!" gerufen, müssen sich die Kinder blitzschnell kauern oder auf den Bauch legen (Wiese). Wer es verwechselt, scheidet aus.

Wind – Wasser – Sturm

Im Freien werden feststehende Spielplatzgeräte benutzt, im Raum Turnbänke, Kästen, Stühle, Matten u. a.
Die Kinder laufen nach Rahmentrommelschlag oder Instrumentalbegleitung beliebig um die Geräte. Auf das Wort „Wind!" legen sich alle auf den Bauch, auf das Signalwort „Wasser!" klettern sie an einem Gerät hinauf (auch auf Stuhl oder Bank), damit sie keine nassen Füße bekommen. Auf das Wort „Sturm" drängen sie in eine vorher bestimmte Ecke (Gebüsch, Hauswand). Setzen die Rahmentrommelschläge oder die Musik erneut ein – laufen sie wieder los.

Kraft- und Gewandtheitsspiele

Felderhüpfspiele

Die Hüpfkästen werden mit Kreide, im Kindergarten evtl. auch mit Lackfarbe, auf die Terrasse oder eine befestigte Fläche gemalt, so daß sie jederzeit von den Kindern selbständig genutzt werden können. Die Diagramme sollten verschiedenfarbig sein und unterschiedliche Anforderungen stellen, dann sprechen sie die Kinder besonders stark an.

Jedes Feld in einem Hüpfkasten kann etwa 30 cm breit und 30 bis 40 cm lang sein. Wir lehren die Kinder nacheinander verschiedene Arten des Hüpfens und entsprechende Spielregeln.

Anfangs üben wir das Schlußhüpfen, dann das Einbeinhüpfen mit Richtungswechsel nach rechts, nach links, vor und zurück sowie im Kreis (vgl. Abb. S. 76). Später kommt das Grätschhüpfen und das Werfen einer Marke (Stein, Kette) in jedes Feld hinzu.

Sehr gewandte Kinder lernen das *Weiterschieben der Marke mit dem Fuß beim Sprung* und spielen „Schiebekasten", auch „Schiebchen" genannt (vgl. Spiele auf S. 81).

(Randspalte) Farbe, Kreide oder Stock zum Markieren des Hüpfkastens, Kette oder Steinchen zum Werfen und Schieben

Gehweghopse

Für einen Hüpfkasten werden vorhandene Gehwegplatten genutzt, das Spielfeld wird mit Kreide begrenzt. Wird das Schlußhüpfen vorwärts und später das Hüpfen auf einem Bein vorwärts beherrscht, so kann man zum Wechsel von Schluß- und Grätschsprung übergehen.

Danach ist Hüpfen im Zickzack möglich (vgl. S. 78) oder das Hüpfen im Diagramm „Der Brief". Für Vorschulkinder empfehlen wir Hüpfkästen mit wenig Feldern aufzuzeichnen, damit das Hüpfen nicht zu anstrengend für sie wird.

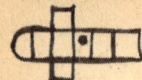

Schlußhüpfen – Einbeinhüpfen – Grätschen

Wer schafft jedes Feld, ohne auf den Strich zu treten? Wer kann im 2. Durchgang ein Feld überspringen?

Einbeinhüpfen –
Schlußhüpfen –
im Wechsel

M Ä

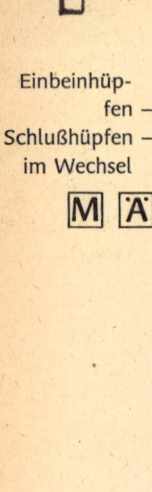

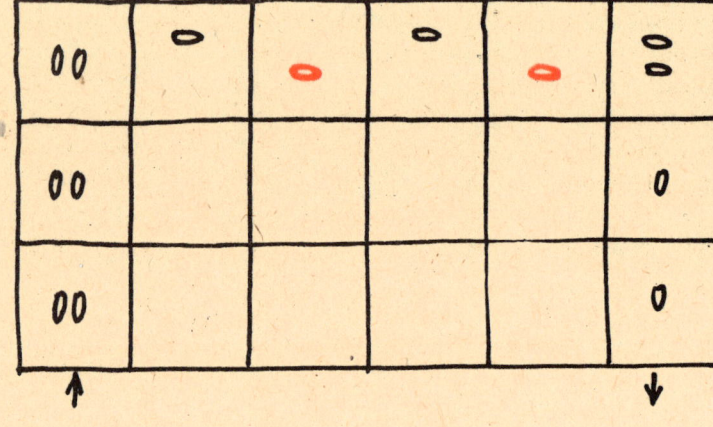

Grätschen –
Schlußhüpfen –
im Wechsel

M Ä

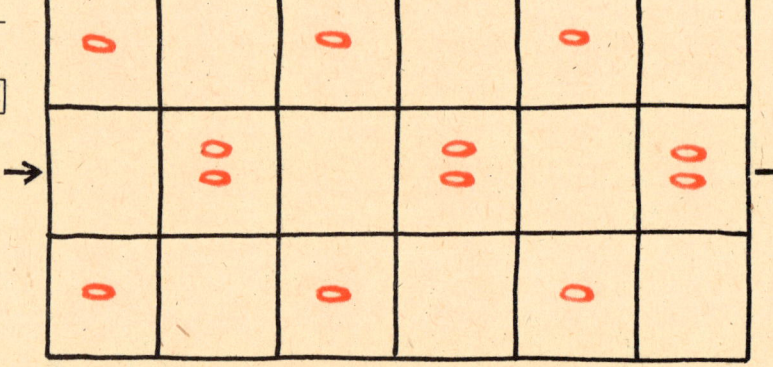

Einbein- oder
Schlußhüpfen
im Kreis

Ä

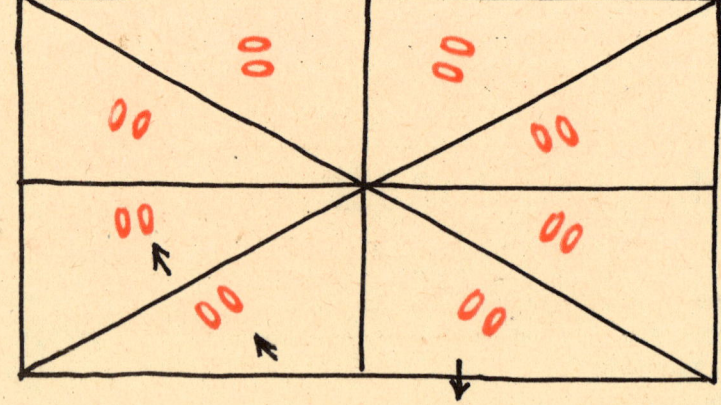

76

Der Brief

Das Diagramm „Brief" wird auf den Boden gezeichnet. Das erste Kind steht im unteren Dreieck und hüpft mit geschlossenen Beinen in das nächste, dann mit gegrätschten Beinen in die *beiden* nächsten Dreiecke (je ein Bein in einem Dreieck), danach mit geschlossenen Beinen in das nächste mittlere Dreieck, zuletzt hüpft es mit einer halben Drehung mit Schlußsprung in das oberste Dreieck. Der Rückweg wird in gleicher Weise gesprungen.

Die Kinder lösen diese Spielaufgabe nacheinander, wer eine falsche Bewegungsfolge ausführt oder auf einen Strich tritt, scheidet aus.

Varianten:

● Für den „Brief" wurden mehrere Möglichkeiten gefunden (vgl. Abb. a – b – c).

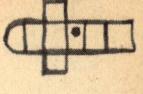

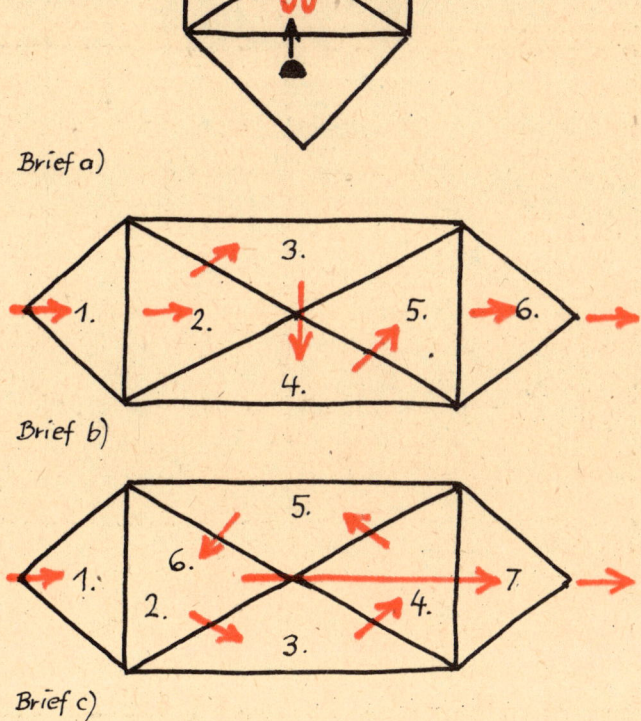

Brief a)

Brief b)

Brief c)

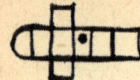

Die Woche oder das Kreuz

Die Quadrate werden, wie auf Abb. „Woche", angeordnet und gezeichnet. Der Stein (die Kette) wird, bei Feld „Montag" beginnend
und im Feld „Sonntag" endend, nacheinander in die Felder geworfen. Mit Schlußhüpfen wird nacheinander in die Felder gesprungen,
wobei das Feld, in dem der Stein (die Kette) liegt, *übersprungen* werden muß. Im Feld „Sonntag" darf man sich ausruhen und auf beiden
Beinen *stehen*, um danach sofort wieder auf gleiche Weise zurückzu-
springen. In das Feld, in dem der Stein (Kette) liegt, muß auf einem
Bein hineingehüpft und der Stein aufgehoben werden.

Das Kind, das eine falsche Reihenfolge hüpft oder auf einen Strich
tritt, muß ausscheiden.

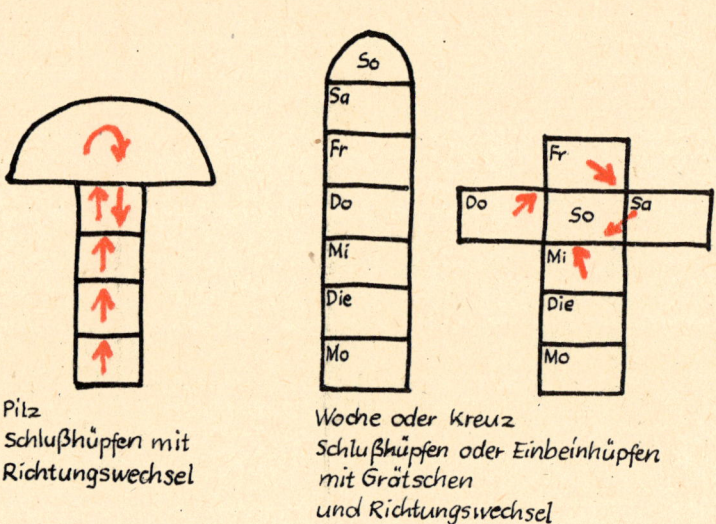

Pilz
Schlußhüpfen mit
Richtungswechsel

Woche oder Kreuz
Schlußhüpfen oder Einbeinhüpfen
mit Grätschen
und Richtungswechsel

Zickzackhopse

Die Kinder hüpfen auf einem Bein oder im Schlußsprung vorwärts
und seitwärts, also im Zickzack (vgl. Abb. 1 bis 4).

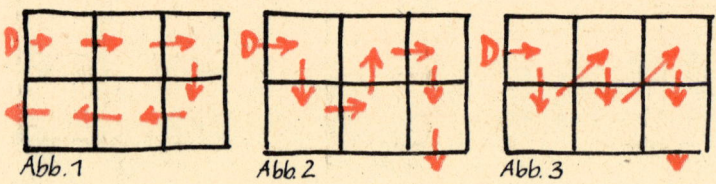

Abb. 1   Abb. 2   Abb. 3

Der Turm

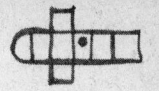

Wir zeichnen 5 übereinanderliegende Quadrate auf den Boden und versehen diesen „Turm" mit einem Dreieck als Spitze oder „Turmstübchen". Auf einem gepflasterten Gehweg umranden wir entsprechende Steine.

Im untersten Feld beginnend und im „Turmstübchen" endend, wird eine Marke (Stein, Kette) in jedes Feld geworfen und auf einem Bein oder mit beiden Beinen nachgesprungen, um die Marke aufzuheben. Ist der Spieler im Turm angelangt, darf er ausruhen. Auf gleiche Weise wird der Rückweg gesprungen.

Das Spiel kann auch ohne eine Marke zu werfen ausgeführt werden. Es wird nur gehüpft, im Schlußsprung vorwärts, seitwärts, rückwärts bis zur Turmspitze oder auf einem Bein im Wechsel.

Das Fenster

Es werden vier paarige Quadrate, die „Fenster", gezeichnet und mit Strichen versehen. Das erste linke untere Quadrat bekommt einen Strich, das darüberliegende zwei Striche, das nächste drei Striche usw. 5 bis 6 Kinder stehen nebeneinander oder in einer Reihe vor dem „Fenster". Das erste Kind springt mit Schlußsprung (später auch auf einem Bein) in das erste Fenster und zurück. Dann in das erste und sofort weiter in das zweite Fenster und von dort zurück. Dieses Springen um jeweils ein Fenster weiter und zurück setzt sich bis zum achten Fenster fort.

Das Kind, das in einer falschen Reihenfolge springt oder auf den „Fensterrahmen" (einen Strich) tritt, scheidet aus, bis alle Kinder einmal an der Reihe waren. Das gleiche läßt sich, ähnlich dem Hüpfspiel „Die Kette", auch mit einem Stein oder einer Kette durchführen.

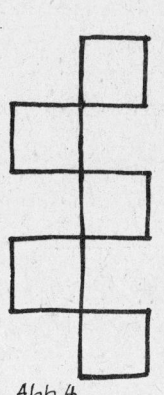

Abb. 4

Turm

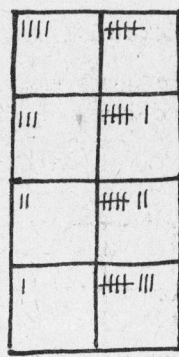

Fenster

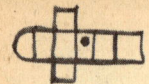

Die Kette

Ketten oder
Stein zum
Werfen

Eine Reihe gleich großer Kreise wird mit geringen Abständen auf die Spielfläche gezeichnet. 5 bis 6 Kinder stehen in einer Linie. Die Erzieherin (oder das erste Kind) wirft einen kleinen Stein oder eine kurze Kette in den ersten Kreis. Das Kind hüpft mit beiden geschlossenen Beinen, ohne die Kreismarkierung zu betreten, in diesen Kreis, hebt (auf einem Bein stehend) den Stein (die Kette) auf und hüpft aus dem Kreis zurück. Die Erzieherin (oder das zweite Kind) wirft den Stein in den zweiten Kreis. Das zweite Kind hüpft mit Schlußsprung in den ersten, dann in den zweiten Kreis, hebt den Stein in gleicher Haltung wie das erste Kind auf, dreht sich um und hüpft ebenso zurück. Nun folgt der Wurf und das Springen in den dritten Kreis usf. bis zum letzten Kreis.

Anfangs hat jedes Kind drei Versuche, einen Kreis zu treffen. Bei zunehmender Treffsicherheit reduzieren sich die Versuche bis auf einen, wobei auch die Kreismarkierung von dem Stein (Kette) nicht berührt werden darf.

Es sollten mehrere „Ketten" gezeichnet werden, um allen Kindern der Gruppe Spielmöglichkeiten zu geben.

Reifenspringen

mehrere
Reifen

Von einem Reifen zum anderen springen kann man auch um die Wette (Entfernung = Schrittweite). Die Kinder stehen hintereinander in zwei Reihen. Vor jeder Reihe liegen 6 bis 8 Reifen, die beim Springen von jedem Kind (mit einem Schritt) berührt werden müssen. Wenn die Kinder den 8. Reifen erreicht haben, laufen sie schnell außerhalb der Reifen zurück, geben dem nächsten Kind einen Handklapp, das nun springt. Die Reihe, die zuerst alle Reifensprünge absolviert hat, wird Sieger.

Schiebekästen

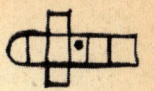

Die Schiebekästen malen die Spieler wie Hüpfkästen auf den Plattenweg. Wer als erster drankommt, nimmt einen Stein und wirft ihn ins erste Feld. Dann springt er ihm auf einem Bein nach und *schiebt* den *Stein* dabei ein Feld weiter. Falls es ihm gelingt, den Stein mit einem Stoß ins zweite Feld zu verschieben, springt er auf dem rechten Bein hinterher und verschiebt ihn mit dem Fuß ins dritte Feld; dann vom dritten ins vierte und fünfte.

1 Stück
Kreide,
Muggelsteine

Dem mit „Rastplatz" bezeichneten Feld muß er beim Hinweg ausweichen und daher den Stein aus dem fünften Feld mit einem einzigen Stoß ins sechste Feld oder gleich bis zum „Haus" schieben. Dort darf er sich ausruhen, wieder auf beiden Beinen stehen und das Spiel für eine Weile unterbrechen.

Nach einer kurzen Pause stellt er sich wieder auf das rechte Bein und befördert den Stein in umgekehrter Folge zurück. Wenn er einen Fehler macht, setzt er aus und macht erst bei der nächsten Runde wieder weiter. Als Fehler gilt:
- auf den Strich zu treten;
- den Stein in ein falsches Feld, auf den Strich zu schieben;
- den Stein in das Feld „Rastplatz" zu stoßen;
- die Reihenfolge nicht einzuhalten.

Variante:
● Die Kinder betreten mit geschlossenen Augen jeweils ein Feld und fragen: „Bin ich?" Haben sie nicht auf einen Strich getreten, dürfen sie ins nächste Feld usf.

Der Drachen

Auf die Spielfläche wird die Figur eines „Drachens mit Schwanz" gezeichnet. Es nehmen 2 bis 6 Kinder am Spiel teil. Sie springen nacheinander von Schwanzteil zu Schwanzteil (Feld), wie der Pfeil anzeigt. Springt ein Kind *auf* die gezeichnete Linie, so muß es *neben* dem Feld stehen bleiben. Das nächste Kind beginnt zu springen. Sind alle einmal gesprungen, so darf das 1. Kind erneut weiterspringen. Vor Beginn jedes Spiels wird die Sprungart festgelegt (Schlußsprünge, Einbeinhüpfen rechts, links).

Drachenfigur

0,20

81

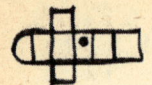

Die Sonne (I)

Ein Spiel für zwei bis drei Kinder, jedes bekommt einen farbigen Muggelstein. Nacheinander springt jedes Kind von Zwischenraum zu Zwischenraum, also von „Sonnenstrahl zu Sonnenstrahl". Es hält den farbigen Muggelstein in der Hand, den es dann auf den Strahl legen muß, den es aus Versehen betreten hat. Im Mittelteil der „Sonne" muß es nun warten, bis ein anderes Kind ungenau gesprungen ist und es „ablöst". Dann hebt es seinen Muggelstein auf und springt weiter. Das Spiel kann so lange gespielt werden, bis alle Kinder wieder am Ausgangspunkt angekommen sind.

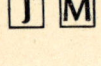

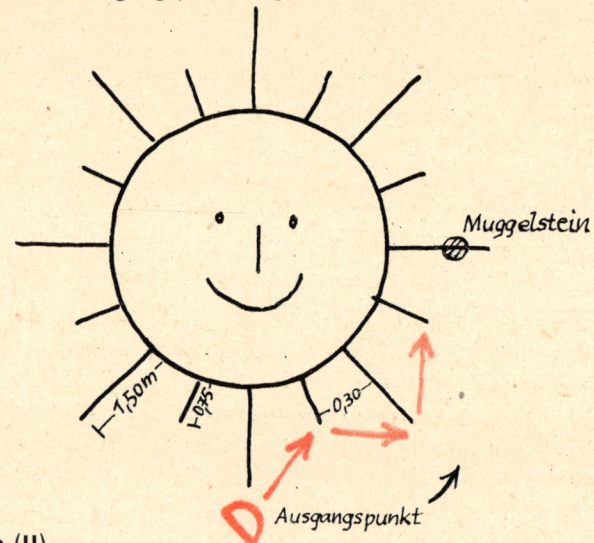

Die Sonne (II)

Eine schwierigere Form des Hüpfens ist die „Sonne II". Die Kinder stellen sich am markierten Ausgangspunkt auf, erhalten jeder einen farbigen Muggelstein. Das erste Kind springt mit Schlußsprung vom *1. langen* „Sonnenstrahl" *schräg* gegenüber zum *1. kurzen* Sonnenstrahl, von dort wieder zum nächsten *langen* usf.

Trifft es den Strahl dabei ungenau oder gar nicht, so muß es seinen Muggelstein auf den unteren Teil des Strahls legen, in den Mittelpunkt der „Sonne" treten und dort warten.

Löst ein nachfolgendes Kind die Aufgabe ebenfalls nicht, so darf das wartende Kind wieder weiterspringen, und zwar von dort aus, wo es seinen Muggelstein abgelegt hatte.

Sieger ist das Kind, das zuerst alle Sonnenstrahlen springend bewältigt hat.

Ein Durchgang ohne Wertung sollte vor Spielbeginn erfolgen, damit die Kinder die Entfernung einschätzen lernen.

Felder besetzen

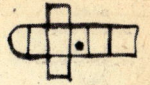

Wir zeichnen eine „Schnecke" auf den Plattenweg und teilen die Figur in 20 bis 30 cm breite Felder ein.

Jeder Spieler springt im Schlußsprung oder auf einem Bein von einem Feld zum anderen. Wenn er ohne Fehler bis zum Ziel gesprungen ist, erringt er ein freies Feld und schreibt seinen Namen (malt ein Zeichen) hinein. Für die übrigen Spieler ist dieses Feld nun „besetzt", sie müssen es jeweils überspringen. Der Besitzer eines Feldes aber darf sich dort ausruhen, das heißt, beide Beine auf den Boden stellen. Im Verlauf des Spiels nimmt die Zahl der besetzten Felder zu. Bald ist es unmöglich geworden, die Felder zu überspringen, so scheidet ein Kind nach dem anderen aus oder macht einen Fehler. Nach jedem Fehler tritt der nächste Spieler an. Sieger ist, wer am längsten springen kann und viele eigene „besetzte Felder" zum Ausruhen hat.

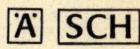

Gehen, balancieren und hüpfen in der Schnecke

Als Vorübung für das Felderhüpfen im Kreis, in der „Schnecke", sollten die Kinder von Feld zu Feld im Nachstellschritt seitwärts oder vorwärts gehen, auf der Schneckenlinie bis zum Mittelpunkt und zurück einmal balancieren können. Dabei entwickeln wir Raumorientierung und Gleichgewichtsfähigkeit. Legt man in die einzelnen Felder Gegenstände, zum Beispiel Wurfringe, Tennisbälle u. ä., die dabei aufgehoben werden müssen, so kann man ein Wettspiel zwischen zwei Kindern entwickeln, die nebeneinander gehen, zu gleicher Zeit starten.

Wer ist zuerst am Ziel und bringt die meisten Gegenstände mit?

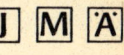

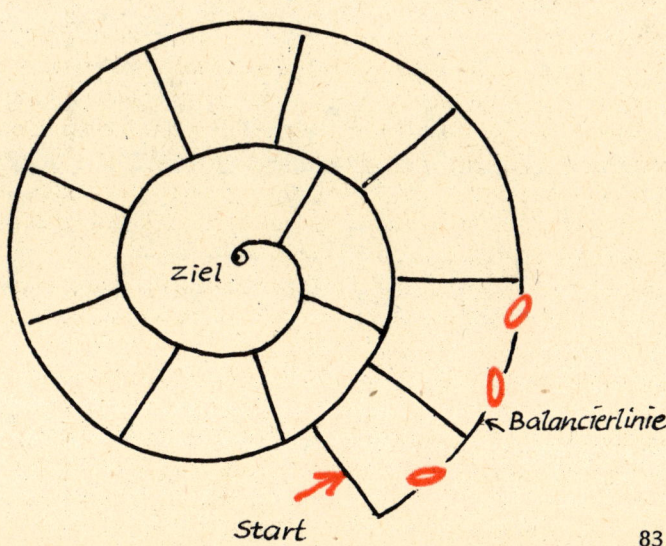

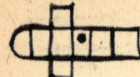

Zahlenspringen

Wir zeichnen auf dem Plattenweg ein Quadratnetz und numerieren die einzelnen Felder (für Vorschulkinder mit Punkten 1 bis 10). Die Spieler hüpfen dann auf einem Bein von einem Feld ins andere, entsprechend der Reihenfolge der Zahlen. Sie beginnen mit dem Sprung in die Eins, von der Eins hüpfen sie zur Zwei, von der Zwei zur Drei usw. Wer auf den Strich tritt, mit dem erhobenen Bein den Boden berührt, in irgendeinem Feld einen Sprung mehr tut oder in das falsche Feld springt, muß aussetzen und warten, bis er wieder an der Reihe ist. Er beginnt beim nächsten Mal in dem Feld, bei dem er aufgehört hat. Der Verlauf des Spiels hängt von der Verteilung der Zahlen ab. Wir können sie so festlegen, daß ein Sprung von einem Quadrat ins andere eine kleine oder eine größere Kraftanstrengung erfordert. Wer ohne Fehler springt, erhält einen Punkt.

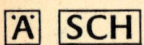

6	6	5	6	9	10
5	5	4	5	8	9
4	4	3	6	7	8
3	3	2	5	6	7
2	2	1	4	5	6
1	1	2	3	4	5

Puppenspringen

Muggelsteine, Kreide

An diesem Spiel sollten nur 3 bis 5 Kinder teilnehmen, da sie sonst zu lange warten müssen, bis sie „dran" sind. Wir sollten daher mehrere „Puppen" aufzeichnen, die jeweils in eine größere Anzahl von Feldern aufgeteilt sind (Abb. S. 85).

Der erste Spieler wirft ein Steinchen (oder eine Kette) ins *erste* Feld, läßt den Stein liegen und hüpft, das erste Feld überspringend, ins zweite Feld, von dort weiter auf einem Bein in das dritte. Ins vierte und fünfte Feld muß er mit beiden Füßen zugleich (gegrätscht) springen. Ins sechste Feld hüpft er nur mit dem rechten Bein, ins siebente und achte wiederum mit beiden gegrätschten Beinen gleichzeitig.

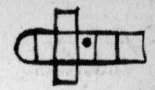

Dort macht er im Sprung eine halbe Drehung und hüpft auf dieselbe Weise zum zweiten Feld *zurück*. Nun hebt er, auf einem Bein stehend, seinen Stein auf und hüpft, das erste Feld überspringend, aus dem Hüpfkasten heraus.

Falls er die ganze Aufgabe ohne Fehler löst, wirft er das Steinchen nun ins *zweite* Feld, hüpft auf einem Bein ins erste Feld, dann ins dritte usw. Jedesmal, wenn er die „Puppe" fehlerlos durchsprungen hat, wirft er den Stein in der nächsten Spielrunde ein Feld weiter. Ist er beim achten Feld angelangt, so wirft er den Stein nun von Feld zu Feld zurück, bis er wieder beim ersten Feld angekommen ist und damit seine große Spielrunde beendet hat.

Begeht er einen Fehler, legt er den Stein an die Seite des Feldes, wartet, bis er wieder an die Reihe kommt, und spielt von dort aus weiter.

Als Fehler gilt, wenn der Spieler:
- den Stein in ein falsches Feld oder auf den Strich wirft;
- auf den Strich springt;
- bei den Sprüngen auf einem Bein den Boden mit dem angewinkelten Bein berührt;
- in einem Feld das Standbein wechselt;
- beim Rückweg vergißt, den Stein aufzuheben und mitzunehmen.

Die gleichen Regeln gelten auch für die „große Puppe", die nur Schulkinder bewältigen können. Sieger ist, wer die Spielrunde als erster beendet hat.

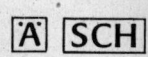

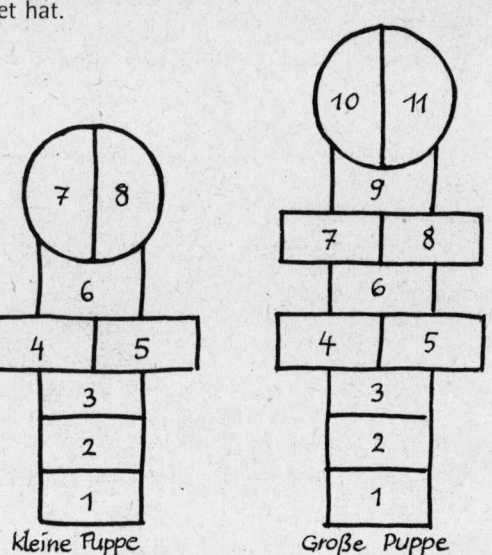

Kleine Puppe   Große Puppe

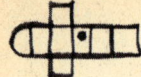

Steinchen werfen auf Quadrate

Es spielen je 2 Kinder miteinander. Wir zeichnen auf den Plattenweg oder ritzen in festgestampften Boden zwei nebeneinanderliegende Quadrate, jedes 25 cm × 25 cm groß. Der erste Spieler legt in eines der Quadrate einen flachen Stein, etwa so groß wie ein Markstück. Der andere wirft aus 1 bis 3 m Entfernung mit seinem Stein. Trifft er das Feld mit dem Stein, hat er 2 Punkte. Falls der Stein aber in das leere Quadrat fällt, hat er nur einen Punkt. Bleibt der geworfene Stein außerhalb beider Quadrate liegen, gibt es keinen Punkt. (Je Punkt wird ein Strich gezogen.)

Dann legt der zweite Spieler seinen Stein in eines der Quadrate, und der erste Spieler wirft. Beide wechseln einander ab. Wer zuerst 10 Punkte erzielt hat, ist Sieger.

Variante:

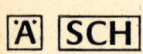

● Dieses Spiel kann auch mit Muscheln in festgeklopftem Sand gespielt werden.

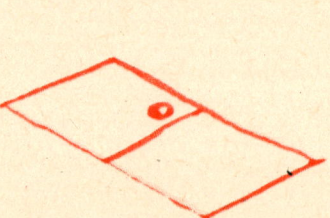

Gehwegplatten besetzen

Muggelsteine für jedes Kind

Wir grenzen mit Kreide das Spielfeld ein, eine Fläche von 5 × 5 viereckigen oder rechteckigen Gehwegplatten. Ein Kind nach dem anderen wirft von einer Abwurflinie aus einen Muggelstein auf das Spielfeld. Bleibt er auf einer Gehwegplatte liegen, so gilt diese als „besetzt". Das Kind hüpft zu dieser hin und kennzeichnet sie, mit einem Symbol oder Bild (Ball, Blume, Haus). Auf diese Platte darf niemand mehr werfen. Fliegt ein Stein auf eine Fuge, außerhalb des Spielfeldes oder auf ein „besetztes" Feld, ist er ungültig. Wer innerhalb einer bestimmten Zeit die meisten Gehwegplatten besetzt hat, der ist Sieger.

Übungen mit dem Sprungseil (jüngere Gruppe)[1]

Seil am Boden liegend

Sprungseile für jedes Kind

- Steigen über das Seil vorwärts, rückwärts, seitwärts, rechts und links;
- Steigen über mehrere hintereinanderliegende Seile;
- Laufen über mehrere hintereinanderliegende Seile;
- Schlußhüpfen, Einbeinhüpfen rechts und links über mehrere Seile;
- Vierfüßlergang, Stützhüpfen über mehrere Seile.

Seil am Boden liegend – Abstand 40 bis 50 cm

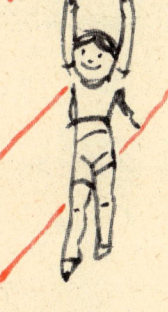

- Slalomlauf um die ausgelegten Seile;
- Nachstellsprungschritte vorwärts, seitwärts, Wechselgalopp um die Seile;
- Hockgang um die liegenden Seile;
- Vierfüßlergang um die Seile.

Seil in Tiefhalte (doppelt)

- Steigen über das Seil vorwärts;
- Steigen über das Seil rückwärts;
- Steigen über das Seil vorwärts, dann Seil nach hinten oben weiterführen, über den Kopf nach vorn.

Seilübungen im Strecksitz

- Im Wechsel rechtes und linkes Bein über das Seil heben;
- beide Beine über das Seil heben;
- Hochhalte der Arme – vorfedern und Seil vor den Füßen ablegen (Beine gestreckt lassen).

---

[1] Die Länge des Seils muß der Größe jedes Kindes angepaßt sein (Richtwert: Fuß bis Achselhöhle). Wir empfehlen, Seile in drei Größen bereitzuhalten.

Übungen mit dem Sprungseil
(mittlere Gruppe, ältere Gruppe)

Seile am Boden liegend – Abstand 50 cm

Sprungseile
für jedes Kind

- Slalomlauf um die ausgelegten Seile;
- Schlußhüpfen, Einbeinhüpfen rechts und links über die Seile;
- Hockgang;
- Vierfüßlergang;
- Nachstellsprungschritte vorwärts, seitwärts; Wechselgalopp;
- Stützhüpfen nach rechts und links über die Seile; (als Vorübung zur Hockwende bzw. Dreh-Sprunghocke).

Seil in Tiefhalte (doppelt)

- Übersteigen des Seiles rechts, links im Wechsel vorwärts, rückwärts;
- Seil am Boden ablegen, das liegende Seil mit einem Fuß (den Zehen) greifen, hochheben und ablegen;
- gleiche Übung mit dem anderen Fuß wiederholen, Seil 1 bis 2 Sek. hochhalten.

Seil in Hochhalte – Grätschstand

- Rumpfbeugen vorwärts – rückwärts mit Nachfedern; seitwärts, rechts und links;
- Rumpfkreisen rechts und links mit dem Seil.

Partnerübungen –
2 Seile in der Mitte verkreuzt

- Laufen;
- Laufen, dann halbe Drehung;
- Nachstellgehen rechts und links
  im Wechsel;
- Nachstellsprungschritt nach rechts,
  nach links.

Sprungseile
für jedes Kind.

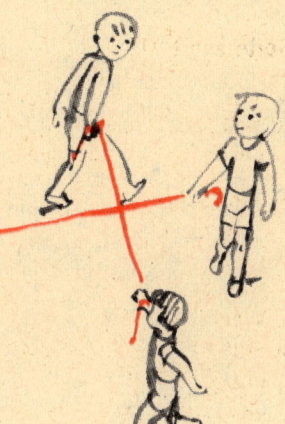

Seil doppelt – Grundstellung

- Vor- und Rückschwünge rechts und links
  neben dem Körper;
- Kreisen rechts neben dem Körper, vorwärts;
- Kreisen links neben dem Körper, vorwärts;
- Kreisen rechts neben dem Körper, rückwärts;
- Kreisen links neben dem Körper, rückwärts;
- Kreisschwünge *vor* dem Körper mit der
  rechten (linken) Hand, nach rechts, nach links;
- Kreisen des Seils vor- und rückwärts neben
  dem Körper im Stand;
- Kreisen des Seils vor- und rückwärts neben dem
  Körper im Gehen;
- Kreisen des Seils vor- und rückwärts neben
  dem Körper im Laufen.

Seildurchschläge vorwärts

- Übersteigen des Seiles;
- Schlußhüpfen einmal mit Seildurchschlag;
- Seildurchschläge mit Zwischensprung,
  mehrmals als Folge (vgl. auch S. 90).

Sprungseile
für jedes Kind

Seilspringschule

Ausgangsstellung: Das Kind hält beide Seilenden in den Händen und stellt sich in die Mitte des Seils. Es kann ggf. das Seil mit den Händen so verkürzen, daß es straff gespannt ist, unter der Achselhöhle aufhört. Dann tritt es vom Seil herunter, schwingt es von hinten nach vorn durch und springt darüber. Die Arme hält es gestreckt, damit das Seil beim Vorschwingen keine Schlaufe bildet. Der Oberkörper bleibt aufrecht.

Die Kinder lösen sich beim Seilspringen in festgesetzter Reihenfolge ab. Jede der unten genannten Übungen wird drei- bis fünfmal wiederholt oder so lange, bis der Springer einen Fehler macht. In diesem Fall muß er beim nächsten Mal wieder mit der ganzen Übung beginnen, die er zuvor nicht beendet hat.

Wir schlagen das Seil von hinten über den Kopf *nach vorn* und überspringen es:
- im Grätschsprung mit einem Zwischensprung;
- im Grätschsprung ohne Zwischensprung;
- nur mit einem Bein im Wechsel;
- abwechselnd mit beiden Beinen, danach mit dem rechten, dann mit dem linken;
- mit gekreuzten Beinen;
  Wir schlagen das Seil nach *rückwärts* über den Kopf und überspringen es:
- im Grätschsprung;
- mit dem rechten Bein, dem linken Bein usf.

Wir schlagen das Seil nach *vorn* über den Kopf und führen im Verlauf von zehn Sprüngen in der Grätsche wenigstens dreimal einen Doppelschwung aus.

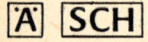

Rose – Tulpe – Nelke

1 Langseil

Das Seil wird von zwei Kindern geschwungen, ein drittes steht seitlich daneben und springt mit Schlußsprüngen über das Seil, während die Kinder
„Ro-se, Tul-pe, Nel-ke"
aufsagen. Das Sprechen erfolgt synchron mit dem Springen. Die Kinder erhöhen beim wiederholten Aufsagen das Tempo des Aufsagens und damit des Springens, bis das springende Kind einen Fehler macht. Nun wird gewechselt. Wer von den drei Kindern hat am Ende die meisten Sprünge geschafft?

In gleicher Weise können die Kinder auch ihr Alter oder die Wochentage auszählen: Mon-tag, Diens-tag ... usw.

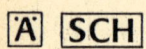

90

Hüpfender Kreis

Es wird ein weiter Innenstirnkreis gebildet, so daß der Abstand zwischen den Kindern etwa 1 m beträgt. Die Erzieherin (oder ein größeres Kind) steht in der Mitte und schwingt ein langes Seil, an dessen Ende eine mit Sand gefüllte Plastetüte befestigt ist, rasch im Kreis herum. Sie führt dieses Seil dicht an den Füßen der Kinder vorbei, und diese müssen durch Hochhüpfen rechtzeitig einer Berührung mit dem Seil oder Säckchen ausweichen. Wer es nicht schafft, scheidet aus oder gibt ein Pfand. Geschwindigkeit und Höhe des schwingenden Seiles lassen sich beliebig variieren.

 1 Langseil mit einem daran befestigten Säckchen

Teddybär, spring hinein!

Das Seil wird von zwei Kindern geschwungen, ein drittes Kind, der „Teddybär", stellt sich in der Seilmitte neben das Seil und hüpft im Rhythmus des Schwingens darüber. Dazu sagen die beiden Kinder folgenden Reim auf:
Teddybär, Teddybär, spring hinein,
Teddybär, Teddybär, heb ein Bein!
Teddybär, Teddybär, mach dich krumm,
Teddybär, Teddybär, dreh dich um!
Teddybär, Teddybär, wie alt bist du?
Teddybär, Teddybär, jetzt hast du Ruh!
Der „Teddybär" führt jede Aufgabe aus; nach dem Aufsagen jeder Zeile wird eine Pause eingelegt. Nach der Frage „Wie alt bist du?" muß der Teddybär für jedes Jahr einmal springen.

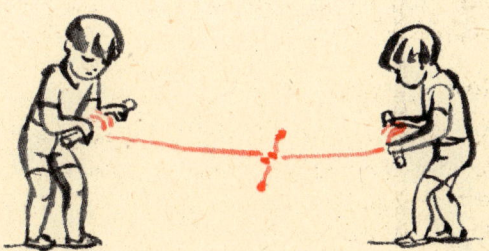

Seile aufwickeln

Je zwei Kinder stehen sich gegenüber und versuchen, ein Seil um die Wette auf einen Holzgriff zu wickeln. In die Mitte des Seils ist ein Band geknotet. Wer hat sein Seilende zuerst bis zur Mitte gewickelt?

91

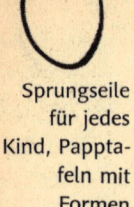

Formen legen

Sprungseile
für jedes
Kind, Pappta-
feln mit
Formen

Sprungseile für jedes Kind und drei bis fünf Papptafeln mit vorge-
zeichneten Formen sind nötig. Die Erzieherin (oder ein Kind) zeigt
ein Schild hoch. Die Kinder stehen an einer Linie und legen die auf
der Tafel vorgegebene Form schnell mit ihrem Seil auf dem Plattenweg nach. Wer die Aufgabe gelöst hat, darf einen Schritt nach vorn
treten. Sieger ist, wer zuerst beim Spielführer angelangt ist.
Vorschläge für Formen: Schlangenlinie, Kreis, Dreieck, Viereck, eine
Acht, eine Sechs, ein Herz, eine Schnecke. Anfangs nur 3 bis 4 Formen wählen.

Langseil

Fangt das Seil!

3 bis 4 m
langes Seil

Die Erzieherin zieht das Langseil mit Schlangenbewegungen hinter
sich her. Die Kinder verfolgen das Seil, die „Schlange", und versuchen, sie mit den Händen zu ergreifen. Wer das Seil zuerst fängt,
darf es nun hinter sich herziehen. Das Spiel ist beendet, wenn möglichst alle Kinder einmal das Seil gefangen haben.
Die Erzieherin achtet darauf, daß die Kinder nicht auf das Seil treten, weil sie sonst leicht stürzen können.

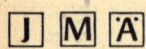

Springt über das Seil!

Die Kinder stellen sich im Flankenkreis auf. Ein Kind steht in der Mitte, dreht sich und schwingt dabei ein Seil dicht über dem Boden im Kreis. Alle anderen Kinder müssen mit beiden Beinen schnell hochspringen, wenn sich das Seil ihnen nähert. Die gelungenen Hochsprünge werden gezählt. Wer hat die meisten?

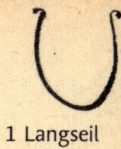

1 Langseil

Varianten:

● Sprünge über ein langes Seil, das von zwei Kindern gehalten wird;

● unter ein sich drehendes Seil laufen, eine bestimmte Anzahl von Sprüngen machen und wieder herausspringen;

● zu zweit (paarweise) über ein langes durch den Raum gezogenes Seil springen.

Seiltroika

Zwei Kinder fassen ein Sprungseil an den Enden an. Das dritte Kind – hinter deren Rücken – faßt in der Seilmitte an. Es werden mehrere „Troikas" gebildet. Welche Troika läuft am schnellsten?

Sprungseile (je ein Seil für drei Kinder)

Variante:

● Drei Kinder knoten sich vor dem Wettlauf ein Seil um die Hüften. Welche „Troika" läuft am geschicktesten?

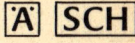

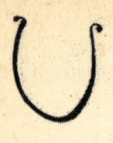

Schlangenkönig

1 Langseil

Die Erzieherin oder ein Kind ist „Schlangenkönig" und zieht ein Langseil in Schlängelbewegungen über die Wiese. Die Kinder jagen dem „Schlangenkönig" nach und versuchen, auf das Seilende zu treten. Wem es zuerst gelingt, der darf der nächste „Schlangenkönig" sein.

 Das Spielfeld sollte eingegrenzt werden, dann müssen sich die Kinder sehr gewandt bewegen.

Lauft durch die Schranke!

1 Langseil

Ein Langseil wird 0,50 m hoch mit einem Ende am Baum (Stab o. ä.) festgebunden. Die Erzieherin ist „Schrankenwärter", sie faßt das Seil am freien Ende, hebt und senkt es im Wechsel. Alle versuchen, schnell hindurch, das heißt, auf die andere Seite zu gelangen, wenn die „Schranke" geöffnet hat (das Seil nach oben gezogen ist).

Riesenschlange fangen

1 Langseil

Alle Kinder gehen, das Langseil haltend, hintereinander, das letzte Kind versucht, das erste – den Kopf der Schlange – zu fangen (in der Wiederholung umgekehrt). Gelingt das, werden die Plätze getauscht.

Man sollte nur gleich starke und gleich große Kinder spielen lassen. Es wird viel Wendigkeit und Schnelligkeit verlangt. (Als Vorübung Laufen mit Handfassung in der Reihe, der letzte eilt auf Signal nach vorn).

Fangt den Schmetterling!

Stab mit Seil und angebundener Figur

Die Kinder bilden einen Kreis um die Erzieherin, diese steht in der Mitte und hält einen langen Stab (1,20 m), an dessen freiem Ende ein Seil (0,50 m) mit einem großen, schönen, bunten Papierschmetterling befestigt ist. Die Erzieherin dreht sich langsam, das Seil dabei schwingend. Sie läßt den Schmetterling einmal tief herunter hängen, dann zieht sie ihn wieder in die Höhe. Die Kinder müssen sich bemühen, den Schmetterling, wenn er sich ihnen nähert, durch Hochspringen zu fangen. Am Ende des Spiels gibt es kleine Preise.

94

Tauziehen

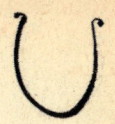

Lauf des Tausendfüßlers

Die Kinder werden in zwei gleich starke Mannschaften eingeteilt. Jede Mannschaft erhält ein langes Ziehtau. Die Kinder stellen sich gleichmäßig verteilt seitlich an ihrem Ziehtau auf. Auf ein Signal (Rahmentrommelschläge) nimmt jede Mannschaft das Tau mit den Händen auf und läuft zu einem vorher festgelegten Ziel (Entfernung 20 bis 30 m). Es gewinnt die Mannschaft, die das Ziel zuerst erreicht, ohne daß ein Kind das Tau unterwegs losgelassen hat.

2 Ziehtaue

Ringtauziehen

Alle Kinder stehen um das Ringtau verteilt und ziehen auf Signal am Tau. Diese Form des Tauziehens ist erst ab ältere Gruppe geeignet. Jedes Kind strengt sich an, ohne daß ein bestimmter Sieger herausgestellt wird, das erfordert hohe Anstrengungsbereitschaft und Kollektivgeist.

Langseil oder Ziehtau zum Ring verbunden, Gymnastikkeulen

Variante:

● Jedes Kind versucht, mit einer Hand eine 1 m bis 2 m hinter ihm stehende Keule zu ergreifen. Wer am Ende die meisten Keulen erwischt hat, ist Sieger.

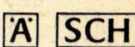

Tauziehen zu zweit

Je zwei Kinder erhalten ein Ziehtau oder Seil, fassen es an den Enden und beginnen zu ziehen. Zwischen den Kindern ist eine Linie gezogen. Der Spieler, der den anderen *über* die Markierung ziehen kann, wird Sieger.

Sprungseile oder Ziehtaue

95

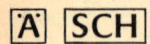

Hinüberziehen mit dem Seil

Zwei Seile werden zusammengebunden zu einem Ring. Zwei Kinder stellen sich mit dem Rücken zueinander auf und fassen den Seilring mit nach hinten gehaltenen Händen an. Ein Meter hinter jedem Kind wird eine Linie markiert. Jedes Kind versucht nun, das andere hinter seine Linie zu ziehen.

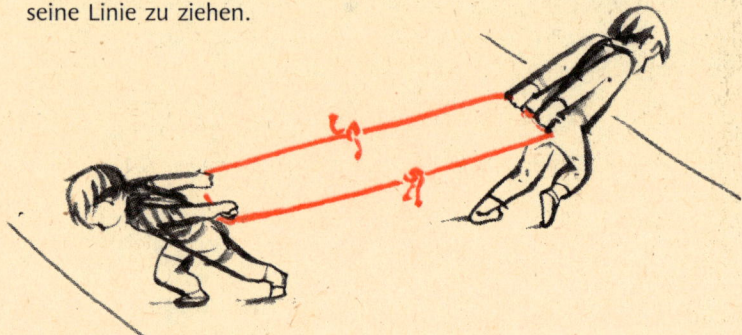

Tauziehen als Mannschaftswettbewerb

1 Langseil
oder Ziehtau

Es werden zwei gleich starke Mannschaften gebildet. In jeder Mannschaft sollten einige gewandte und kräftige Kinder sein. Das Tau (Seil) liegt auf dem Boden. In die Mitte des Taues wird ein rotes Band geknüpft, auf dem Boden ein Strich gezogen. Die Länge des Ziehtaues richtet sich nach der Anzahl der Kinder und des zur Verfügung stehenden Platzes. Es darf nicht zu kurz sein, weil sich die Kinder sonst gegenseitig behindern.

Jede Mannschaft stellt sich an einer Seite des Taues auf, alle Kinder nehmen es in die Hände. Auf das Kommando „Los!" strengt sich jede Mannschaft an, das Tau auf ihre Seite zu ziehen. Wurde es etwa 2 m über den Mittelstrich hinausgezogen, hat die betreffende Mannschaft gewonnen. Um den gemeinsamen Krafteinsatz der Mannschaft zu erreichen, wird das Kommando „Hauruck!" eingeführt. Auf „ruck" setzt jedes Kind seine ganze Kraft ein.

96

Reifenrollen – Reifentreiben

Kinder des jüngeren Vorschulalters müssen erst lernen, mit dem Reifen umzugehen, ihn zu halten, zu rollen, zu treiben. Das fällt ihnen anfangs schwer, weil es erhöhte Konzentration und gute Koordinierung der Bewegungen (Gehen, Laufen, Halten, Rollen des Reifens) erfordert. Wir beginnen mit den einfachsten Übungen:

1 Gymnastikreifen für jedes Kind

- Die Erzieherin stellt sich mit einem Reifen im Abstand von 3 bis 4 m vor das Kind hin und rollt ihm den Reifen zu. Das Kind muß den Reifen fangen und zurückrollen.
- Zwei bis drei Kinder stehen an einer Linie. Auf das Signal der Erzieherin lassen sie den Reifen losrollen und laufen nach, um ihn zu fangen, bevor er auf die Erde fällt.
- Die Kinder stellen sich mit einem Reifen an einer Linie nebeneinander (genügend Abstand lassen) auf. Auf das Signal der Erzieherin rollen sie den Reifen auf ein festgelegtes Ziel zu.
- Die Kinder stellen sich nebeneinander an eine Linie auf. Auf das Signal der Erzieherin treiben sie den Reifen mit der Hand oder einem Stock bis zu einer festgelegten Stelle.

Reifenrollen um die Wette

mehrere
Gymnastik-
reifen

Es werden zwei bis drei gleich starke Mannschaften gebildet. Jede Mannschaft bekommt einen Reifen, geht an eine markierte Linie und stellt sich an dieser hintereinander (mit Abstand) auf.
Das erste Kind jeder Mannschaft nimmt den Reifen in eine Hand, gibt ihm auf das Kommando „Los!" einen kräftigen Impuls zum Rollen. Sind alle drei Reifen ausgerollt, wird die Stelle des am weitesten gerollten Reifens von der Erzieherin gekennzeichnet. Danach holen die Kinder ihre Reifen zurück und übergeben sie den nächsten Kindern ihrer Mannschaft. Das Spiel läuft in gleicher Weise ab, bis alle Kinder jeder Mannschaft den Reifen gerollt haben. Sieger ist die Mannschaft, deren Teilnehmer die Reifen am weitesten gerollt haben.

Reifentreiben um ein Wendemal

mehrere
Gymnastik-
reifen

Die Gruppe wird in zwei bis drei gleich starke Mannschaften, die in drei Reihen stehen, eingeteilt. Das erste Kind jeder Mannschaft erhält einen Reifen. Auf das Kommando „Los!" wird der Reifen mit der flachen Hand (später mit einem kleinen Stock) vorwärts getrieben, fortwährend angeschlagen, in Höhe eines Wendemals in die Hand genommen, um das Wendemal getragen und von dort aus wieder zurückgetrieben. Hier werden Reifen und Stock dem nächsten Kind der eigenen Mannschaft übergeben, das erste Kind stellt sich an das Ende der Reihe. Sieger ist die Mannschaft, die zuerst wieder in der ursprünglichen Aufstellung in der Reihe steht, den Übungsweg eingehalten und alle Spielregeln beachtet hat.

Mein bunter Reifen

1 Gymnastik-
reifen für
jedes Kind

Die Kinder stehen mit ihren Reifen auf der Wiese in weitem Abstand voneinander und führen beim Aufsagen des Verses die entsprechenden Bewegungen aus:
Sie legen den Reifen vor sich auf den Boden, gehen um ihn herum, springen mit Schlußsprung hinein, wieder heraus, laufen zu einem anderen Reifen, stellen sich hinter diesem auf. Dabei sagen sie folgenden Vers:
Mein Reifen ist bunt.
Mein Reifen ist rund.
Ich springe hinein,
ich springe heraus
und such' mir einen andern aus.

Übungen mit dem Reifen (jüngere Gruppe)

Reifen am Boden liegend

- Steigen in den Reifen und hinaus;
- Schlußhüpfen in den Reifen;
- Einbeinhüpfen in den Reifen (rechts, links);
- Stützhüpfen in den Reifen und vorwärts hinaus;
- Vierfüßlergang in den Reifen und hinaus;
- Verschiedene Fortbewegungen um den Reifen.

Reifenreihe am Boden liegend

- Slalomlaufen um die Reihe der Reifen;
- Hockgang um die Reihe;
- Schlußhüpfen um die Reihe;
- Einbeinhüpfen um die Reihe (rechts, links im Wechsel);
- Stützhüpfen und Sitzstützeln;
- Laufen über die Reifenreihe;
- Schluß-, Einbeinhüpfen über die Reifenreihe.

Steigen und hüpfen in Reifen

- Schlußhüpfen in den Reifen – ihn mit den Händen aufnehmen, über den Kopf halten und vor den Füßen ablegen;
- Reifen vor dem Körper senkrecht halten – mit den Füßen durchsteigen und Reifen über den Kopf und wieder nach vorn führen;
- Steigen durch mehrere Reifen (Erzieherin und zwei Kinder halten die Reifen).

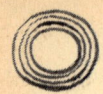

Übungen mit dem Reifen
(mittlere, ältere Gruppe)

Reifen rollen

1 Gymnastik-
reifen für
jedes Kind

- Reifen möglichst weit und lange rollen lassen;
- Reifen rollen – nachlaufen und festhalten;
- Reifen rollen – vor den Reifen und an ihm vorbeilaufen;
- Reifen treiben im Gehen, im Laufen mit der Hand.

Mit dem Reifen in Vor- und Hochhalte gehen

- Mit dem Reifen in Vorhalte, in Hochhalte laufen;
- Gehen mit Seithalte des Reifens (eine Kette bilden);
- Nachstellgehen seitwärts im Innenstirnkreis (Handfassung aller Reifen seitwärts);
- Aufstellung beibehalten – jeweils ein Kind steigt im Slalom durch die Reifen.

Reifenreihe am Boden liegend

- Slalomlauf um die Reifenreihe;
- Hockgang um die Reifenreihe;
- Schlußhüpfen um die Reifenreihe;
- Einbeinhüpfen um die Reifenreihe (rechts, links im Wechsel).

Partnerübungen mit dem Reifen
(mittlere, ältere Gruppe)

Reifen am Boden liegend zwischen zwei Kindern

1 Gymnastik-
reifen für
jedes Kind

- Laufen um den Reifen herum;
- Aufheben des Reifens, gemeinsame Kniebeuge – Hochhalte im Wechsel;
- Grätsch- oder Hocksitz, gemeinsam Reifen ablegen – Hochheben im Wechsel.

100

Reifen rollen zwischen zwei Kindern

- Den Reifen einander mit der Hand zurollen;
- den Reifen einander mit einem Stöckchen zurollen.

Reifen hochgestellt – Ein- und Aussteigen

- Ein Kind hält den Reifen aufrecht hochgestellt, das andere kriecht durch ihn (im Wechsel);
- je zwei Kinder halten einen Reifen aufgestellt, so wird eine Reifenreihe gebildet (Tunnel), durch die die übrigen Kinder kriechen oder im Hockgang gehen, dann wird gewechselt;
- nach Aufforderung heben die Kinder jedes einen Reifen beidhändig über den Kopf, führen ihn dann über die Schulter zurück, lassen ihn am Körper seitwärts nach unten gleiten und steigen zuletzt aus dem Reifen aus. Dabei dürfen die Kinder den Reifen nicht loslassen. Wer die Übung beendet hat, bringt den Reifen in die Ausgangsstellung zurück und wiederholt sie;
- jedes Kind stellt den Reifen vor sich auf, faßt ihn beidhändig an und steigt mit einem Schritt hindurch, dann schwingt es ihn nach hinten oben über den Kopf.

Grätschstand und Hochhalte des Reifens

- Rumpfbeugen vorwärts;
- Rumpfbeugen seitwärts (rechts, links im Wechsel);
- Rumpfkreisen;
- Kniebeuge mit Vorhalte des Reifens;
- Vor- und Rückschwingen eines Beines im Wechsel (Reifen dabei berühren).

Reifen am Ort drehen

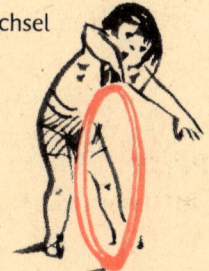

- Reifen aufrecht auf den Boden stellen und mit den Fingern wie einen Kreisel drehen.

Taxifahrer

Es kann sich das Spiel „Taxifahrer" anschließen. Dabei steigen zwei Kinder in einen Reifen und stellen sich so hintereinander, daß das eine die Vorderseite des Reifens an der Brust hat, das andere den Reifen mit dem Rücken berührt. Das erste Kind ist der „Taxifahrer", das zweite der „Fahrgast". Sie laufen eine Weile so. Der „Fahrgast" wechselt dann in ein anderes „Taxi".

Spiele und Übungen mit Tennisringen

Individuelle Übungen

1 Tennisring für jedes Kind

- Tennisring auf den Boden legen, den Fuß hineinstellen, mit dem anderen um den Tennisring herumhüpfen
  (dann Fuß wechseln);
- Tennisring auf den Kopf setzen, vorwärts gehen, auf Zuruf hinsetzen und wieder aufstellen
  (anfangs mit Festhalten des Tennisringes);
- Tennisring über die Fußspitze hängen, wegschleudern, zurückholen
  (rechts-links im Wechsel);
- Tennisring auf Fuß hängen und damit kreisen
  (Wer kann es am längsten?);
- Tennisring im Sitzen auf den Bauch legen, Hände hinter dem Körper aufstützen, im Vierlingsgang rücklings bewegen;
- im Sitz mit dem Tennisring auf dem Kopf vorwärts rutschen
  (Strecke 3 bis 4 m bei geübten Kindern);
- Tennisring in eine Hand nehmen
  (links-rechts im Wechsel)
  und schwingen, vor und zurück;

J M Ä

- Tennisring durch ein Springseil ziehen und im Kreis schwingen.

Übungen zu zweit oder im Kreis

- Tennisring in der Reihe von Kind zu Kind weitergeben;
- mehrere Tennisringe in der Reihe weitergeben
  (Tempo beschleunigen);
- in Reihe aufstellen, Beine gegrätscht,
  Tennisring durch die Beine nach hinten (nach vorn)
  durch diesen „Tunnel" rollen
  (anfangs zu zweit, später mehrere Kinder);
- Tennisring über eine Linie, über ein gespanntes Seil werfen;
- Tennisring zum Partner werfen, fangen, zurückwerfen;
- Tennisring über Stäbe werfen
  (vgl. S. 123, Wurfübungen) oder über Kegel.

103

Spiele und Übungen mit Gymnastikkeulen

mehrere
Gymnastikkeulen
aus Holz

Individuelle Übungen – Gruppenübungen

- Jedes Kind erhält eine Gymnastikkeule, nimmt sie auf, gibt sie einmal um den Körper herum (im Stand, im Sitz); der Hals der Gymnastikkeule ist nach unten gerichtet;
- die Gymnastikkeule wird aufgenommen (am Hals), mit beiden Händen hochgestreckt, waagerecht gehalten, danach leise am Boden abgelegt;
- eine Gymnastikkeule wird von Kind zu Kind im Kreis weitergegeben;
- die Gymnastikkeule wird schnell aber leise aufgesetzt; die Kinder steigen mit Hochheben der Knie über sie hinweg, halten sie danach mit beiden Händen in Tiefhalte;
- sie übersteigen eine Reihe aufgestellter Gymnastikkeulen;
- sie kriechen oder laufen um eine Reihe Gymnastikkeulen im Slalom;
- die Gymnastikkeulen werden in einem Kreis aufgestellt (weite Abstände); jedes Kind läuft in Schlängellinie um diese herum, ohne eine umzustoßen;
- je zwei Kinder laufen angefaßt im Slalom um die Reihe Gymnastikkeulen;
- die Gymnastikkeulen werden im Kreis enger gestellt; wer kann darin laufen, ohne eine umzustoßen?
- die Kinder stehen an einer Linie nebeneinander, die Gymnastikkeulen 10 m entfernt an einer zweiten Linie; die Kinder laufen auf Signal los, um sich eine Keule zu erobern. (Das gleiche erfolgt umgekehrt, jeder versucht, eine Keule schnell an der Linie aufzustellen.)

 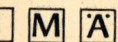

Keulen umwerfen

12 Gymnastik-
keulen (Plast
oder Holz)

Jeweils 6 Gymnastikkeulen werden in zwei Reihen aufgestellt. Die Kinder stehen in zwei Staffeln vor den beiden Reihen. Auf ein Kommando eilen die ersten Kinder jeder Staffel los und werfen die Gymnastikkeulen um, laufen zum Ausgangsort in ihrer Staffel zurück. Die zweiten Kinder laufen los und stellen die Keulen wieder auf. Die dritten Kinder werfen die Keulen nun wieder um usf. Welche Staffel steht nach dem Durchlauf aller Kinder wieder vollzählig zuerst in der Reihe?

104

Spiele und Übungen mit Bällen

Rollen und fangen

Jetzt kommt das Bällchen zu mir!

Jetzt kommt das Bällchen zu dir,
jetzt kommt es wieder zu mir,
zu dir, zu mir,
zu dir, zu mir,
es wechselt den Ort
in einem fort
auf unser Wort.

Gymnastikbälle,
je 1 Ball
für 2 Kinder

Zwei Kinder sitzen einander gegenüber und rollen den Ball hin und
her, sprechen den Vers dabei. Später stehen sie dabei, werfen und
fangen den Ball. Die Kinder der mittleren Gruppe können dieses
Spiel zu viert, zu sechst usf. und in Gassenaufstellung spielen.

Komm, Bällchen!

Es kann nach der Melodie des Liedes „Kommt ein Vogel geflogen"
gesungen werden:
Komm, Bällchen, zum Kinde,
komm, laß dich besehn,
wie bist du so niedlich,
wie bist du so schön!

mehrere
Gymnastikbälle

Die Kinder sitzen einander paarweise gegenüber, rollen oder werfen
sich den Ball zu, sprechen oder singen jeweils eine Zeile des Verses.
Geübt werden: genaues Zurollen, sicheres Werfen und Fangen.

Gymnastik-
bälle, jeweils
1 Ball für
2 Kinder

Partnerübungen (im Grätschsitz in der Gasse)

- Zurollen des Balles mit beiden Händen;
- Zurollen des Balles mit rechter Hand;
- Zurollen des Balles mit linker Hand;
- Rollen des Balles im Strecksitz um den eigenen Körper;
- Rollen des Balles mit beiden Händen im Gehen um den Partner herum;
- gleiche Übung mit der rechten Hand und mit der linken Hand im Wechsel.

J M

Ballrollen

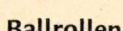

- Mit beiden Händen über eine gerade Strecke;
- mit rechter Hand über eine gerade Strecke;
- mit linker Hand über eine gerade Strecke;
- um Hindernisse (Medizinball, Keulen, Reifen);
- beid- und einhändig;
- Rollen des Balles über eine Gerade und hinter dem rollenden Ball herlaufen.

J M

Werfen und fangen

Hochwerfen und fangen

mehrere
Gymnastikbälle

Jedes Kind bekommt einen Gymnastikball und übt damit das Hoch-werfen und Fangen. Die Erzieherin stellt Spielaufgaben:

- Wer schafft es, den Ball dreimal hochzuwerfen und aufzufangen?
- Wer schafft es, den Ball am häufigsten hochzuwerfen und zu fangen?
- Wer wirft den Ball am höchsten (Markierung an Wand anbringen) und fängt ihn wieder?
- Wer kann vor dem Fangen des Balles in die Hände klatschen?

M Ä

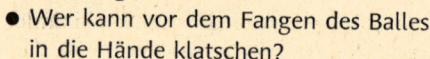
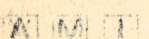

Freies Spiel mit dem Ball

mehrere
Gymnastik-
bälle

Jedes Kind bekommt einen Ball und darf auf einem begrenzten Spielfeld mit ihm spielen. Der Ball kann gerollt, geworfen und wieder gefangen werden. Wichtig ist, daß jedes Kind viel mit dem Ball übt und im Spielfeld bleibt.

Die Erzieherin zeigt den Kindern wiederholt, wie gerollt, geworfen und gefangen wird. Lustige Spielformen sollen helfen, das sichere Fangen und Werfen der Kinder zu üben. Geeignete Spiele sind „Der Ball fliegt zu Anne" (siehe unten), „Einfacher Wanderball", „Ballschule im Kreis", „Namen rufen" im folgenden Abschnitt.

Einfaches Fangen

Die Kinder stehen in der Reihe. Die Erzieherin steht zwei Meter davor und wirft dem ersten Kind den Ball zu. Dieses wirft den Ball zurück, läuft an das Ende der Reihe und stellt sich hier wieder an.

Die Erzieherin muß den Kindern den Ball genau zuwerfen, weil sie die Abweichungen des Balles von der Flugbahn noch nicht ausgleichen können. Sie fangen oft noch in der „Schienenhaltung" (Arme parallel nach vorn gestreckt, Handteller nach oben).

Variante:

● Das gleiche Spiel kann auch in der Linienaufstellung durchgeführt werden. Die Erzieherin steht vor dem ersten Kind.

1 Gymnastik-
ball

Der Ball fliegt zu Anne

Die Kinder stehen im Innenstirnkreis, die Arme verschränkt. Ein Kind hat den Ball und ruft:

„Der Ball fliegt zu ... Anne!" und wirft diesem Kind den Ball zu. Wird er von diesem Kind gefangen, muß es sofort wieder ein anderes Kind beim Namen rufen und den Ball abwerfen.

Bei älteren Kindern kann man dieses Spiel auch als Ausscheidungsspiel spielen: Wer den Ball fallen läßt, scheidet aus.

1 Gymnastik-
ball

Müde-matt-aus!

1 Gymnastik-
ball

Die Kinder stehen oder knien in einem engen Innenstirnkreis und werfen sich den Ball zu. Läßt ein Kind beim Zuspiel den Ball fallen, rufen alle „müde", beim nächsten Fehler „matt", usf. Wer beim dritten Fehler angelangt ist, scheidet aus. Wer zuletzt übrigbleibt, hat gewonnen.

Wird das Spiel im Stehen gespielt, so können bei älteren Kindern die Abstände zwischen ihnen allmählich vergrößert werden.

Ballschule im Kreis

mehrere
Reifen,
Gymnastik-
bälle

In großer Kreisform werden Reifen entsprechend der Anzahl der Kinder ausgelegt, jedes Kind stellt sich in einen Reifen hinein. Die Erzieherin befindet sich in der Kreismitte und wirft einem Kind den Ball zu. Das Kind fängt diesen und wirft ihn zurück. Danach läuft es einmal um den Kreis und stellt sich wieder in seinen Reifen. Die Erzieherin wirft indessen den Ball schon einem nächsten Kind zu. Das Spiel ist beendet, wenn alle Kinder einmal an der Reihe waren.

Variante:

● Die Erzieherin hat etwa 10 Bälle in der Kreismitte; sie wirft einem Kind nach dem anderen einen Ball zu, dieses rollt ihn einmal um den Kreis, legt ihn dann in die Kreismitte und stellt sich wieder in seinen Reifen.

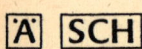

Ballspielschule

Die Ballspielschule stellt einen *Übungskomplex* dar, der entsprechend den Fertigkeiten und dem Können der Kinder variabel zu gestalten ist, bzw. in dem die Anforderungen systematisch gesteigert werden können. Verliert ein Kind bei der Erfüllung der Aufgaben den Ball, so übergibt es den Ball dem nächsten Spieler. Man sollte jüngeren Kindern eine oder zwei Wiederholungen gestatten. Hat ein Kind die Aufgabe beim ersten Versuch geschafft, darf es die nächste Übung beginnen. Die Kinder sollten an einer markierten Abwurfstelle stehen, von dort aus kann der Abstand zur Ballspielwand oder zum Fänger allmählich vergrößert werden.

1 Gymnastikball

Übungen (1. Folge)
Den Ball beidhändig hochwerfen und beidhändig fangen.
Den Ball nur mit der rechten Hand hochwerfen und fangen.
Den Ball nur mit der linken Hand hochwerfen und fangen.
Den Ball auf die Erde werfen und beidhändig fangen.
Den von einem anderen Kind zugeworfenen Ball fangen und zurückwerfen (Abstände allmählich vergrößern!).

Übungen (2. Folge)
Den Ball an eine Wand werfen und beidhändig fangen (Abstand 2 bis 3 m).
Den Ball an die Wand werfen und mit der rechten (der linken) Hand fangen (geringer Abstand).
Den Ball an die Wand werfen und nach dem Aufprall auf der Erde beidhändig fangen.

Übungen (3. Folge)
Den Ball an die Wand werfen und beidhändig fangen.
Den Ball hinter dem Rücken über den Kopf an die Wand werfen und wieder auffangen.
Den Ball hinter dem Rücken in Höhe der Hüfte nach vorn und an die Wand werfen und wieder auffangen.
Den Ball hinter den Kniekehlen an die Wand werfen und wieder auffangen (rechts, links im Wechsel).
Alle Übungen können mit einem Handklapp zwischen dem Werfen und dem Fangen verbunden werden. Erst wenn die Kinder sicher und geübt sind, sollte man einzelne Übungsfolgen als „Ballschule" spielen. Wir empfehlen, jede Übung dreimal, dann fünfmal im Wettbewerb spielen zu lassen.

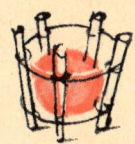

Bälle aus dem Korb, in den Korb!

mehrere
Gymnastik-
bälle

Die Bälle befinden sich in einem flachen, großen Korb oder Kasten in der Mitte des Spielfeldes bei der Erzieherin. Die Kinder stehen auf dem Spielfeld verteilt. Die Erzieherin wirft die Bälle nacheinander in alle Richtungen und versucht, den Korb oder Kasten zu leeren. Alle Kinder bemühen sich, das zu verhindern, indem sie laufend die Bälle aufheben und in den Korb (Kasten) zurücktragen oder zurückwerfen. Das Schlußzeichen gibt die Erzieherin.

Wer hat keinen Ball?

etwa
15 Gymnastik-
bälle

Mehrere Bälle sind auf dem Spielfeld ausgelegt. Alle Kinder laufen nach Rahmentrommelschlag oder Musik zwischen den Bällen umher. Auf ein Signal versucht jedes Kind, einen Ball aufzuheben. Wer hat keinen Ball erwischt? – Dann werden die Bälle einfach wieder fortgeworfen. Das Spiel beginnt erneut.

110

Ballnecken zu dritt

Zwei Kinder stehen einander in weitem Abstand gegenüber und werfen sich den Ball zu. Ein drittes Kind steht in der Mitte und bemüht sich, den hin- und herfliegenden Ball wegzufangen. Wenn es gelingt, so muß der betreffende Werfer in die Mitte.

Neckball im Kreis

Die Kinder stehen im engen Innenstirnkreis. Ein Ball wird schnell von Kind zu Kind weitergegeben. In der Mitte des Kreises versucht ein Kind, den schnell wandernden Ball zu berühren. Gelingt ihm das, so muß das Kind, bei dem der Ball berührt wurde, in die Kreismitte.

Das Weitergeben des Balles im Kreis sollte vorher schon geübt worden sein. Zuerst zeigt die Erzieherin, wie man im Kreis den Ball erwischen und berühren kann. Der Ball darf nicht weggenommen werden; er kann nach beiden Richtungen weitergegeben werden.

1 Gymnastik-
ball

Ball über den Kopf

Die Kinder werden in zwei Mannschaften eingeteilt und stehen in zwei Reihen. Das erste Kind bekommt jeweils einen Ball, hebt ihn mit beiden Händen hoch über den Kopf und gibt ihn auf das Kommando „Los"! nach hinten weiter. Der Ball wird von Kind zu Kind über die Köpfe weitergegeben, kein Kind darf ausgelassen werden, jedes muß den Ball berührt haben. Das letzte Kind nimmt den Ball, läuft schnell nach vorn, stellt sich vor die Reihe und reicht den Ball erneut nach hinten. Die Mannschaft, die zuerst wieder in der ursprünglichen Reihenfolge steht, wird Sieger.

2 Gymnastik-
bälle oder
2 kleine
Medizinbälle

Tunnelball

Die Kinder werden in zwei Mannschaften eingeteilt und stehen in zwei Reihen. Der Ball wird durch die gegrätschten Beine aller Kinder einer Mannschaft nach hinten gerollt. Welche Mannschaft ist die schnellste?

Tunnelball im Kreis

Die Kinder stehen im Flankenkreis im Grätschstand, Abstand 1 bis 2 m. Der Ball wird durch die gegrätschten Beine nach hinten zum nächsten Kind gegeben oder gerollt und so einmal im Kreis fortbewegt. In der nächsten Runde wird der Ball nun nach vorn durch die gegrätschten Beine weitergegeben oder gerollt. Wer einen Fehler macht, der scheidet aus. Die Spieler werden so immer weniger, der Kreis wird enger. Die letzten drei Kinder haben gewonnen.

2 Gymnastik-
bälle oder
2 kleine
Medizinbälle

Ball über das Seil

Zwei Mannschaften werden gebildet. In 1,5 m Höhe wird ein Seil gespannt. Die Kinder einer Mannschaft werfen den Ball mit Schockwurf von unten über das Seil, die andere Mannschaft muß versuchen, den Ball zu fangen. Dafür gibt es einen Punkt (Muggelstein). Wer hat am Ende des Spiels (10 Minuten) die meisten Punkte? Die Grenzen des Spielfeldes sind zu markieren.

1 Gymnastikball, Seil

Einfacher Wanderball

Die Kinder stehen im Innenstirnkreis. Der Ball wird von einem Kind zum anderen weitergegeben. Wer ihn fallen läßt, scheidet aus oder gibt ein Pfand.

Wettwanderball

Die Kinder stehen im Doppelkreis. In jedem Kreis wird ein Ball in gleicher Richtung im Kreis herumgegeben. Die Kinder versuchen, durch schnelles Werfen oder Weitergeben einen Ball mit dem anderen zu überholen. Gelingt es einem Kreis, so hat diese Mannschaft gesiegt. Wer den Ball fallen läßt, scheidet aus.

2 Gymnastikbälle

Wanderball in der Gasse

Die Kinder sitzen oder hocken einander paarweise gegenüber in weiter Gasse. Der Ball wird von Kind zu Kind gerollt, danach im Zickzack von einem Kind zum anderen.

Variante:

1 kleiner Medizinball

- Zwei „Gassen" wetteifern miteinander, in welcher der Ball zuerst durchgerollt ist.

Wanderball (ältere Spielweise)

Die Kinder bilden einen weiten Kreis, so daß ein Kind vom anderen sechs Schritte entfernt ist. Jedes zweite Kind hält einen Ball in der Hand. Nach der Melodie „Taler, Taler, du mußt wandern" singen alle:

„Bällchen, Bällchen, du mußt wandern,
von dem einen zu dem andern,
Bällchen hier, Bällchen da,
Bällchen, komm zu mir, la, la, la."

Dabei werden sämtliche Bälle jeweils dem Nachbarn zur Rechten weitergegeben oder geworfen. Nach dem Absingen einer Strophe wird das Spiel nach der anderen Richtung fortgeführt, das heißt, wiederholt. Wer einen Ball fallen läßt, der scheidet aus.

mehrere
Tennisbälle

Klatschball

Die Kinder stehen im großen Innenstirnkreis ohne Handfassung. Ein in der Mitte stehendes Kind wirft einem im Kreis stehenden Kind den Ball zu. Vor dem Fangen muß in die Hände geklatscht werden. Vergißt das ein Kind oder läßt es den Ball fallen, so muß es in die Mitte.

1 Gymnastik-
ball

113

Suchball

Ein Kind hat den Ball, die anderen hocken nieder und halten sich die Augen zu. Das Kind mit dem Ball dreht sich einmal um sich selbst und wirft den Ball weg. Dann ruft es: „Sucht den Ball!" Nun dürfen die anderen die Hände von den Augen nehmen, dem Ball nachlaufen oder ihn suchen. Wer ihn zuerst erwischt, darf das nächste Spiel beginnen.

Eins, zwei, drei – wer hat den Ball?

Die Kinder stehen in einer Linie oder im Halbkreis nebeneinander und halten die Hände auf dem Rücken. Vor ihnen, in 3 m Abstand, steht ein Kind mit dem Rücken zur Gruppe. Es trägt den Ball und spricht: „Eins, zwei, drei – wer hat den Ball?" Dann wirft es den Ball über den Kopf nach hinten. Ein Kind nimmt ihn und versteckt ihn hinter seinem Rücken, alle anderen legen ihre Hände ebenfalls auf den Rücken. Dann rufen sie: „Vier, fünf, sechs – wer hat ihn jetzt?" Darauf dreht sich der Werfer um und versucht, den Ballbesitzer zu erraten. Es ist nur ein Versuch gestattet. Zeigt er auf den Ballbesitzer, so muß dieser ihn ablösen. Gelingt es nicht, muß er noch einmal werfen.

Jäger und Hase

Ein Kind steht außerhalb eines 12 × 15 m großen Spielfeldes. Es bekommt ein grünes Hütchen aufgesetzt, wird „Jäger" und erhält den Ball. Alle anderen sind die „Hasen", die dem Ball und dem werfenden „Jäger" geschickt ausweichen. Sie dürfen sich nur innerhalb des Spielfeldes bewegen. Wer getroffen wurde, scheidet aus. Das letzte nicht abgeschlagene Kind wird neuer „Jäger".

Varianten:
● Wird ein Hase abgeschlagen, kann er den Platz mit dem „Jäger" tauschen, der nun als „Hase" in den Kreis muß.
● Man kann auch so spielen, daß nur zwei Hasen im Spielfeld sind.

114

Grubenball

Ein Spiel für den Strand. Jedes Kind gräbt eine kleine Grube in den Sand. Die Gruben sollten in einer Linie mit jeweils 40 cm Abstand voneinander angeordnet sein. Ein Kind steht vor dieser Linie (fünf Schritte) und rollt einen Ball in eine der Gruben. Sobald der Ball in der Grube ist, fliehen alle Kinder, mit Ausnahme des Kindes, in dessen Grube der Ball gerollt ist. Es ergreift den Ball, ruft laut: „Halt!", worauf alle Kinder stehenbleiben müssen. Es versucht, ein Kind mit dem Ball zu treffen. Das getroffene Kind beginnt das Spiel von neuem. Wurde kein Kind getroffen, muß der „Werfer" das neue Spiel eröffnen.

1 Gymnastik-
ball, Sandfläche

Haltet den Garten sauber!

Das Spielfeld wird durch einen „Zaun" (Seile, Turnbank) in zwei „Gärten" geteilt. Jeweils der Hälfte der Kinder gehört nun ein „Garten". In diesen werden Tennisbälle, Gummibälle, Wurfringe u. ä. in gleicher Menge verteilt. Auf ein Signal hin werfen alle Kinder diese in den jeweils anderen Garten, bis der Ruf „Halt!" ertönt. Wer hat den saubersten „Garten", die wenigsten Gegenstände darin?

Tennisbälle,
Wurfringe,
Gummibälle

Die Vögel haben Hunger

mehrere
kleine Bälle,
Kugeln, Wurf-
ringe, Kasta-
nien o. ä.

In der Mitte der Wiese liegt eine Decke mit „Vogelfutter": allerlei kleine Bälle, Kastanien, Holz- oder Plastekugeln, Wurfringe. Die Kinder kauern in einiger Entfernung auf der Wiese um diese „Futterstelle" herum als „Vögel". Auf den Ruf „Die Vögel haben Hunger!" jagen die Kinder hin und her, zur „Futterstelle" und zu ihrem „Nest" zurück und holen sich jedesmal nur ein „Körnchen", das heißt, einen Gegenstand. Wer war am fleißigsten und am schnellsten? Wir sehen es, wenn der „Futterplatz" leer ist, in den „Nestern" (kleine Decken oder Stühlchen) der „Vögel".

Namen rufen

1 Gymnastik-
ball

Die Kinder stehen dicht beieinander. Ein Kind wirft den Ball hoch und ruft den Namen eines Mitspielers. Das gerufene Kind muß versuchen, den Ball zu fangen. Die anderen Kinder laufen weg. Hat der Fänger den Ball, ruft er: „Halt!" Alle Kinder müssen stehenbleiben. (Auf ehrliches Spiel achten!) Das ballbesitzende Kind versucht, ein nahe stehendes Kind abzuwerfen. Wird dieses getroffen, hebt es den Ball auf und ruft einen neuen Namen. Wird danebengeworfen, holt der Werfer den Ball selbst zurück und ruft einen neuen Namen.

Fußball rollen und stoßen

Lauf mit dem Ball!

Jedes Kind erhält einen Ball. Auf Kommando der Erzieherin laufen sie alle vorwärts und versuchen, mit den Füßen den Ball über die Wiese zu rollen, bis an eine vorher festgelegte Linie.

1 Fuß- oder Gummiball für jedes Kind

Rolle den Ball zum Partner!

Die Kinder stellen sich paarweise einander gegenüber auf. Sie rollen den Ball mit dem Fuß einander zu. Dabei vergrößern sie die Entfernung voneinander jeweils um einen Schritt (bis zu 5 m).

Rolle den Ball ins Loch!

Die Spieler stehen im Halbkreis mit einem Abstand von zwei Schritten voneinander. Sie versuchen nacheinander, den Ball mit dem Fuß in das Loch zu rollen oder zu schießen, das in einer Entfernung von 3 bis 5 m in den Boden gegraben ist. Gelingt es einem Kind nicht, so holt es den Ball zurück und versucht es noch einmal.

1 Fuß- oder Gummiball für 2 Kinder

117

Triff das Tor!

1 Fußball, Fähnchen zur Tormarkierung

Mit Fähnchen oder anderen Markierungen wird ein Tor gekennzeichnet (1 bis 1,5 m breit). Drei bis vier Spieler stellen sich in 5 m Entfernung davor auf und versuchen nacheinander, den Ball mit dem Fuß in das Tor zu stoßen. Jedem Spieler sind drei Versuche erlaubt. Wer schießt die meisten Tore?

Wer ist ein guter Torwart?

1 Fußball, Fähnchen zur Tormarkierung

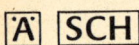

Die Spielbedingungen bleiben wie oben, nur daß das Tor jetzt mit einem Torwart besetzt wird, der den Ball sowohl mit den Füßen als auch mit den Händen abwehren kann. Der Reihe nach soll jedes Kind einmal Torwart sein können. Wer die meisten Bälle halten konnte, ist Sieger.

Fußball im Kreis

1 Fußball

Die Kinder stehen im Innenstirnkreis, ein Kind steht mit dem Ball in der Mitte. Es versucht, diesen Ball mit einem Fußstoß durch die Kreislinie zu bringen. Die im Kreis stehenden Kinder stoßen ihn aber sofort mit dem Fuß zurück. Wer den Ball durchläßt, so daß er außerhalb des Kreises rollt, der muß in die Mitte gehen.

Zielwerfen

Zielwerfen in die Plastewanne

Auf der Wiese wird eine kleine Plastewanne oder ein Korb aufgestellt (evtl. auch ein kleines rundes Schwimmbassin). Die Kinder stehen in einer Entfernung von 2 bis 3 m (mit Seilen absperren) und werfen Ringe (aus Plaste, Holz) oder kleine Bälle hinein. Die Treffer werden gezählt, die Kinder, welche die meisten Treffer erzielten, erhalten kleine Preise.

1 Plastewanne, mehrere Plasteringe, kleine Bälle

Zielwerfen nach Blechbüchsen

Mehrere bunt bemalte oder beklebte Blechbüchsen werden an einem Bindfaden befestigt und an einem weitausladenden Baumast (oder am Klettergerüst) aufgehängt. Aus 2 bis 3 m Entfernung zielen die Kinder mit Stoffbällen nach den Büchsen.
Wer hat am Ende die meisten Treffer?

bemalte Blechbüchsen, Stoffbälle

Zielwerfen nach Figuren

Die Kinder werfen einen Ball zuerst in einen größeren, dann in einen kleineren Behälter, mit einer größeren oder kleineren Öffnung.
Besonderen Spaß bereitet es ihnen, einer Tierwurffigur in den „Rachen" zu werfen.
Die Wurffiguren sollten öfter einmal ausgewechselt werden, damit die Kinder immer wieder zum Werfen und Zielen motiviert werden.

Stoff- oder Tennisball, Kartons mit unterschiedlich großen Öffnungen oder Wurffiguren aus Holz

119

Zielwerfen durch Reifen

freihängende
Reifen,
Schlagbälle

Mit Schlagbällen wird nach oder durch freihängende Reifen geworfen; Entfernung 3 bis 6 m. Jedes Kind sollte zwei Durchgänge (jeweils rechts und links mit je 3 Würfen) absolvieren. Die Erzieherin schreibt die Treffer auf.
Wer hat am Ende die meisten Treffer erzielt?

Wasserball treffen

mehrere
kleine Bälle,
1 großer
Wasserball

Die Kinder stehen einander in zwei Mannschaften an einer Linie gegenüber. Jedes Kind hat einen kleinen Ball in der Hand, in der Mitte liegt ein großer bunter Wasserball. Jede Mannschaft versucht, durch Würfe den großen Ball zu treffen und hinter die Linie zu der anderen Mannschaft zu treiben. Der große Ball darf nicht mit der Hand berührt werden. Wer treibt den Wasserball am weitesten? Das Spiel eignet sich gut für Spiele am Sandstrand.

Werfen des Balles in Kreise

mehrere
Bälle, 1 Stück
Kreide

Wir zeichnen auf den Plattenweg mehrere hintereinanderliegende Kreise. Der erste soll am größten sein (Durchmesser etwa 70 cm); der zweite und alle weiteren sollen jeweils etwas kleiner sein. Der letzte Kreis sollte nicht mehr als 20 cm Durchmesser haben.
Die Spieler stellen sich am Rand des Plattenweges vor der Kreiskette auf und werfen nacheinander den Ball in jeweils einen Kreis: in den ersten, dann in den zweiten, in den dritten. Wer den Kreis gut trifft, darf sofort auf den nächsten werfen. Wer nicht trifft, wobei nur das erste Aufprallen des Balles gezählt wird, übergibt den Ball dem nächsten Spieler und wartet, bis er wieder an die Reihe kommt. Dann wiederholt er den Wurf.

120

Werfen und fangen

Ballfangen mit dem Netz

Aus alten Federballschlägern, deren Bespannung nicht mehr zu reparieren ist, kann man ein Fangnetz herstellen. Das Netz wird gehäkelt und anstelle der alten Bespannung im Rahmen des Schlägers befestigt. Nun können die Kinder kleine Bälle damit auffangen, die ihnen zugeworfen werden, oder die sie selbst hochwerfen.

Fangnetz aus
Federball-
schläger

Ⓐ

Schmetterlinge fangen

Die Kinder erhalten jeder einen Federballschläger und einen „Schmetterling" (Korken, auf den Seidenpapier geklebt ist). Die Kinder stehen in weitem Kreis und schlagen die Schmetterlinge hoch, hin und her. Sie versuchen, möglichst viele in der Luft zu halten, bleiben dabei aber an ihrem Platz. Fällt ein Schmetterling innerhalb des Kreises herunter, so darf er aufgehoben werden, sonst nicht.

Federball-
schläger und
Figuren aus
Kork

Ⓐ

Ball über das Seil und nachlaufen

Seil oder
Wimpelkette,
Gymnastik-
bälle

Wir spannen eine Wimpelkette oder ein Seil 1,50 m über dem Boden zwischen zwei Pfosten. Dann zeichnen wir auf der einen Seite parallel zum Seil verlaufende Linien. Die erste Linie ist 1 m, die zweite 1,5 m, die dritte 2 m und die folgende 2,5 m vom Seil entfernt. Die Kinder stellen sich hinter der ersten Linie in einer Reihe auf. Einer nach dem anderen wirft den Ball über das Seil, läuft schnell unter ihm hindurch und fängt den Ball auf der anderen Seite auf. Wem es gelingt, der steigt in die nächste Runde auf. Falls der Ball nicht über das Seil fliegt oder auf der anderen Seite zu Boden fällt, scheidet der Spieler aus.

Wenn alle an der Reihe waren, beginnt die zweite Runde. Jetzt werfen alle von der Linie aus, die 1,5 m entfernt ist, dann von der folgenden usf. Wer sich am längsten im Spiel hält, ist Sieger.

Ä SCH

Ballspiel am Netz

gespanntes
Netz, Gymna-
stikball

Die Kinder (bis vier) stellen sich 1 m vom Netz entfernt auf beiden Seiten desselben auf. Das Netz ist etwas höher gespannt, als die Kinder mit ausgestreckten Händen reichen können. Der Ball kann mit Schockwurf von unten oder von oben über das Netz geworfen werden. Wird zu viert gespielt, so wirft ein Kind den Ball über das Netz, ein anderes fängt ihn und wirft ihn seinem Nachbarn zu, dieser wirft den Ball über das Netz zurück usf. Dieses Spiel kann nach Punkten bewertet werden. Für Vorschulkinder empfehlen wir, für einen Aufschlag z. B. einen Baustein auszulegen. Die Kinder, die im Verlaufe des Spiels die wenigsten Aufschläge hatten, haben gewonnen.

Ringe werfen am Boden

Für dieses Spiel werden eine Holzunterlage mit einem Mittelstab und mehrere Ringe benötigt, die auf den Stab geworfen werden (Holzunterlage 1 × 1 m, Höhe des Stabes etwa 25 cm, Gummiwurfringe oder Plasteringe mit Durchmesser von 20 cm). Im Abstand von 1 bis 2 m von der Unterlage entfernt, wird die erste Abwurflinie gezogen, im Abstand von 2 bis 3 m die zweite.
Die Kinder vereinbaren, wieviel Ringe jeder werfen darf, und stellen sich in einer Reihe an der 1. Abwurflinie auf. Wer die größte Anzahl von Ringen auf den Stab geworfen hat, hat gewonnen. Danach wird von der 2. Abwurflinie aus geworfen. (Jüngere Kinder gehen anfangs so weit heran, wie sie möchten.)

Ringwurfspiel
aus Plaste

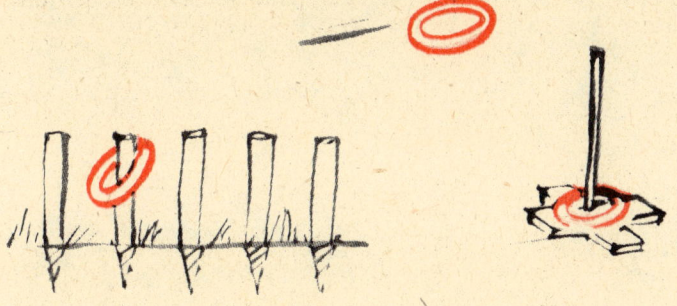

Ringe auf frei gehaltene Stäbe werfen

Zwei Kinder stellen sich jeweils einander gegenüber auf (Abstand 4 bis 5 m). Eines der Kinder hat einen Stab und 4 bis 5 Gummi- oder Plasteringe in der Hand, das andere nur einen Stab. Mit Hilfe des Stabes wirft das erste Kind dem anderen die Ringe zu, die dieses nur mit dem Stab auffangen darf. Sind die Kinder in der Handhabung der Stäbe, beim Werfen und Fangen noch ungeübt, können die Ringe anfangs mit der Hand zu- und zurückgeworfen bzw. aufgefangen werden.

5 Ringe aus
Plaste oder
Gummi,
2 Stäbe

123

Wurfscheiben
aus Pappe
oder Plaste

Fliegender Teller

Ein Spiel zu zweit. Eine Wurfscheibe aus Pappe (Durchmesser ca. 20 cm) wird von einem Kind so flach hoch und in die Weite geworfen, daß sie parallel zur Erde eine Strecke fliegt. Ein zweites Kind muß sie mit der Hand fangen.

Variante:

● Wurfscheiben aus Plaste werden in die Weite geworfen. Wer schafft es am weitesten?

farbige,
bemalte,
beklebte Papp-
wurfscheiben

Blüten werfen

Ein Spiel für die Wiese. Wurfscheiben aus Pappe werden bunt beklebt oder bemalt und auf ein Zeichen von mehreren Kindern gleichzeitig hochgeworfen und sogleich wieder aufgefangen.

Die farbigen Wurfscheiben können danach in ein Ziel geworfen werden, z. B. in ein zum Kreis ausgelegtes großes Seil. Dabei entsteht eine große farbige Blüte, ein „Blütenteppich" auf der Wiese.

Variante:

● Man kann anschließend auch Chiffontücher hochwerfen, zum Beispiel auf einen Musikimpuls, sie fangen oder zur Erde sinken lassen. Die Kinder erfahren dabei die unterschiedlichen Eigenschaften der Wurfgeräte und wie sie sich beim Werfen und Fangen darauf einstellen müssen.

Ballprellen

Ballprellen am Boden

Die Kinder üben einzeln, nehmen leichten Seitgrätschstand ein, um den Ball nicht auf den Fuß zu bekommen, prellen ihn mit der flachen Hand vor sich auf den Boden und sagen dazu, jede Silbe betonend, folgenden Vers auf:

1 gut springender Gymnastik- oder Tennisball je Kind

Seht den Ball an,
wie er springen kann!
Hopp, hopp, ho,
macht's auch so!

Hopp, mein Bällchen,
hopp, mein Bällchen,
spring nicht an das Hühnerställchen,
sonst kommt noch der Gockelhahn,
pickt mir dann mein Bällchen an.

Ballprellen zum Partner

Die Kinder stehen einander paarweise im leichten Seitgrätschstand gegenüber (in der Gasse). Der Ball wird von einem Kind zum anderen geprellt.

Buntes Bällchen

Die Kinder stehen im Kreis. In der Mitte prellt ein Kind den Ball vor sich auf und sagt den Vers dazu, jede Silbe betonend. Bei der vierten Zeile prellt es den Ball einem anderen Kind zu. Wenn dieses z. B. ein *Tier* nennt, darf es in die Mitte. (Es können auch *Namen* der Kinder, von *Bäumen* u. ä. genannt werden.)

1 Gymnastik- ball

Buntes Bällchen, rundes Bällchen,
fang dich mit der Hand.
Springst du wieder auf und nieder,
schnell ein Tier genannt!

Ballprellen über die Turnbank

Ein kleines Spielfeld abgrenzen, in dessen Mitte eine Turnbank oder ein anderes Gerät aufgestellt wird. Zu beiden Seiten stehen zwei Kinder und versuchen, den Ball so auf den Boden zu prellen, daß er *über* die Turnbank springt. Von dort aus soll er ebenso zurückgeprellt werden(anfangs auch über ein am Boden liegendes Seil prellen lassen). Die Treffer werden gezählt.

Turnbank, 1 Gymnastikball

125

Ballprellen auf Gehwegplatten

1 Gummi-
oder
Gymnastikball,
1 Stück Kreide

Wir zeichnen das Diagramm „Puppe" auf den Plattenweg. Dann zielen die Kinder mit dem Ball auf die einzelnen Felder der „Puppe", sie beginnen mit dem untersten Feld, gehen bis zum Kopf vor und kehren in entgegengesetzter Reihenfolge zurück. Stehen können sie, wo sie wollen, auch auf dem Strich, den Ball müssen sie jedoch mit der Handfläche in das Feld prellen, das an der Reihe ist – immer nur einmal. Falls sie ihn in ein falsches Feld abschlagen oder der Ball zu Boden fällt, übergeben sie ihn dem nächsten Kind. Für jeden gelungenen Spieldurchgang wird ein Punkt vergeben. Wer zum Schluß die meisten Punkte hat, siegt.

Wandball

Ballspiel-
wand,
1 Gymnastik-
ball

Alle Spieler stellen sich im Halbkreis vor einer Ballwand auf. Durch Abzählen wird ein Werfer bestimmt, der den Ball so kräftig an die Ballwand werfen muß, daß er in weitem Bogen abspringt. Dabei ruft er den Namen eines Spielers, der den Ball fangen muß. Gelingt ihm dies, so wiederholt er das gleiche. Fällt der Ball zur Erde, so hebt er ihn vom Boden auf. Die anderen Mitspieler fliehen, müssen aber sofort stillstehen, wenn er „Halt!" ruft. Jetzt versucht er mit dem Ball einen Spieler zu treffen. Ist dies geglückt, so muß der Getroffene den Ball, während die anderen fliehen, aufheben und wieder einen Spieler zu treffen versuchen.

Schlagt den Ball!

1 Wasserball
im Netz

In einem Ballnetz mit sehr langer Schnur wird ein großer Wasserball an einem Baumast o. ä. aufgehängt, und zwar so, daß er 1 m über dem Boden frei nach allen Seiten schwingen kann. Die Kinder stehen in Gymnastikreifen um ihn herum (nicht mehr als 10 Kinder) und schlagen den Ball hin und her.

126

Um die Mauer

Einen Meter über dem Boden wird ein waagerechter Strich auf eine Mauer (Ballspielwand) gezeichnet. Ein zweiter Strich wird zwei Meter von der Mauer entfernt in den Boden geritzt. Die Seitenlinien bis zur Mauer werden hinzugefügt. So entsteht eine rechteckige Fläche, die erste Stadt. Dahinter zeichnen wir eine gleichgroße zweite Stadt (vgl. Abb. unten). Die Kinder werden in zwei Mannschaften eingeteilt.

Ein Spieler der ersten Stadt prellt den Ball auf dem Boden auf und schlägt ihn dann mit der Handfläche an die Mauer, die der Ball *über* dem Strich berühren muß. Der Spieler der zweiten Stadt bemüht sich, den Ball nach dem Abprallen von der Wand zurückzuschlagen. Die jeweilige Mannschaft erzielt einen Punkt, falls die Gegner

- den Ball überhaupt nicht abgeschlagen haben;
- ihn unter dem Strich an die Mauer schlugen;
- der vom Gegner nach dem Abprallen abgeschlagene Ball außerhalb des Gebietes beider Städte auf den Boden fiel.

Die Spieler beider Mannschaften (Städte) wechseln einander beim Abschlagen des Balls ab.

Ballspielwand, 1 Ball, 1 Stück Kreide

Springball auf einem Brett

Ein Brett (30 cm lang – 8 cm breit) wird über einen abgerundeten Balken gelegt. In das auf der Erde aufliegende Ende wird eine Vertiefung für einen nicht zu großen Ball gebohrt. Ein Kind tritt kraftvoll auf das hochstehende Brettende, der Ball fliegt in die Luft. Die anderen Kinder versuchen, ihn zu fangen. Der Fänger darf als nächster auf das Brett treten. An diesem Spiel können sich 5 bis 6 Kinder beteiligen. In unmittelbarer Nähe des Brettes soll sich nur das jeweils auf das Brett tretende
Kind befinden.

Ä

Ballprellen an die Wand

- Den Ball mit der flachen Hand mehrmals an die Wand prellen (Anzahl vorher vereinbaren).
- Den Ball mit einer Faust an die Wand prellen (rechts, links im Wechsel).
- Den Ball mit zusammengelegten Händen (Schiffchen falten) an die Wand prellen.
- Den Ball mit dem Kopf, dem Unterarm, dem Knie (rechts, links im Wechsel) an die Wand prellen.

Ä SCH

Murmelspiele

Murmelkullerbahn

Mit den Jüngsten beginnt man am besten damit, eine Kullerbahn anzulegen (schräge Ebene oder Sandberg), wo sie Murmeln oder Kugeln hinabrollen lassen können. Im Sand kann man ebenfalls eine Murmelkullerbahn, eine Murmelburg mit Gängen, Tunneln und Rollbahnen anlegen. Jedes Kind läßt eine Murmel die Murmelkullerbahn herunterrollen. Gewonnen hat dasjenige, dessen Murmel am weitesten gerollt ist.

1 Murmel für jedes Kind

Kugelbahn über die Brücke

Zwei Sandberge werden geschaufelt und festgeklopft, evtl. etwas angefeuchtet. Zwischen die Berge wird ein Brett oder eine Plasterinne gesteckt, so schräg, daß die aus der Kullerbahn des einen Sandberges von oben herabrollende Kugel über diese Brücke und dann den zweiten Berg hinunterrollen kann.
Man kann auch zwei Kugeln zugleich starten, welche wird zuerst, ohne steckenzubleiben, ankommen?

Große Murmeln, Brettchen oder Plasterinne

Wettmurmeln

1 Murmel für
jeides Kind,
Fähnchen

Für den Startpunkt wird ein Stöckchen in die Erde gesteckt. Die Murmeln werden von dort aus angestoßen und sollen nun um die Wette kullern. Gewinner ist, wessen Murmel nach einmaligem Anstoß mit dem gekrümmten Zeigefinger am weitesten gerollt ist. Dort steckt die Erzieherin ein Fähnchen ein.

J M Ä

Ringkugeln

2 bis 3 Murmeln für jedes Kind

Im Sand wird ein Kreis von 30 cm Durchmesser gezogen. Jeder Spieler gibt 2 bis 3 Murmeln hinein. Um diesen kleinen wird in 2 m Abstand ein großer Kreis gezogen, der Schußkreis. Von diesem aus treibt jeder Spieler abwechselnd eine weitere Murmel in den inneren Kreis, um eine der dort liegenden Murmeln herauszuschießen oder sie zumindest zu berühren (anklicken). Gelingt es, so gehört sie ihm. Die Zielmurmel wird nach jedem gelungenen Schuß zurückgeholt.

Zielmurmeln

Es wird ein kleines Loch gebuddelt (oder ein Plastbecher in weichen Boden eingegraben), jeder Mitspieler legt eine Murmel hinein. In 1 m Abstand ziehen wir einen Kreis um das Loch (den Becher). Vom Kreisrand aus wird abwechselnd in Richtung Loch gekullert. Wer seine Murmeln zuerst in das Loch bringt, hat gewonnen, darf evtl. alle anderen behalten. Wird das Spiel zu leicht, so ziehen wir einen 2. Kreis, der nun 1,5 m vom Ziel (Loch, Becher) entfernt ist.

2 bis 3 Murmeln für jedes Kind

Torschießen

Das Spielfeld wird abgegrenzt und ein Tor aufgestellt (eine große auseinandergebogene Büroklammer leicht in die Erde stecken). Nacheinander versuchen alle Kinder, ihre Murmel durch dieses Tor zu treiben. Die Murmel bleibt dort liegen, wo sie nach einmaligem Anstoßen hingerollt ist. Mehrere Runden werden notwendig sein, um die Murmeln erneut weiter zu treiben und durch das Tor zu schießen. Sieger ist, wem das zuerst gelingt.

2 bis 3 Murmeln für jedes Kind

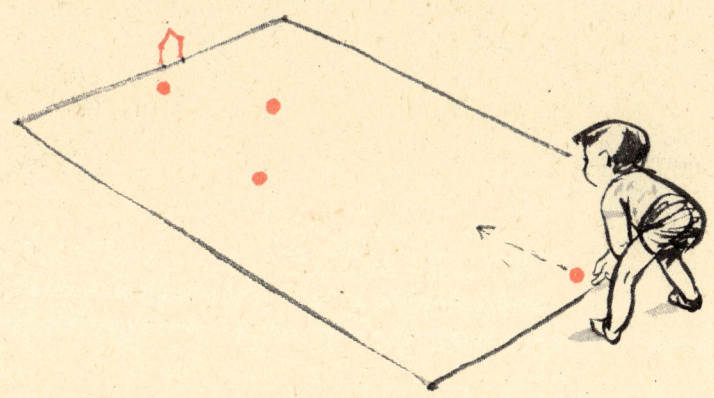

Hinausfliegen

2 Murmeln
für jeden
Mitspieler

Zwei Spieler werfen jeweils zwei Murmeln gleichzeitig in eine flache Grube. Die eine soll liegenbleiben, die andere darüber hinausfliegen. Wenn jedoch beide liegenbleiben oder beide hinausfliegen, muß der Spieler sie liegenlassen. Dann kommt der andere an die Reihe, und das Spiel wiederholt sich. Bleibt von seinen Murmeln eine in der Grube und die andere fliegt über sie hinaus, hat er Anspruch auf alle Murmeln, die bis dahin geworfen wurden. Dieses Spiel wird einige Male wiederholt in jeweils veränderter Reihenfolge, damit jeder Spieler einmal die Chance hat zu gewinnen.

Murmeln aus der Reihe schlagen

5 Murmeln
für jeden
Mitspieler

Dieses Spiel erfordert gutes Sehvermögen. Jeder Spieler legt zwei oder mehrere Murmeln in eine Reihe, wobei er zwischen ihnen Abstände von mehreren Zentimetern läßt. Ein anderer Spieler zieht in 2 m Entfernung eine Linie. Dann werfen alle in einer vorher festgelegten Reihenfolge mit einer anderen Murmel von der Linie aus auf die Murmeln. Wer eine aus der Reihe schlägt, darf sie behalten, und der nächste kommt dran. Das Spiel ist aus, wenn keine Murmel mehr in der Reihe liegt.

Grüblein

Wir höhlen rings um ein großes Loch vier kleine Vertiefungen aus, in die jeder Spieler seinen Einsatz legt. In die kleinen Gruben je eine Murmel, in die größere zwei. Etwa 2 m entfernt wird ein Strich gezogen. Dann bestimmen wir durch einen Wurf auf die mittlere Grube die Reihenfolge, in der wir antreten wollen. Der, dessen Murmel am nächsten bei der Grube liegenbleibt, beginnt und darf vom Strich aus auf die fünf Gruben werfen. Trifft er eine, nimmt er sich den Inhalt. Alle wechseln sich regelmäßig ab. Das Spiel wird so lange fortgesetzt, bis sämtliche Gruben leer sind.

5 Murmeln für jeden Mitspieler

Schlößlein

Es können sich 2 bis 4 Kinder beteiligen. Jedes Kind baut hinter einer Linie aus vier Murmeln ein „Schlößlein" auf: Drei Murmeln werden im Dreieck auf die Erde gelegt, die vierte kommt obenauf. Von einer gegenüberliegenden Linie aus wird nun mit einer größeren Kugel nacheinander auf die „Schlößlein" gezielt. Jedes „Schlößchen", das getroffen wird und einfällt, gehört dem betreffenden Werfer. Wenn alle eingefallen sind, baut jedes Kind ein neues „Schlößlein" auf.

4 Murmeln für jeden Mitspieler, 1 größere Zielkugel

Kegelstand

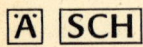
9 Murmeln,
1 Wurfkugel

Man legt 9 Murmeln in der Form des Kegelstandes (3 Reihen zu 3 Murmeln) auf den Boden. Dann versucht man, von einer Linie aus mit einer Wurfkugel zu zielen, indem man die Kugel zwischen Daumen und Zeigefinger anschnellt (entweder im Stand oder hockend). Die berührten Murmeln sind gewonnen, sie werden gleich weggenommen. Sind alle 9 Murmeln erobert, beginnt das Spiel von vorn.

Ab, ins Mauseloch!

Karton mit
3 bis 5
Öffnungen,
5 Murmeln je
Kind,
verschie-
denfarbige
Muggelsteine

In den unteren Rand eines größeren Kartondeckels werden unterschiedlich große „Mauselöcher" geschnitten und verschiedenfarbig gekennzeichnet.
Jedes Kind erhält eine bestimmte Anzahl von Murmeln und versucht, diese von einer Linie aus mit mehreren Stößen in eine der Öffnungen des auf dem Boden liegenden Kastens zu rollen. Für einen Treffer in das größte „Mauseloch" gibt es einen Muggelstein, in das mittlere zwei und in das kleinste drei Muggelsteine zur Belohnung. Gewonnen hat entweder, wer die meisten Muggelsteine hat, oder, wenn die Farben der Muggelsteine den Öffnungen entsprechen, wer die meisten Muggelsteine in der Farbe des kleinsten „Mauselochs" hat.

134

Murmellotto

Eine größere Anzahl von Schachteln, Büchsen oder Sandförmchen werden umgekehrt auf die Erde gestellt. Ein Spieler versteckt, während die übrigen Spieler sich umdrehen oder die Augen schließen, Murmeln unter einigen Gefäßen. Anschließend dürfen die anderen Spieler reihum jeweils ein Gefäß hochheben. Finden sie eine oder mehrere Murmeln darunter, so dürfen sie diese behalten. Die Gefäße bleiben als „Niete" weiter im Spiel. Sind alle Spieler an der Reihe gewesen, wird durch Zählen der Murmeln gemeinsam ermittelt, wer der „Hauptgewinner" ist.

mehrere
Schachteln,
Büchsen,
Murmeln

Variante:

● Der Spielführer verteilt zu Beginn des Spiels an jeden Spieler eine vorher vereinbarte Anzahl von Ersatzmurmeln. Wird von den Spielern später eine „Niete" hochgehoben, so müssen sie unter diese Büchse eine Murmel aus dem „eigenen Bestand" legen. Sind alle Spieler an der Reihe gewesen, so darf der Spielführer die im Spiel verbliebenen Murmeln behalten. Gemeinsam wird der Gewinner ermittelt.

Zick und Spann

Das ist gleichfalls ein Zielwurf-Spiel, auch „Botschen" genannt. Es wird von nur zwei Kindern gespielt, die gemeinsam einen Weg gehen: Ein Kind wirft eine Murmel aus, das andere versucht, ebenfalls durch einen Wurf, diese Murmel zu treffen oder zu „botschen". Ist sie gebotscht, gehört ihm die Murmel, sonst darf das andere Kind wieder zielen. Trifft es nicht, so kann auch der erste Spieler versuchen, mit seiner vorgeworfenen Murmel von da aus, wo sie liegt, zu treffen. Die Murmel gilt auch dann schon als gewonnen, wenn der Abstand zwischen beiden Murmeln mit Daumen und kleinem Finger „gespannt" werden kann.

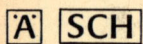

Murmeln an die Wand werfen

Die Kinder (5 bis 6) stellen sich vor einer Wand auf. Jedes erhält 5 Murmeln – am besten in jeweils einer bestimmten Farbe für ein Kind. Nacheinander versucht nun jedes – von einer 1 m bis 1,5 m entfernten Abwurflinie aus –, eine Murmel so nahe wie möglich flach an die Wand zu werfen. Das Kind, dessen Murmel am dichtesten an die Wand gerollt ist, bekommt alle übrigen Murmeln.
Das Werfen wird mit der 2., 3., 4. und der 5. Murmel wiederholt. Wer hat am Ende die meisten Murmeln?

Variante:

● Das Spiel kann auch im Sand gespielt werden. Als Zielwand wird ein Holzbrett in den Sand gesteckt.

Spiele und Übungen mit Hilfsmitteln

Mit dem Luftballon

Laufen, hüpfen, springen

Jedes Kind erhält einen aufgeblasenen (gut abgebundenen) Luftballon und sollte ihn ausgiebig erproben. Folgende Spiele und Übungen kann die Erzieherin dabei anregen:

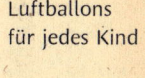
Luftballons
für jedes Kind

- Luftballon hochwerfen, weitwerfen, einen Kreis unter ihm laufen, ihn fangen;
- Einbeinhüpfen, mit dem anderen Bein einen Luftballon vorwärts treiben;
- einen Luftballon zwischen die Knie klemmen und so eine Strecke mit ihm hüpfen;
- Luftballon mit der Hand treiben und ihm nachlaufen.

Balancieren und prellen

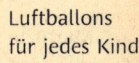

- Luftballon auf der Handfläche, auf dem Handrücken, den Fingerspitzen eine Strecke tragen;
- Luftballon mit der Stirn, dem Knie, dem Fuß hochprellen (Wer kann es wie oft?);

Luftballons
für jedes Kind

- Luftballon dem Partner zuprellen, *über* eine Schnur, *unter* einer Schnur – dann durchkriechen und den Luftballon schnell fangen;
- im Strecksitz Luftballon auf den geschlossenen Knien halten und hochprellen;
- auf den Rücken legen, Luftballon auf den geschlossenen Füßen halten, hochprellen, sich schnell hochsetzen und ihn fangen.

Mit dem Tuch

Tüchlein rauben

mehrere
Kopftücher

Jedes Kind trägt sein Tuch mit einem Zipfel an der Kleidung befestigt. Alle sollen einander nun dieses „Tüchlein rauben", das heißt, es herausziehen. Wer hat die meisten erwischt? – Wer konnte bis zuletzt geschickt und ausdauernd ausweichen?
Dieses Spiel sollte im Freien gespielt werden, damit die Kinder einander ausweichen können, das Fangen ist sonst zu leicht.

Abschlagen mit dem Tuch

mehrere
Kopftücher

Alle stehen in einem markierten Kreis ohne Handfassung, ein Kind versucht, ein anderes mit einem größeren Tuch abzuschlagen, alle versuchen, diesem Kind auszuweichen, sie müssen aber dabei innerhalb des markierten Kreises bleiben.

Tuch werfen und fangen

Das Tuch wird zweimal geknotet und nun im Kreis von Kind zu Kind geworfen, hochgeworfen, wieder aufgefangen (mit dem Kopf, dem Fuß, den Knien, den Händen abwechselnd in jeder Runde).

Übungen am Ort mit dem Tuch (Grund- und Grätschstellung)

- Vor- und Rückbeugen des Oberkörpers – Tuch in Vorhalte;
- Rumpfkreisen des Oberkörpers – Tuch in Vorhalte;
- Seitbeugen und Schwingen des Tuches über dem Kopf;
- Rumpftiefbeuge und Aufnehmen des Tuches vom Boden;
- Rumpftiefbeuge und Aufnehmen des Tuches im Strecksitz;
- Bauchlage und mit Tuch winken.

Schwünge mit dem Tuch

- Laufen mit Hochhalte des Tuches, beid- und einhändig;
- Gehen mit Hochhalte des Tuches, beid- und einhändig;
- Ballengang mit Hochhalte des Tuches;
- Kreisen der Arme mit dem Tuch rechts, links, vor dem Körper;
- Laufen mit Winken;
- Hüpfen mit Schwingen der Arme und des Tuches;
- Gehen mit gleichseitigem Schwingen der Arme

Gehen, laufen, hüpfen, steigen mit dem Tuch

- Die Kinder laufen und gehen im Wechsel (Impuls gibt Erzieherin mit der Rahmentrommel), lassen dabei das Tuch über dem Kopf flattern, halten es mit einer Hand oder mit beiden Händen über dem Kopf;
- einem Kind werden die Beine mit dem Tuch (oder mit Bändern) zusammengebunden. Nun muß es eine Strecke hüpfen, vor-, seit-, rückwärts;
- je zwei Kinder knien und halten das zu einem Streifen gedrehte Tuch (oder ein Band), ein drittes Kind steigt oder springt darüber (abspringendes Kind stützt sich auf die Schulter der knienden Kinder).

Fußgymnastik mit dem Tuch

Das Tuch liegt *vor* den Füßen; die Kinder turnen barfuß.
- Im Sitzen (Strecksitz) oder Stehen das Tuch mit den Zehen erfassen, abheben – schütteln – wegwerfen;
- im Strecksitz das Tuch mit beiden Füßen zusammenschieben und wieder glatt legen;
- das Tuch mit den Fersen zum Körper heranziehen;
- das Tuch mit dem Ballen zum Körper ziehen;
- das Tuch mit einem Fuß hochheben, mit dem anderen Fuß abnehmen, ablegen;
- mit den Zehen eines Fußes das Tuch erfassen und am anderen Bein entlang wischen („Staubwischen");
- das Tuch mit dem Fuß im Kreis weitergeben;
- das Tuch im Wechsel mit dem rechten und linken Fuß hochheben, der Erzieherin (einem anderen Kind) dabei zuwinken und ablegen.

140

Mit dem Sandsäckchen

Übungen mit dem Sandsäckchen

Das Sandsäckchen läßt sich:
- tragen (Kopf, Rücken, Bauch, Fuß);
- werfen, fangen, weitergeben, aufnehmen.

Man kann darüber:
- gehen;
- springen (mit Schlußsprung, im Grätschsprung, im Lauf-Sprung-Wechsel).

Man kann das Sandsäckchen:
- zwischen die Knöchel klemmen und hüpfen;
- zwischen die Knie klemmen und hüpfen;
- in Reifen, Kästen usw. werfen;
- dem Partner zuwerfen und fangen (auch rücklings);
- durch die gegrätschten Beine hindurch nach hinten geben.

Sandsäckchen für jedes Kind (fester Stoff, 15 × 20 cm, doppelt genäht, mit 250 g Sand, Erbsen o. ä. gefüllt)

Füllt das Körbchen!

Zwischen zwei Linien steht ein Korb, davor ein Kind, der „Wächter". Auf den Ruf „Füllt das Körbchen!" wirft jedes Kind nacheinander sein Säckchen in den Korb hinein, der „Wächter" aber versucht, die Säckchen abzufangen. (Wächter können auch zwei Kinder sein, öfter auswechseln!)

Mit Pappdeckeln

Die Pappdeckel (Bierdeckel) dienen zur Markierung von Raumwegen. Wir können einfache Übungen damit ausführen, vor allem gehen, laufen, hüpfen, steigen, balancieren und Fußgymnastik betreiben. Man muß genügend Vorrat an Pappdeckeln anlegen, da diese leicht zerbrechen.

20 bis 40 runde Pappdeckel

Pappdeckel auf den Boden legen:
- in Linie;
- in Gasse;
- im Slalom entlang gehen; laufen; hüpfen;
- auf den Pappdeckeln steigen (Zehengang);
- über den „Bach" (Gasse) springen;
- über den „Bach" (Gasse) steigen;
- das gleiche auf Zehenspitzen;
- Pappdeckel rollen und fangen;
- Pappdeckel auf den Rücken legen, damit kriechen;
- Pappdeckel mit Zehen ergreifen und weitergeben;
- auf einem Pappdeckel stehen, den anderen vorlegen, darauf treten, den hinteren Pappdeckel aufheben, wieder nach vorn legen.

142

Mit Papprollen

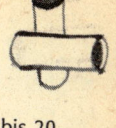

Jedes Kind erhält eine Rolle und übt:

- Rolle mit dem Fuß rollen, Schub geben und nachlaufen;
- auf einem Bein hüpfen, mit dem anderen Rolle vorwärts treiben;
- Rollen im Raum aufstellen und im Schlußsprung, in Grätsche, im Lauf darüber steigen bzw. springen;
- kriechen, Rolle dabei vorwärts stupsen (rollen) zu einem Ziel;
- Rolle auf flacher Hand tragen;
- Rolle auf dem Rücken (im Kriechen) balancieren;
- aus dem Strecksitz Rolle auf den Beinen herabrollen;
- in Bauchlage, Rolle mit gestreckten Armen auf- und abheben.

Strecksitz einnehmen, Hände stützen hinter dem Körper auf; Rolle liegt quer auf den Fußgelenken:

- Rolle langsam in den Schwebesitz heben und zurück;

Hocksitz einnehmen, Hände stützen hinter dem Körper auf; die Rolle liegt vor den Füßen:

- vor- und zurücksetzen der Füße über die Rolle;
- die Rolle unter die angehockten Beine (Knie) schieben, mit Schwung in die Rückenschaukel und in den Sitz zurück.

15 bis 20 feste Papprollen (von Stoffballen, Folie u. ä.) oder Pappe zu Rollen kleben

J M Ä

143

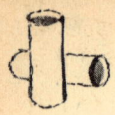

Mit dem Teddy

Teddys für
jedes Kind
(oder anderes
Kuscheltier)

Gleichgewichtsübungen – Fußgymnastik

- Kind steht auf einem Bein, Teddy anfassen, auf das andere Bein setzen und hochheben;
- den sitzenden Teddy am Ohr mit den Zehen des Fußes (links, rechts im Wechsel) kitzeln;
- Teddy mit den Zehen am Ohr fassen (links, rechts im Wechsel).

Laufen, hüpfen, springen, steigen, kriechen

- Um den Teddy herum gehen, laufen, hüpfen;
- um mehrere Teddys im Slalom laufen, über die Beine der Teddys steigen, springen;
- Teddy auf die Schulter nehmen und im Nachstellsprungschritt (links, rechts im Wechsel) vorwärtsgehen;
- Teddy auf den Rücken legen und so mit ihm kriechen;
- Teddy durch die gegrätschten Beine nach hinten reichen;
- im Strecksitz die Beine über den am Fußende sitzenden Teddy heben;

- mit dem Teddy auf dem Schoß vorwärts rutschen.

Mit Gummibändern

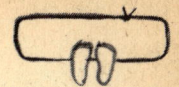

Gummibandspiele

Ein etwa 3 m langes Stück Einziehgummi (5 mm breit) wird zusammengenäht oder -geknüpft. Das so entstandene Behelfsgerät eignet sich vorzüglich zum Üben des Springens, Hüpfens und Kriechens. Es besitzt starken Aufforderungscharakter, so daß die Kinder selbst immer wieder neue Übungsvarianten erfinden. Verwendet man für die rechte Seite zum Beispiel rotes, für die linke Seite blaues Gummiband, lernen die Kinder schnell, diese Richtungen zu unterscheiden. Als Aufstellungsform eignen sich am besten frei im Raum verteilte Dreiergruppen, wobei zwei Kinder (1 und 2) das Gummiband leicht gespannt halten, während ein drittes Kind (3) übt.

3 m langes
Gummiband
für je
3 Kinder

Laufen, hüpfen, springen in der Seilgasse

Zwei Kinder steigen in eine Seilgasse hinein und ziehen das Gummiband bis zu den Fersen hoch. Die Beine werden gegrätscht, das Gummiband spannt sich und bildet etwa 10 cm über dem Boden ein langes Rechteck, eine Gasse. Ein drittes Kind springt in diese *Seilgasse* hinein und wieder heraus, ohne das Gummiband zu berühren. Die Höhe der Seilgasse sollte dem jeweiligen Können der Kinder entsprechen. Wichtig ist jedoch immer ein leiser, federnder Aufsprung!

- In die Seilgasse und wieder heraus springen (auch auf einem Bein, mit und ohne Zwischensprung);
- aus dem Stand im Schlußsprung über beide Bänder; die beiden Kinder können durch Grätschen der Beine die Weite verändern;
- ein Kind zieht das Gummiband höher und spannt es dadurch schräg; ein drittes Kind überspringt es zuerst an der niedrigsten Stelle (in die Seilgasse hinein und wieder heraus).

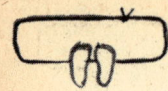

Mehrere Dreiergruppen stellen sich in der Gasse oder im Kreis auf:
- Alle freistehenden Kinder überlaufen bzw. überspringen ihr Gummiband;
- alle laufen zum nächsten Gummiband, durchkriechen es, laufen zum nächsten usf.; abwechselnd wird ein Gummiband übersprungen und durch ein anderes gekrochen;
- ein Kind springt mit Unterstützung (Handfassung) eines der beiden Kinder seitwärts *über beide* Bänder (Abb. oben);
- ein Kind steht in der Seilgasse, springt in den Grätschstand *auf die* Bänder und wieder zurück in die Seilgasse (vgl. Abb. 3 S. 147);
- ein Kind steht in der Seilgasse, springt *über* die beiden Bänder und zurück (vgl. Abb. 4);
- ein Kind springt mit Schlußsprung und Vierteldrehung in die Seilgasse und im Grätschsprung auf die beiden Bänder, wieder mit Schlußsprung in die Seilgasse zurück und mit einer Vierteldrehung wieder heraus (vgl. Abb. 5; Abb. 6; weitere Varianten);
- besonders gewandte und sprungkräftige Kinder können versuchen, aus dem Schlußstand in die Seilgasse und dort mit einer halben Drehung sofort in den Grätschstand *außerhalb* des Gummibandes zu springen, dann wieder zurück (vgl. Abb. 7);
- ein Kind steht vor der Seilgasse, überspringt sie, indem das vordere Band mit dem Rist mitgezogen wird, dann springt es hoch und läßt das Gummiband von den Füßen gleiten (vgl. Abb. 8).

146

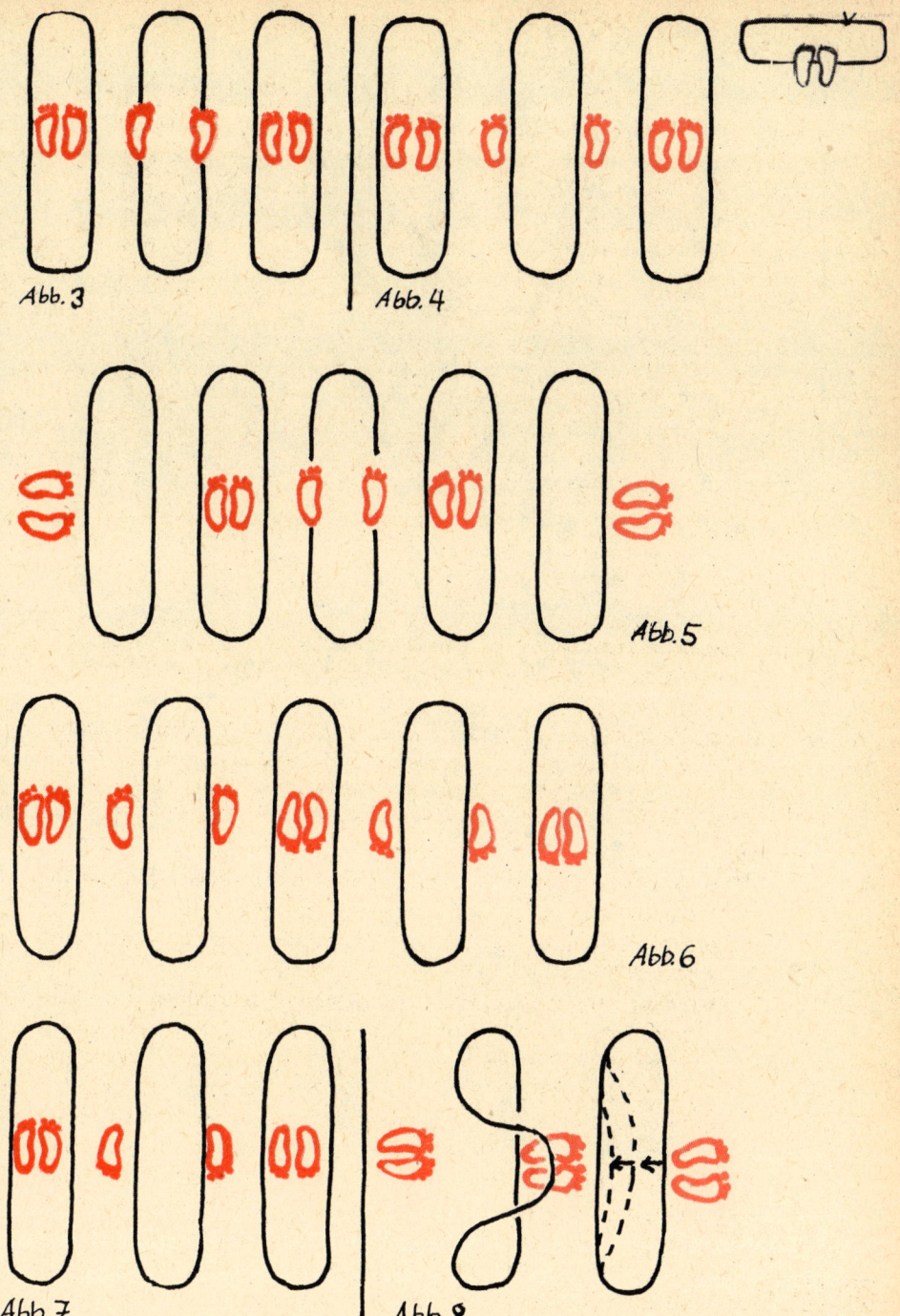

Abb. 3

Abb. 4

Abb. 5

Abb. 6

Abb. 7

Abb. 8

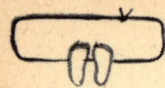

Koordinationsübungen und Bewegungsschulung

3 m langes
Gummiband
für je
3 Kinder

Zwei Kinder stehen und halten das Gummiband ungefähr in Waden-
höhe gespannt (allmählig Steigerung der Höhe).

- Ein Kind steht außerhalb der Seilgasse im Hockstütz, springt mit den Beinen in die Gasse, greift mit den Händen nach und springt mit den Beinen wieder aus der Seilgasse heraus;
- ein Kind steht im Hockstütz in der Seilgasse, springt mit den Bei- nen abwechselnd rechts und links über das Gummiband. Die Hände stützen dabei immer in der Gasse auf, die Arme bleiben gestreckt (vgl. Abb. 9).

Drei Kinder sitzen im Dreieck auf dem Boden, Hände seitlich aufge-
stützt. Sie halten gemeinsam das Gummiband über dem Rist ihrer
Füße gespannt. Das Dreieck soll einmal möglichst groß und einmal
möglichst klein gemacht werden (vgl. Abb. 10).

Drei oder mehr Kinder sitzen auf dem Boden, haben das Gummiband mit beiden Händen gefaßt und üben:

- aufstehen und wieder setzen (das Gummiband spannen);
- aufstehen, auf den Bauch legen, wieder aufstehen, ohne mit den Händen den Boden zu berühren;
- Strecksitz, abwechselnd ein Bein über und unter das Gummiband strecken, rechts und links im Wechsel.

Drei oder mehr Kinder nehmen Bauchlage ein, halten das Gummiband in den gestreckten Armen vor dem Kopf, möglichst hoch; die
Beine sollten dabei auf dem Boden bleiben; dann den Oberkörper
zur Entspannung auf den Boden legen.

Ä SCH

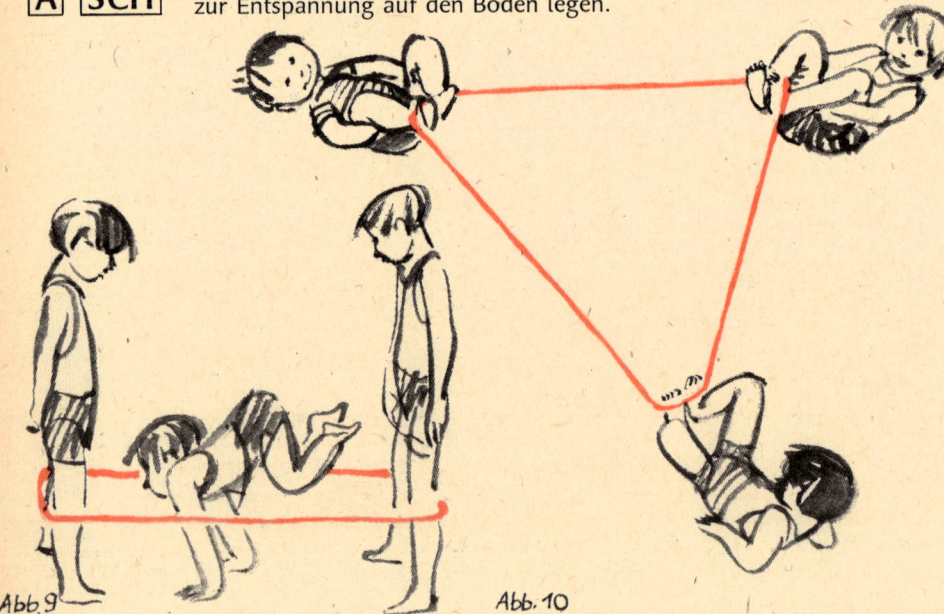

Abb. 9   Abb. 10

Spiele mit Kinderfahrzeugen, Kreiseln und Papierfliegern

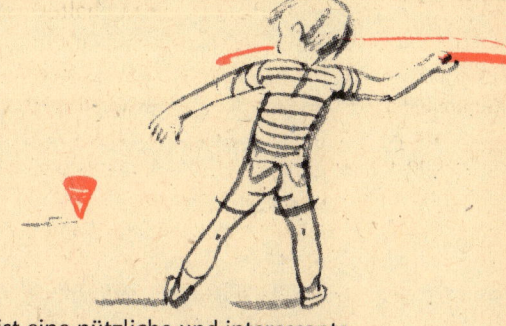

Das Fahren mit Kinderfahrzeugen ist eine nützliche und interessante Spiel- und Sportart im Kindergarten. Es schafft frohe Stimmung und befriedigt vielfältige Bewegungsbedürfnisse der Kinder, entwickelt ihre räumliche Orientierungsfähigkeit, die Koordination von Bewegungen, Gewandtheit und Gleichgewichtsfähigkeit. Es trägt zur Herausbildung von Ausdauer, Mut und Selbstvertrauen bei.

Dreiradfahren

Diese Fähigkeit erwerben die Kinder der jüngeren Gruppe leicht.
- Sie fahren eine gerade Strecke mit dem Dreirad bis zu einem festgelegten Punkt; zurück fahren andere; die Kinder, die hingefahren waren, ruhen sich aus;
- sie fahren um ein Viereck, einen Kreis vorwärts.
- sie ziehen ein Wägelchen u. ä. mit dem Dreirad vorwärts; sie transportieren etwas.

mehrere
Dreiräder

Rollerfahren

Beim Rollerfahren haben die Kinder anfangs Mühe, das Gleichgewicht zu halten und mit einem Bein abzustoßen. Man sollte darauf achten, daß als Stützbein sowohl das rechte als auch das linke Bein im Wechsel benutzt wird, um die Fuß- und Körperbelastung gleichmäßig zu verteilen. Fahren die Kinder zum Beispiel einen geraden Weg, so stoßen sie auf der Hinfahrt mit dem linken Bein ab, auf der Rückfahrt mit dem rechten. Auch beim Rollschuhfahren ist darauf zu achten, daß die Kinder durch wechselseitiges Abstoßen mit dem rechten und linken Bein vorwärts kommen, um einseitigen Belastungen der Beine vorzubeugen.
- Die Kinder üben das Wenden mit dem Roller;
- sie üben das Rollerfahren im Kreis (Markierung anbringen);
- sie fahren von einer kleinen Anhöhe mit dem Roller herab, fahren einen Bogen, lernen bremsen und akustisch Signal geben.

mehrere
Roller,
Fähnchen
u. ä.

Wettspiele mit dem Roller

Stehen uns mehrere stabile Roller zur Verfügung (möglichst luftbereifte Roller), so können wir damit kleine Wettbewerbe oder Geschicklichkeitsspiele durchführen. Wettspiele mit Rollern sind besonders bei Kinderfesten sehr beliebt und bilden Höhepunkte.

Rollerslalom

mehrere
Roller,
Fähnchen,
Kegel

Auf der Spielfläche werden in weiten Abständen und in Bögen je 2 Fähnchen oder Stöcke nebeneinander als Tore gesteckt. Die Kinder durchfahren einzeln diese Slalomstrecke mit dem Roller.
In der nächsten Runde fahren sie im Slalom um eine Reihe großer Plastekegel. Wer hat keinen dabei umgefahren?
– Wer schafft es am schnellsten?
– Wer braucht nicht abzusteigen?
– Wer schafft es mit den wenigsten Abschwüngen?

Rollerfahren um ein Wendemal

Die Kinder stehen in zwei Mannschaften eingeteilt an einer Linie neben je einem Roller. Auf ein Kommando der Erzieherin schwingen sich die ersten beiden Kinder ab und versuchen, schnell bis zum Wendemal (Stuhl, Fähnchen, Bank) zu fahren, es zu umfahren und zurückzurollen. Der Roller wird an das nächste Kind der Mannschaft übergeben. Dieses muß einen Gegenstand (Mütze, Eimerchen, Körbchen u. ä.) vom Wendemal aufheben und diesen zur Abfahrtslinie fahren. Das dritte Kind fährt den Gegenstand wieder zurück oder muß einen nächsten holen. Sieger ist die Mannschaft, die zuerst alle Aufgaben erfüllt hat.

Fähnchen holen

Alle Kinder stehen mit dem Roller an einer Abfahrtslinie. Auf ein Zeichen starten sie, um ein Fähnchen von der gegenüberliegenden Seite (auch aus dem Sandkasten, vom Beet usw.) zu holen und zurückzubringen. Wer schafft es zuerst?

Schieberrennen

Wir bilden Zweiergruppen, jeweils ein Kind steht auf dem Roller und lenkt, während das andere schiebt, das heißt, sich mit dem Fuß abstößt. Am Wendemal wird dann der „Schieber" vom Rollerlenker als Fahrgast auf das Trittbrett genommen.
– Welches Paar ist zuerst am Ziel?
– Welche Gruppe (beim Staffelwettspiel) hat die schnellsten Fahrer?

Geschicklichkeitsspiele mit dem Roller

Wir bereiten eine Strecke mit kleinen Geschicklichkeitsaufgaben vor, die z. B. jeder Teilnehmer des Kinderfestes absolvieren muß. Natürlich gibt es kleine Preise, auch für die „Pechvögel", die nicht alles fehlerfrei erfüllten.
Aufgaben können sein:
● eine schmale Gasse (30 cm) durchfahren;
● in einem großen Rechteck eine Schlange oder eine Acht fahren (evtl. ohne mit den Füßen auf die Erde zu treten);
● eine bestimmte Strecke mit einem Bein auf dem Roller knieend fahren;
● durch ein niedriges Tor fahren (Querlatte, 1,20 m hoch), ohne vom Roller zu steigen;
● um eine Anzahl aufgestellter Kegel oder Stühle im Slalom fahren;
● über ein am Boden liegendes Brett fahren;
● während der beschriebenen Fahrten außerdem etwas transportieren oder aufnehmen (Spielzeug, Hütchen, Luftballon o. ä.).

Kinderfahrzeuge,
Verkehrszeichen,
Markierungen

Verkehrsgarten

Wir richten auf dem Spielplatz einen Verkehrsgarten ein. Er soll mehrere Straßen, zwei Kreuzungen und kleine Seitenstraßen haben; wir nutzen natürlich vor allem die vorhandenen Wege und legen für weitere dann Seile aus oder spannen Wimpelketten. An markanten Stellen bringen wir Verkehrszeichen an oder stellen Pappschilder auf:

Einige für Kinder wichtige *Warnzeichen* (Kreuzung, Rechtskurve, Linkskurve, Übergang für Fußgänger, Unbeschrankter Bahnübergang u. ä.), einige *Verbotszeichen* (Verkehrsverbot für Radfahrer, Verbot in einer Fahrtrichtung oder Einfahrt, Spielstraße, Linksabbiegen verboten, Rechtsabbiegen verboten, Vorfahrt der Straßenbahn beachten, der Hauptstraße, Stop u. ä.) sowie *Gebotszeichen* (Radweg, Gehweg, Unterführung, Parkplatz) sollten verwendet werden.

Wir empfehlen, nur wenige dieser Verkehrszeichen aufzustellen, damit die Kinder sich diese gut einprägen. Später fügt man andere hinzu, tauscht sie aus.

An einigen Stellen stehen bei unserem Spiel nun „Verkehrspolizisten" (Kinder) und notieren Plus- und Minuspunkte, während die Kinder die Strecke mit dem Roller, dem Dreirad oder Fahrrad absolvieren. Welches Kind konnte die meisten Pluspunkte erzielen?

Fahrradfahren

Die älteren Vorschulkinder fahren gern Fahrrad. Wenn sie schon Dreirad, Roller oder Bambi-Rad gefahren sind, fällt es ihnen leichter, auf einem Zweirad die Balance zu halten, Arm- und Beinbewegungen zu koordinieren. Hilfeleistung gibt die Erzieherin (Eltern), bis sie das Gleichgewicht halten und sicher allein auf- und absteigen können. Von älteren Vorschulkindern darf erwartet werden, daß sie:

- einen geraden Weg bewältigen mit selbständigem Auf- und Absteigen, Wenden nach links und rechts;
- einen geraden Weg mit unterschiedlicher Geschwindigkeit bewältigen, bremsen und rechtzeitig Signal geben können;
- geringe Höhen hinauf- und hinabfahren können.

Von Anfang an werden die Kinder dazu angehalten, sich sehr umsichtig mit dem Kinderfahrzeug zu bewegen, vorauszuschauen und durch Zuruf oder Klingeln andere Kinder zu warnen, die ihre Fahrbahn kreuzen, rücksichtsvoll zu fahren und das Fahrzeug ordentlich abzustellen, so daß andere Kinder nicht darüber fallen oder sich stoßen, es nicht beschädigt wird. Vorschulkinder sollten nur auf Spielplätzen, Gehwegen u. ä. *nicht* mit der Fahrbahn in Verbindung stehenden Wegen mit dem Kinderfahrrad fahren dürfen und elementare Verkehrsregeln einhalten lernen.

Geschicklichkeitsspiele mit dem Kinderfahrrad

Diese Spiele sollten keine wilden Rennjagden werden, sondern dazu dienen, daß die Kinder das Fahrrad noch besser beherrschen lernen. Wir stecken auf einem ebenen Platz oder auf einem breiten Weg eine Hindernisstrecke ab, die jedes Kind einzeln durchfahren kann und wobei es kleine Aufgaben erfüllen muß:

mehrere Kinderfahrräder

- durch eine schmale Gasse fahren;
- über ein Brett fahren;
- einen Kreis fahren;
- eine S-Kurve fahren;
- an einem Haltepunkt absteigen, ein Tuch, eine Tasche aufheben, an das Fahrrad anhängen und weiterfahren;
- vor einer Bank anhalten, diese mit dem Rad umlaufen oder einmal umfahren, ohne abzusteigen;
- eine Reihe Fähnchentore im Slalom durchfahren, ohne abzusteigen oder die Füße auf den Boden zu stellen.

Lenker und Speichen der Kinderfahrräder können an Festtagen mit Kreppapier, farbigen Pappscheiben, Blumen geschmückt werden.

Holz- oder
Plastekreisel,
Peitsche

Kreiseltreiben

Ein Kreisel sollte aus Hartholz, 5 bis 7 cm hoch, recht bauchig und gerillt sein; in sein spitzes Ende sollte ein Rundkopfnagel eingeschlagen oder eine Holzschraube eingedreht sein.

Man umwickelt ihn mit einer dünnen, aber festen Bindfadenschnur (Hanfgarn) mehrmals, die an einem Peitschenstock (aus Holz oder Plast) befestigt ist. Der Kreisel wird auf den Boden gesetzt, mit der linken Hand anfangs leicht an der breiten oberen Fläche gehalten, dann wird die Schnur durch schnelles, ruckartiges Ziehen der Peitsche von dem Kreisel abgezogen, dieser gerät dadurch in Schwingungen und ins Kreiseln. Manche Kinder stecken den Kreisel in ein Loch, wickeln dann die Schnur um ihn und ziehen diese wie oben beschrieben ab.

Durch leichtes Schlagen des Kreisels mit dem Ende der Schnur wird nun versucht, das „Tanzen" desselben immer wieder anzutreiben.

Man kann den Kreisel auch durch Drehungen auf ebener Fläche (Holz, Steinplatte) in Schwingungen versetzen und dann erst mit der Peitsche treiben. Das vermögen aber nur Schulkinder oder Erwachsene.

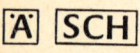

154

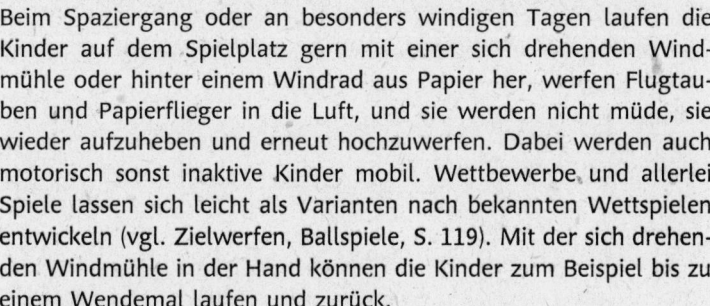

Windmühlenlauf, Papierflieger werfen, Drachensteigen

Beim Spaziergang oder an besonders windigen Tagen laufen die Kinder auf dem Spielplatz gern mit einer sich drehenden Windmühle oder hinter einem Windrad aus Papier her, werfen Flugtauben und Papierflieger in die Luft, und sie werden nicht müde, sie wieder aufzuheben und erneut hochzuwerfen. Dabei werden auch motorisch sonst inaktive Kinder mobil. Wettbewerbe und allerlei Spiele lassen sich leicht als Varianten nach bekannten Wettspielen entwickeln (vgl. Zielwerfen, Ballspiele, S. 119). Mit der sich drehenden Windmühle in der Hand können die Kinder zum Beispiel bis zu einem Wendemal laufen und zurück.
– Welche Windmühle dreht sich dabei besonders schnell?
– Welche Mannschaft ist die schnellste?
Die Papierflieger werden von einer Abwurflinie aus in die Luft, z. B. in Richtung des Sandkastens, geworfen. Wessen Papierflieger landet genau im Ziel?
Wir spannen eine Leine auf dem Spielplatz. Über diese werfen alle Kinder ihre verschiedenfarbigen Papierpfeile und Flugtauben. Welche fliegen am weitesten?

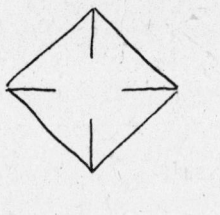  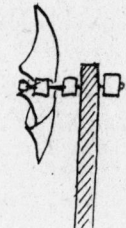

Abb. 1   Abb. 2   Abb. 3

Windmühle basteln

Wir brauchen ein Stück dünnen Karton oder faltbare Folie in Form eines Quadrates. Wir falten ein Halstuch (Ecke auf Ecke), öffnen es wieder, führen eine halbe Drehung aus und falten wieder ein Halstuch. Geöffnet sehen wir 4 Brüche, die diagonal zur Mitte führen. Von den 4 Ecken aus schneiden wir die Hälfte ein, so daß jetzt 8 Ecken entstehen (vgl. Abb. 1 bis 3 oben).
Auf eine Stecknadel mit Glaskopf schieben wir eine Perle und durchstechen die zur Mitte gefalteten Ecken und auch den Mittelpunkt. Bevor wir die Windmühle am Holzstab befestigen, müssen wir noch eine 2. Perle auf die Nadel schieben, damit die Windmühle sich auch drehen kann. Zuletzt schieben wir ein Stück Kork über die Nadel, damit Verletzungen vermieden werden.

dünner Karton oder Folie, Stecknadel mit Glaskopf,
2 Perlen,
1 Holzstab

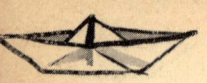

Papierflieger - Pfeil

Faltblätter oder Zeitungspapier

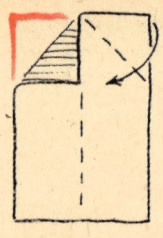
Abb. 1

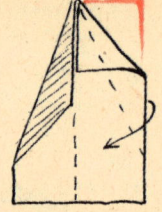
Abb. 2

Abb. 3

Abb. 4

Papierhelm - Papierschiffchen

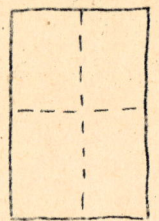
Abb. 1

Abb. 2

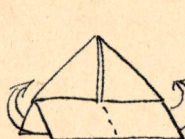
Abb. 3

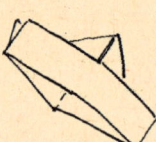
Papierhelm

Abb. 4a

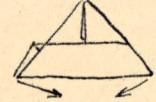
Abb. 4b

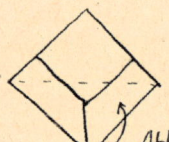
Abb. 5

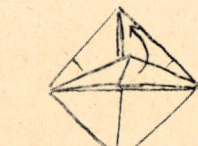
Abb. 6a

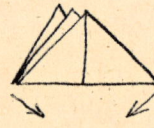
Abb. 6b

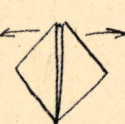
Abb. 7

Papierschiffchen

Papierflieger – Flugtaube

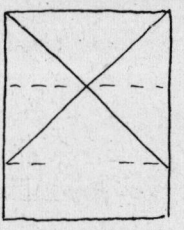

Abb. 1

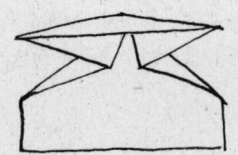

Abb. 2

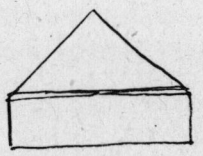

Abb. 3

Faltblätter
oder
Zeitungspapier

Abb. 4a

Abb. 4b

Abb. 5

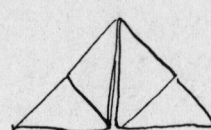

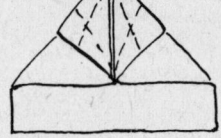

Abb. 6

Abb. 6a

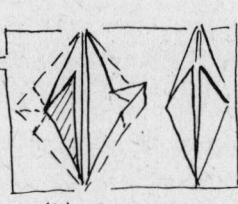

Abb. 7

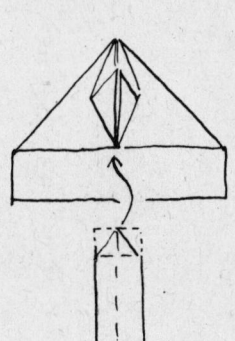

Abb. 8

Abb. 9a

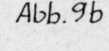

Abb. 9b

Abb. 10

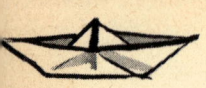

Drachen basteln

Die beiden Holzleisten kreuzweise
zusammenbinden (Kordel) und kleben;

**2 Holzleisten,
Schnur,
Pergamentpapier,
Seidenpapier
für den
Schweif,
Haspel mit
Angelschnur**

in jede Leiste Kerben einschlitzen
für die Schnur;

Schnur um das Kreuz spannen (Rhombenform)
und mit Papier beziehen;

Randstreifen über den Schnurrahmen ziehen
und ankleben;

zwei Handgriffe auf das Holz einer
Haspel kleben und nageln, Dederon-
oder Angelschnur auf die Haspel
wickeln;

Schweif anbringen (Bindfadenschnur,
in Abständen eingebundenes Seidenpapier
oder Stoffschleifen).

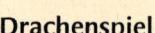

Drachenspiel

Einen Drachen lassen wir nur in offenem Gelände steigen, wo keine
Strom- oder Telegraphenleitungen, Bäume, Fernsehantennen uns
behindern! Ohne Wind gibt es kein Drachensteigen! Je schwerer der
Drachen, desto stärker muß der Wind sein.
Eine zu dünne Schnur reißt leicht, eine zu schwere belastet.
Um den Drachen in die Höhe zu bringen, hält man ihn mit der einen
Hand in der Luft, die andere führt die Haspel mit der Schnur. Zieht
der Drachen an, so läßt man ihn frei, gibt Schnur nach.
Die Leine muß immer gespannt sein, durchhängende Schnur sofort
aufnehmen und gegen den Wind laufen bzw. den Drachen ziehen.
Im Lauf die überschüssige Schnur auf die Haspel wickeln.

158

Spiele mit großen Figuren, Kegeln und Kugeln auf Pflasterwegen und Rasen

Das große Mikado

Es hat die gleichen Regeln wie das bekannte Tischspiel. Im Freien wird mit etwa 0,80 m bis 1 m langen, oben und unten etwas verjüngten Rundstäben aus Holz, die es in einschlägigen Geschäften zu kaufen gibt, gespielt. Die Stäbe werden mit Ringen bemalt, entsprechend den Werten. Nicht mehr als sechs Kinder sollen beteiligt sein, da das Spiel sonst zu lange dauert. Dieses große Mikado ist nur unter Aufsicht Erwachsener zu spielen! Es übt Konzentration, Wahrnehmungsfähigkeit, Körperbeherrschung und Gewandtheit der Kinder. Ein Kind faßt die Stäbe mit beiden Händen, stellt sie vor sich auf eine feste Fläche, läßt sie plötzlich los, so daß die Stäbe auseinanderfallen. Die übrigen Kinder stehen etwa 1,50 m entfernt. Dann darf das spielende Kind so lange vorsichtig einen Stab aus dem Spiel heben oder ziehen, bis ein anderer Stab dabei zu wackeln beginnt. Der Stab, bei dem das geschieht, muß ins Spiel zurück. Das nächste Kind versucht sein Glück. Wer am Ende die meisten Stäbe sicher gezogen hat, ist Sieger.

großes Mikadospiel (1 m lange Holzstäbe)

Brettspiele auf dem Tuch

Mühlespiel

Ein Stoff- oder Badelaken mit Spielfläche (1,40 m lang, 0,75 m breit), Muscheln und Steine als Spielfiguren sorgen für willkommene Abwechslung am Strand. Einen größeren Würfel aus Plaste halten wir bereit. Die Spielsymbole werden aus Repatex ausgeschnitten und aufgebügelt.

Markisenstoff
(einfarbig)
oder Frottier-
gewebe,
Schaumstoff-
tücher,
farbige Repatex-
streifen,
Naturmaterial
(Steine,
Muscheln),
1 Würfel

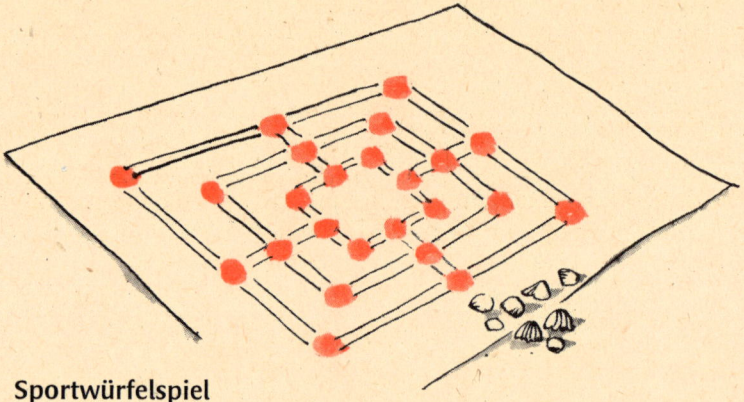

Sportwürfelspiel

Markisenstoff,
Repatexstreifen,
Naturmaterial
(Steine, Muscheln),
1 Würfel

Auf einem etwa 1,50 m langen und 1 m breiten Stück Markisenstoff werden mit farbigen Repatexstreifen (15 cm × 10 cm) Würfelfelder aufgeplättet. Als Spielfiguren dienen Steine, Muscheln oder Sandförmchen. Reihum wird mit einem großen Plastewürfel gewürfelt. Erreichen die Kinder während des Spielens besonders gekennzeichnete Felder, so führen sie vorher vereinbarte Turnübungen aus oder dürfen sich selbst eine Übung für alle ausdenken.

Brett- und Legespiele auf der Terrasse

Würfelspiel

Die Spielfelder für das Würfelspiel werden mit Lackfarbe auf die Terrasse gemalt. Dadurch sind sie dauerhaft und können über lange Zeit von allen Kindern genutzt werden. Jedes Spielfeld ist 25 cm × 25 cm groß, orange umrandet. Einige Spielfelder sind mit blauer Farbe ausgemalt. Das gesamte Spiel erstreckt sich über eine Fläche von 7 m × 4 m.

Zum Spiel gehören 6 leere, verschiedenfarbige Blech- oder Papp-büchsen als Spielfiguren und ein großer Würfel (Kantenlänge 30 cm). Es können 6 Kinder mitspielen, die abwechselnd würfeln und ihre Spielfigur entsprechend der gewürfelten Zahl setzen. Wer mit einer Spielfigur ein andersfarbiges Feld betritt, darf eine sportliche Übung vorturnen. Es dürfen keine Übungen wiederholt werden. Kann das Kind dies nicht, muß es mit seiner Figur bis zum nächsten farbig besonders gekennzeichneten Feld zurück.

6 Blech- oder Pappbüchsen, 1 großer Würfel

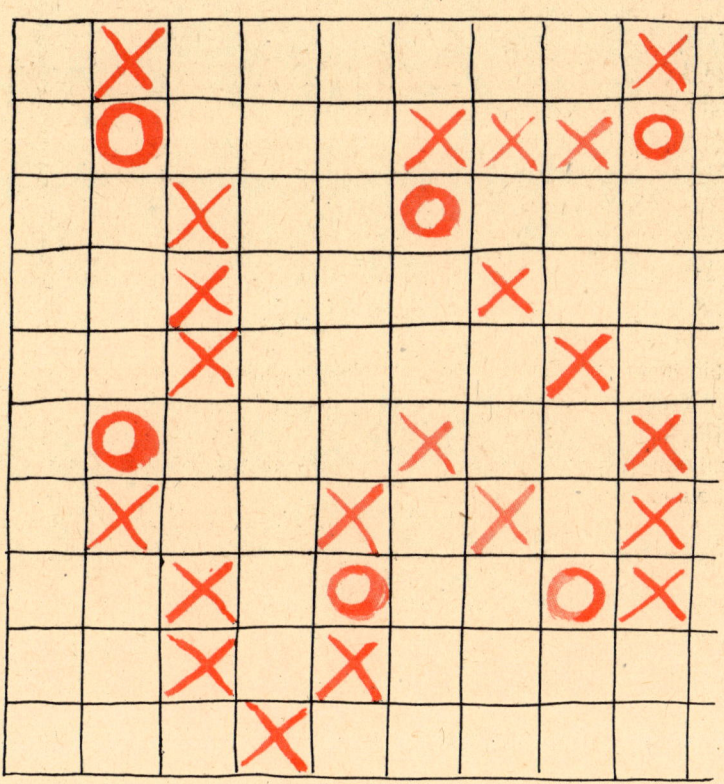

Domino (kleine Variante)

Das Dominospiel wird aus PVC-beschichteten 12 cm × 14 cm großen einfarbig gestrichenen Platten (Tafeln) hergestellt. Jede Platte
ist durch eine schwarze Markierungslinie in zwei Hälften geteilt. Die
Punkte werden mit roter und gelber Lackfarbe aufgetragen (von
0 : 0 bis 5 : 5). Zum Spiel gehören 21 Dominotafeln. Dieses Spiel ist
für 2 bis 4 Kinder geeignet. Jedes erhält die gleiche Anzahl Tafeln.
Ein Kind beginnt und legt eine Tafel in die Mitte. Nun wird der
Reihe nach angelegt (nach allen Seiten, aber immer nur die gleiche
Anzahl Punkte aneinander). Wer nicht anlegen kann, scheidet eine
Runde aus. Sieger ist, wer zuerst keine Dominotafeln mehr hat.

M Ä

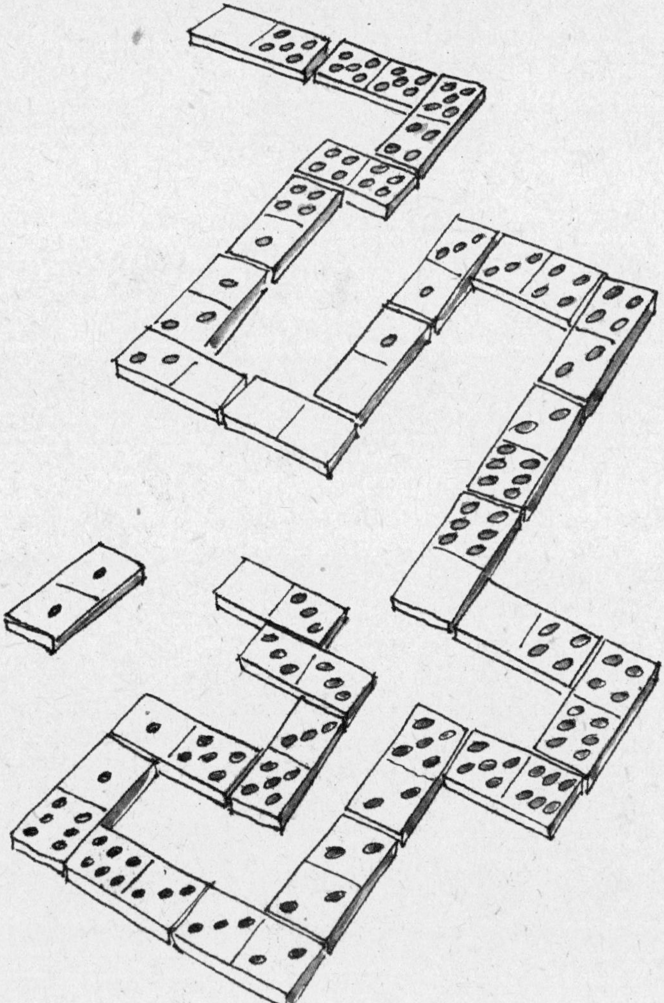

162

Riesendomino

Das Spiel besteht aus 28 großen Holz- oder Hartpappetafeln, die doppelt so lang wie breit sind (ca. 15 cm × 30 cm). Die einzelnen Dominosteine (Tafeln) sind in zwei gleich große Rechtecke aufgeteilt. Beim ersten Domino sind beide Hälften unbedruckt, dann folgt der zweite mit einem leeren Feld und einem Punkt im zweiten Feld, die folgenden haben 0 und 2, 0 und 3, 0 und 4, bis 0 und 6 Punkte. Dann kommen Dominotafeln mit 1 und 1, 1 und 2, 1 und 3, bis 1 und 6; dann 2 und 2, 2 und 3, bis 2 und 6; jede folgende Zahl fängt mit zweimal derselben Zahl an und endet mit der 8 im zweiten Feld.

An diesem Spiel können zwei oder mehr Spieler teilnehmen. Wir legen zunächst alle Dominotafeln, die Punkte nach unten, auf dem Spielfeld aus. Dann mischen wir sie, indem wir sie ausgiebig verschieben. Jeder Spieler nimmt sich 6 Dominotafeln und legt sie vor sich so auf, daß der Mitspieler nicht abgucken kann. Dann legt der erste Spieler eine Dominotafel offen auf das Spielfeld, an diese legt der folgende Spieler eine Dominotafel mit einer der bereits gelegten Zahlen an, und zwar gleiche Zahl an gleiche Zahl.

Jeder folgende Spieler hat unter seinen Dominotafeln eine mit einer Endzahl auszusuchen, die eine der beiden Zahlen enthält, die auf der bereits gelegten Dominotafel zu sehen sind. Wer seine 6 Dominotafeln zuerst los ist, macht „Domino", das heißt, er gewinnt das Spiel.

Hat ein Spieler keine Dominotafel mit der erforderlichen Zahl mehr zur Verfügung, muß er eine Runde aussetzen oder aufhören. Sind alle Tafeln ausgelegt, ohne daß der Spieler die benötigte Zahl gefunden hat, kann man das Spiel für beendet erklären. Dann ist der Spieler mit den wenigsten übriggebliebenen Tafeln Sieger.

28 Dominotafeln

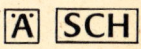

Farben- und Formendomino

30 Tafeln mit je zwei Farbflächen

Die jüngeren Kinder lassen wir zuerst Farbendomino spielen. Jedes Kind erhält eine bestimmte Anzahl von Farbtafeln. Ein Teil der Tafeln verbleibt in der Mitte. Der erste Spieler darf eine Tafel auslegen. Der nächste versucht nun, aus seinem Angebot eine Tafel auszuwählen, deren Farbgebung einer der Farbflächen der Vorlage entspricht. Werden die Farben verwechselt, muß das betreffende Kind die falsch angelegte Tafel zurücknehmen.

Hat der Spieler keine passende Tafel zur Verfügung, nimmt er eine neue Farbtafel aus der Mitte auf. Wer zuerst alle Tafeln richtig angelegt hat, wird Sieger.

Anfangs sollte die Erzieherin zeigen, welche Tafeln wo angelegt werden können. Die Kinder sollten Gelegenheit erhalten, durch Probieren (Danebenhalten) festzustellen, ob die Farben verschmelzen bzw. eine Farbengrenze besteht. Werden die Farben vertauscht, korrigiert die Erzieherin anfangs taktvoll.

Variante:

Für Kinder der mittleren und älteren Gruppe kann ein einfaches Farben- und Formendomino (eine Seite mit geometrischen Figuren) aus Holzbrettchen hergestellt werden. Die Kinder abstrahieren zwei Merkmale – Farbe und Form – und suchen nach verschiedenen Anlegemöglichkeiten.

M Ä

164

Farben- und Formenpuzzle zu zweit

Für jedes mitspielende Kind wird ein Puzzlespiel mit einem Bildmotiv benötigt. Jeweils zwei Kinder spielen gemeinsam und erhalten einen großen Plastwürfel mit Seitenflächen in den Farben: Rot, Blau, Gelb, Grün, Weiß, Schwarz. Diese Farben sind auf den Rückseiten der Puzzleteile, während die obere Seite ein Bild zeigt. Die Farbseite liegt nach oben. Die Kinder würfeln abwechselnd und dürfen ein Teil aufnehmen, dessen Farbe der Würfel anzeigt. Paßt es zu ihrem Bild, so legen sie es an. Paßt es nicht, legen sie es zurück.

2 große Puzzlespiele, 1 Plastwürfel (für je 2 Kinder)

Sie würfeln abwechselnd und so lange, bis jeder sein Puzzlebild vollständig hat. Wer schafft es als erster?

Variante:

● Für ältere Kinder kann man den Würfel und die Rückseite der Teile mit Punkten kennzeichnen; wer die gleiche Anzahl Punkte, wie der Würfel anzeigt, auf einem seiner Puzzleteile findet, darf es anlegen.

Puzzlespiel aus sechs Teilen

Ein Puzzlespiel für die jüngere Gruppe kann aus 6 Einzelteilen angefertigt werden. Für ältere Vorschulkinder kann man die Anzahl der Einzelteile erhöhen.

1 großes Poster mit einem Bildmotiv, 1 Pappe, farbloser Latex, Lack

Ein Poster wird faltenfrei auf Pappe aufgezogen und mit Lack besprüht. Anschließend werden die Ränder beschnitten und das gesamte Bild in Einzelteile zerlegt. Dabei können unterschiedliche geometrische Figuren entstehen.

Dieses Spiel kann von einem oder zwei Kindern gespielt werden. Sie versuchen, die Einzelteile so zusammenzulegen, daß ein sinnvolles Bild entsteht, die Kanten gut aneinander passen. Besondere Freude bereitet es, wenn zwei Kinder gleichzeitig um die Wette jeder ein Puzzle zusammensetzen. Für das Spiel im Freien empfehlen wir, einen Tisch vorzubereiten, auf dem es gespielt werden kann.

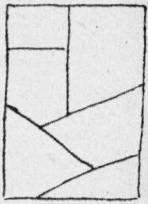

Kugel- und Zielballspiele

Anduzen

2 große
Kugeln

Zwei Kinder rollen jeder eine große Kugel von einer festgelegten Abwurfstelle aus aufeinander zu, das heißt, eines beginnt, das andere versucht, die Kugel des ersten Kindes anzustoßen. Danach versucht es wieder das erste Kind usf. Ein Treffer wird mit einem Punkt belohnt. Wer hat am Ende die meisten Punkte?

Boccia

1 Bocciaspiel
mit 8 Kugeln,
1 Zielkugel

Zu jedem Boccia-Spiel gehören 8 Kugeln, jeweils 2 Kugeln einer Farbe aus Kunststoff oder Hartgummi, sowie eine kleine weiße Zielkugel (der Pallino). Die Regeln beim Boccia sind einfach. Jede Gruppe versucht, ihre Kugeln der kleinen weißen Zielkugel, die zu Beginn des Spiels in die Mitte des Spielfeldes eingeworfen wird, am nächsten zu bringen. Durch geschickt plazierte Würfe ist die gegnerische Kugel von der Zielkugel zu entfernen.

Es können zwei bis acht Kinder, eingeteilt in zwei Mannschaften, teilnehmen, entsprechend werden die Kugeln verteilt. Es kann auf einem begrenzten Spielfeld (Abb. unten), aber auch ohne Begrenzung gespielt werden, auf ebenem Boden, auf kurzgeschnittenem Rasen oder am Sandstrand.

Von der Abwurflinie aus müssen die Wurfkugeln nach dem Pallino (Zielkugel) geworfen oder gerollt werden, die Spieler jeder Mannschaft werfen abwechselnd. Die gegnerischen Kugeln dürfen vom Pallino ebenfalls so weit als möglich weggeschossen werden, um die eigenen Kugeln günstiger zu plazieren.

Kugeln, die über das Spielfeld hinausrollen, werden nicht gewertet. Wird die Zielkugel aus dem Spielfeld getrieben, erhält die betreffende Mannschaft einen Minuspunkt, die Zielkugel wird von einem Spieler der gegnerischen Mannschaft erneut eingeworfen. Sieger ist die Mannschaft, die als erste die vorher festgelegte Punktzahl erreicht.

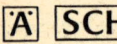

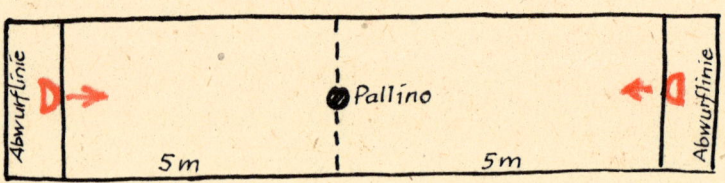

Spielfeld für Boccia im Kindergarten:

Kleines Golf

Mit dem wirklichen Golf hat dieses Spiel nur eine einzige Regel gemein: Die Spieler versuchen, den Ball in die Löcher zu bekommen. Für das Kleine Golf benötigen wir jedoch weder Golfschläger noch eine besonders vorbereitete Spielfläche. Es genügt, auf dem Platz einige kleine Löcher auszuheben (Plastebecher eingraben), in welche die Spieler dann nach und nach ihren Ball rollen oder werfen.

Von einer Abwurflinie aus wird begonnen. Der erste Spieler rollt den Ball nach Loch eins. Kullert er hinein, holt der Spieler ihn heraus und zielt auf Loch zwei usw. Falls der Ball vor dem Loch liegenbleibt, tritt der nächste Spieler an. Der Ball des ersten bleibt aber liegen, bis dieser wieder an der Reihe ist. Sollte es vorkommen, daß der zweite Spieler den Ball des ersten aus seiner ursprünglichen Position wegschießt, legt der erste Spieler den Ball in der zweiten Runde wieder an die zuletzt eingenommene Ausgangsposition zurück und spielt weiter. Wer zuerst an das zehnte Loch gelangt, ist Sieger.

Kleine Bälle
oder Kugeln

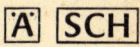

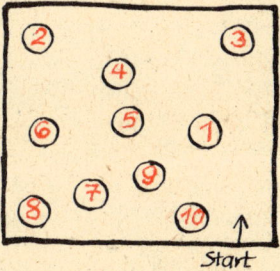

Knüttelspiel

Auf den Boden wird ein 2 m × 2 m großes Quadrat gezeichnet. In die Mitte der Fläche stellen oder legen wir eine Figur aus gleich großen Hölzern oder Papprollen. Etwa 1,5 bis 2 m von den Quadraten entfernt wird eine Abwurflinie gezogen. Wer mit einem langen Stock mit einem Schlag von der Abwurflinie aus die meisten Teile der Figur von der Fläche schlägt, ist Sieger. Haben mehrere Spieler ein gleich gutes Ergebnis, wetteifern sie nochmals miteinander.

Papprollen
oder Hölzer,
1 Stock

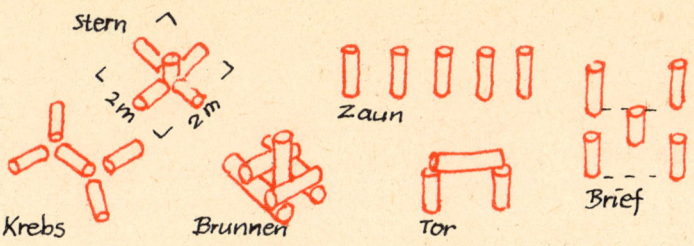

167

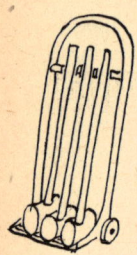

Krocketspiel
mit Toren,
Ziel- und
Wendepfählen

Krocket

Ein Krocketspiel besteht aus 4 Schlägern, mehreren Toren, 4 verschiedenfarbigen Kugeln sowie Ziel- und Wendepfählen. Dieses
Spiel wird auf ebenen Rasenflächen gespielt, deshalb ist die Ausrü-
stung – bis auf die Tore – aus Holz.

Mit den langen Holzschlägern soll eine Kugel mit möglichst weni-
gen Schlägen über einen abgesteckten Kurs nacheinander durch
mehrere Tore getrieben werden, die in einer bestimmten Schwierig-
keitsform angeordnet sind. Sieger ist der Spieler, dessen Kugel zuerst alle Tore passiert hat. Man steht mit leicht gegrätschten Beinen,
hält den Schläger mit beiden Händen am Griff, stellt ihn zwischen
die Beine und stößt die Kugel von hinten an (vgl. Abb. oben). Der
Schläger kann dabei auf dem Boden entlang geschoben werden.
Die Kugel wird zuerst an den Anfangs- bzw. Zielpfahl geschlagen,
dann durch das 1. Tor usf. Wurde am Tor vorbeigeschlagen, so darf
der nächste Schlag (in der nächsten Runde) auch von hinten durch-
gespielt werden, die Kugel muß aber danach das Tor wieder von
vorn passieren. Am Wendepfahl wird der Schlag von der jeweils
entgegengesetzten Seite geführt, die Tore führen nun zum Zielpfahl
zurück (vgl. Abb. unten).
Krocket kann von 2 bis 4 Kindern gespielt werden.

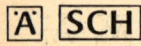

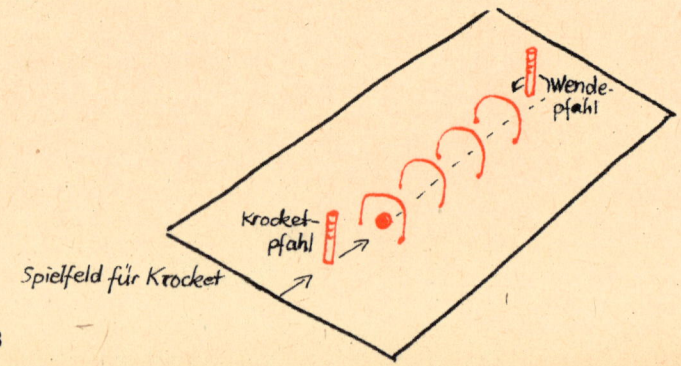

Spielfeld für Krocket

Einfache Krocketbahnen

Vorübungen für Krocketspiele können schon in der mittleren Gruppe stattfinden. Jedes Kind versucht, folgende Schläge erfolgreich auszuführen:
– die Kugel durch ein Drahtgestell (Tor) schlagen und zurück (Abb. a);
– die Kugel durch 2 Toré und zurückschlagen;
– die Kugel durch 3 Tore im Zickzack schlagen, möglichst mit 2 Schlägen vor und zurück (Abb. b);
– die Kugel in eine breite Rille oder in eine kleine Grube schlagen (Abb. c);
– die Kugel in ein Rohr (Tunnel) schlagen (Abb. d).

2 Krocketschläger,
2 Kugeln oder Bälle
Drahtgestelle für Tore

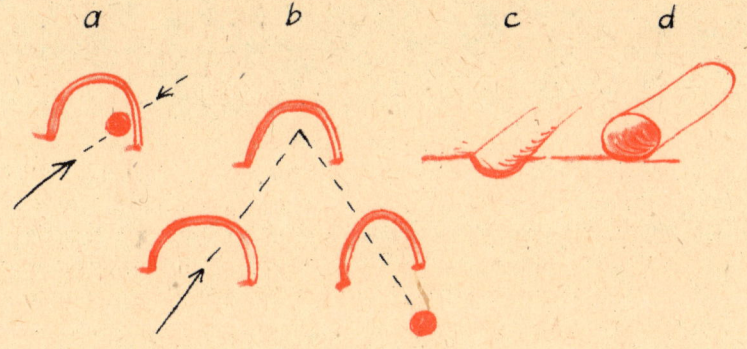

a   *b*   *c*   *d*

Kling, Glöckchen!

Jeder Spieler hat einen Krocket- oder Golfschläger und einen kleinen Ball (Tennisball). In den Sand oder Rasen wird ein Drahtgestell (Bogen) gesteckt, in dessen Mitte ein Glöckchen an einem Faden hängt. Der Ball muß durch das Drahtgestell geschlagen werden, ohne daß das Glöckchen ertönt. Von einer Abwurflinie aus beginnt das Spiel; reihum schlagen alle einmal den Ball durch den Bogen. Der Abstand des Spielers vom Drahtgestell kann allmählich vergrößert, das Glöckchen tiefer gehängt werden.

Krocketschläger,
Tennisbälle, Drahtgestell mit Glöckchen

Krocket als Mannschaftsspiel

2 Krocket-
spiele, Tore,
Ziel- und
Wendepfähle

Es können sich acht Spieler beteiligen. Entweder spielen gegenein-
ander zwei Einzelspieler oder zwei zahlenmäßig gleich starke Mannschaften. Jeder Spieler erhält einen Krocketschläger und eine farbige Kugel. Wenn er an der Reihe ist, stellt er den Schläger hinter
die Kugel und versucht, sie durch das Tor zu schießen. Der Schläger
kann dabei auf dem Boden entlanggeschoben werden. Falls die Kugel das erste Tor durchrollt, kann der Spieler noch einen weiteren
Schlag ausführen, sonst muß er warten, bis er wieder an der Reihe
ist.

Auf die Tore können Klammern gesetzt werden, sogenannte „Krönchen", die anzeigen, welches Tor die Kugeln des einzelnen Spielers
als nächstes passieren müssen. Die Klammern sollten daher die Farben der im Spiel befindlichen Kugeln haben; nach dem Stoß des
Kindes mit der *blauen* Kugel wird das *blaue* „Krönchen" ein Tor weiter aufgesetzt usw.

Die Kugel jedes Spielers soll die Tore 1 bis 7 durchrollen, am Ende
des Spielfeldes den Wendepfahl berühren, auf dem Rückweg die
Tore 8 bis 14 durchrollen und zuletzt den Zielpfahl berühren (vgl.
Abb. unten).

Der Spieler bzw. die Mannschaft, die diese Aufgabe zuerst beendet
hat, siegt. Falls die Kugel nach einem Schlag bereits zwei Tore
durchrollt, darf der Spieler trotzdem noch einen Schlag ausführen.

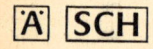

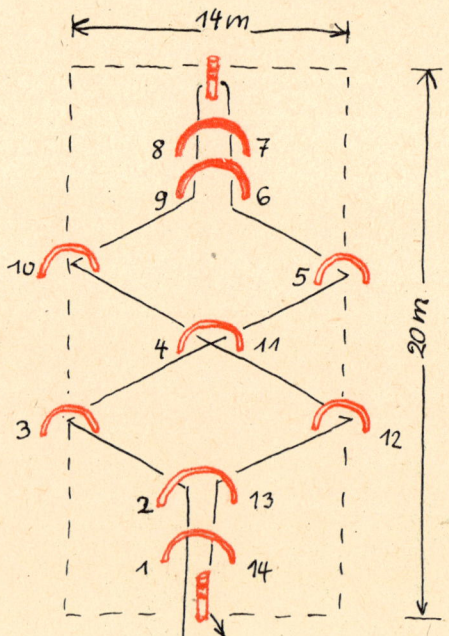

Spiele und Übungen im Park, im Wald, auf der Wiese und am Strand

Im Park, im Wald

Gehen, laufen, steigen, springen, klettern

Bäume

- Ohne Handfassung im Slalom um eine Baumreihe laufen;
- mit Handfassung in der Schlange um Bäume laufen; das erste Kind muß gut beobachten und führen, damit die Schlange nicht reißt und jedes Kind mitkommt;

Bäume (freistehend)

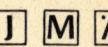

Baumstümpfe

- 4 bis 5 Kinder laufen mit Handfassung um einen Baumstumpf;
- nacheinander steigen die Kinder auf den Baumstumpf und herab (leise absteigen);
- jedes Kind versucht, auf dem Baumstumpf auf einem Bein zu stehen (rechts, links im Wechsel);
- auf ein Zeichen klettern alle Kinder jeweils auf einen Baumstumpf, ein Kind geht leer aus, sie spielen „Kämmerchen vermieten";
- auf einen Baumstumpf steigen und mit Schlußsprung abspringen; den weitesten Sprung ermitteln; danach einen weiten Bogen um den Baumstumpf laufen, wieder aufsteigen und abspringen;

Baumstümpfe (feste, trockene, unbemooste Stümpfe wählen!)

Baumstamm
(fest auf-
liegend,
ohne Äste)

Gefällter Baum

- alle Kinder laufen am Baumstamm entlang, um ihn herum;
- sie stellen sich in der Gasse rechts und links gegenüber dem Baumstamm auf, steigen auf ein Signal hinauf und wieder herab, kein Kind soll sich am anderen festhalten;
- auf dem Baumstamm das Gleichgewicht mit erhobenen Armen halten;
- ein Kind geht auf dem Baumstamm entlang, zwei Kinder gehen neben ihm und führen es rechts und links an der Hand;
- ein Kind, dann das zweite, das dritte usw. gehen ohne Hilfe, mit ausgebreiteten Armen, das Gleichgewicht haltend, auf dem Baumstamm entlang;
- mit Hilfe der Erzieherin drehen sie sich am Ende und gehen zurück; (Wer kann sich ohne Hilfe drehen?);
- die Kinder gehen nacheinander im Nachstellschritt seitwärts den Baumstamm entlang; muß vorher auf dem Boden erlernt sein;
- sie gehen, das linke Bein oben, das rechte Bein unten, auf dem Baumstamm; das linke Bein muß kräftig stemmen, um den Körper hochzudrücken (Hinkegang).

Vierfüßlergang

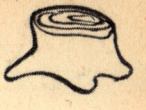

- Die Jüngsten gehen im Grätschgang über den Baumstamm, die Arme sind im Hockstütz nach vorn genommen;
- die Größeren gehen im Vierfüßlergang auf dem Stamm vorwärts, das verlangt, das Gleichgewicht zu halten;
- mit Stützsprüngen nach rechts und links (Drehsprunghocke) wird der Stamm mehrmals übersprungen (Die Hockwende sollte bereits als zyklische Bewegung gekonnt werden.);
- im Hockgang auf dem Stamm entlang gehen (Oberkörper nicht so weit nach vorn beugen, das erschwert das Gehen);
- mutige Kinder legen sich in Rückenlage auf den Stamm (Die Arme in Seithalte helfen das Gleichgewicht zu halten.);
- in Rückenlage auf den Stamm legen und die Beine heben (Hände und Arme liegen fest am Stamm, verhindern so das Herunterfallen).

Im Sitzen

- Aus dem Reitsitz (Grätschsitz) Beine hochheben, rechts und links im Wechsel, mit den Händen hinter dem Gesäß abstützen;
- aus dem Reitsitz mit Stütz der Hände hinter dem Gesäß beide Beine zum Schwebesitz heben.

Baumstamm (fest aufliegend, ohne Äste)

Klettern, steigen, überspringen

Baumstamm liegend

Baumstamm
(fest
aufliegend,
ohne Äste)

- Auf allen vieren den Stamm überklettern;
- mit einem großen Schritt den Stamm übersteigen;
- den Stamm überspringen – einen Fuß dabei auf den Stamm setzen;
  die Arme helfen mit (Hilfeleistung!);
- im Schlußsprung über den Stamm (Hilfeleistung durch die Erzieherin!)

Kletterbaum

Kletterbaum
(leicht schräg-
liegender
Baum mit
festen
griffigen
Ästen)

- Die Kinder „reiten" den Baum hinauf, immer ein Stück weiter, dann versuchen sie es im Vierfüßlergang oder im Hockgang, immer ein Stück weiter, mit festem Halt bzw. Anfassen der Äste (Nur kleine Gruppen üben lassen! Jedes Kind gut im Blickfeld behalten und Sicherheitsstellung durch die Erzieherin!);
- die Größeren steigen einzeln einen schrägliegenden Baum hinauf, der Fuß tastet, bis er eine feste Standfläche hat, die Arme halten das Gleichgewicht, der Oberkörper ist leicht vorgebeugt (Sicherheitsstellung durch die Erzieherin!);
- größere, mutige Kinder springen nach dem Aufstieg seitwärts nieder (Sicherheitsstellung durch die Erzieherin!);
  jüngere oder zaghafte Kinder hebt die Erzieherin mit leichtem Schwung und Handfassung ab; läßt die Höhe das Springen nicht zu, klettern die Kinder nacheinander vorsichtig zurück;

- hat der Baum einen starken seitlichen Ast (Festigkeit prüfen!), den die Kinder mit Ristgriff gut umfassen können, so führen sie leichte Schwünge aus.

Laufen und kriechen

- Unter tiefhängenden Baumzweigen gebückt hindurchlaufen, ohne sie zu berühren;
- im Kreis um einen Baum oder um Sträucher laufen, auf Kommando die Laufrichtung ändern;
- auf Kommando der Erzieherin bis zu einem festgelegten Ziel (Baum) in einer Entfernung von 10 m laufen; wer ist zuerst am Ziel?
- So durch die Sträucher kriechen, daß es keiner merkt;
- im Vierfüßlergang von einem Baum zu anderen gehen;
- im Vierfüßlergang um einen Baum oder einen Strauch gehen;
- die Kinder sollen einen Waldweg entlang so leise laufen, daß nicht ein trockenes Ästlein knackt.

Die Unsichtbaren

Einige Kinder der Gruppe versuchen, so in gebückter Haltung durch die Sträucher und Bäume zu laufen, daß die anderen Kinder, die „Beobachter", sie nicht sehen. Ist der Lauf beendet, versammeln sich alle um die Erzieherin und berichten, an welcher Stelle wer zu sehen war und wie sie sich bewegt haben, um unbemerkt davon zu kommen.

Findet euren Baum wieder!

Die Erzieherin teilt die Kinder in drei Gruppen auf. Jede Gruppe stellt sich an einen Baum, dessen Namen sie den Kindern nennt und den sie sich genau ansehen müssen. Danach laufen die Kinder in Rufnähe frei im Wald herum. Auf das Kommando „Findet euren Baum wieder!" muß jede Gruppe sich unter „ihrem" Baum einfinden, unter dem sie vor Beginn des Spieles stand.

Findet die gleichen Blätter!

Dieses Spiel eignet sich für die Herbstzeit. Die Erzieherin zeigt den Kindern z. B. ein Ahorn- oder Birkenblatt und beauftragt sie, die gleichen Blätter im Wald zu suchen und zu ihr zu bringen. Bei der Wiederholung wählt sie andere Blätter aus.

frische Laubblätter

Nach einiger Zeit wird die Blättersuche als Wettspiel veranstaltet. Es können mehrere Blattarten gesucht werden. Wer hat die gleichen Blätter zuerst gefunden?

frische
Laubblätter

Laubhasche – Baumhasche

Die Kinder sammeln Blätter von verschiedenen Bäumen und Sträuchern, die sich gut unterscheiden lassen, z. B. Eiche, Ahorn, Kastanie, Birke, Flieder. Danach laufen sie erneut los und suchen mit einem Blatt in der Hand den entsprechenden Baum oder Strauch. Ein Kind ist der „Haschemann" und versucht während des Suchens nach dem richtigen Baum, ein Kind abzuschlagen. Es kann aber nicht abgeschlagen werden, wenn es den Baum berührt oder sich an einen lehnt, dessen Blatt es in der Hand hält. Wird es aber vorher abgeschlagen, so erhält der „Haschemann" das Blatt. So wechseln die Kinder die Blätter häufig. Es können auch mehrere „Laubhäscher" bestimmt werden.

Varianten:
- Ein Blatt wird hochgehalten, die Kinder sollen es schnell benennen und zu einem solchen Baum hinlaufen. Wer ist erster?
- Die Kinder spielen Haschen, als Freimal wird z. B. die Birke bestimmt. Alle Birken werden nun Freimal. Später wird eine andere Baumart gewählt.

Verstecken

Am Waldrand können Versteckspiele gespielt werden. Die Erzieherin zeigt den Kindern, wo man sich verstecken kann (hinter Sträuchern, Bäumen u. ä.) und wie weit sie laufen dürfen. Danach stellt sie sich mit geschlossenen Augen an einen Baum, die Kinder verstecken sich. Sie zählt bis 5 und beginnt, die Kinder zu suchen.

Vögel und Füchse

Die Kinder sind „Vögel", eines wird als „Fuchs" ausgesucht. Die „Vögel" verstecken sich in ihren „Nestern" (Sträuchern). In seinem Bau lauert der „Fuchs". Die „Vögel" fliegen herum und suchen nach Futter. Auf den Ruf der Erzieherin „Der Fuchs kommt!" flüchten alle „Vögel" in ihre Nester.

Der „Fuchs" versucht, sie zu fangen. Die „Gefangenen" helfen dem Fuchs bei der Wiederholung des Spiels beim Fangen. Wer zuletzt übrigbleibt, ist neuer „Fuchs".

Pilzsuche

In der Pilzzeit bereitet eine Erzieherin einen Waldspaziergang vor: alle 10 Schritte bringt sie einen Wegweiser an:

einen Pfeil = geradeaus gehen;

einen gekrümmten Pfeil = nach rechts oder nach links gehen;

zwei gekreuzte Pfeile = kein Durchgang;

eine Tafel mit Pilzabbildungen = Ziel!

Hier finden die Kinder unter einem Strauch einen Pilzkorb (oder Obstkorb) versteckt.

mehrere Wegweiser, Korb mit Pilzen (Obst)

Wegmarkie-
rungen

Findet den Weg!

In Abständen von etwa 20 m werden Wegmarkierungen in roter Farbe angebracht, Start- und Ziellinien werden gekennzeichnet. Die Kinder laufen einzeln nacheinander los. Die Strecke muß für die Kindergärtnerin gut zu überschauen sein. Am Ziel sollte eine Helferin stehen. Durch kleine Umwege und Aufgaben kann man die Strecke abwechslungsreich gestalten:
- einen Baum zweimal umlaufen;
- etwas von einem Strauch abnehmen (ein Band) und an einen anderen hängen;
 • über einen Graben klettern u. ä.

Hindernislauf im Wald

Im Wald wird eine Strecke von 50 bis 100 m Länge ausgesucht. Auf der Strecke müssen Hindernisse vorhanden sein (aus Zweigen gebaute Hindernisse, liegende Baumstämme, Baumstümpfe u. a.). Die Kinder sollen über diese Hindernisse klettern, springen oder sie umgehen. Gelaufen wird in langsamem Tempo. Die Hauptsache bleibt die Erfüllung der gesamten Aufgabe.

Alle mir nach!

Dieses Spiel bietet jedem Kind Gelegenheit, sich als einfallsreicher Spielführer zu beweisen, sich eine Vielzahl verschiedener Bewegungen auszudenken, aber auch Hindernisse zu ersinnen, die alle überwinden müssen. Denn alle Kinder müssen bei dem Ruf „Alle mir nach!" das nachvollziehen, was der Spielführer ihnen vormacht.
Sie laufen mit ihm zum Beispiel durch hohes Gras, um Bäume herum, springen oder klettern über einen kleinen Graben, steigen im Schnee in seine Fußspur u. ä. Vom Einfallsreichtum des Spielführers hängt die Freude am Spiel ab.
Ein mehrmaliger Wechsel des Spielführers ist angebracht. Wer hat die besten Einfälle?

178

Waldstaffellauf

Die Kinder werden in zwei Mannschaften eingeteilt und stellen sich in zwei Reihen an der Startlinie auf. Auf der gegenüberliegenden Seite sollten zwei bis drei Bäume bestimmt werden. Nach Ertönen des Signals der Erzieherin laufen die ersten Kinder jeder Staffel los, überqueren den Platz, laufen um die Bäume herum und zurück. Sie schlagen die beiden nächsten Spieler auf die ausgestreckte linke Hand, dann dürfen diese loslaufen.

Varianten:
- Die Bäume werden zwei- bis dreimal umlaufen;
- zwei nebeneinanderstehende Bäume werden in Achterbahnen umlaufen;
- der Baum wird nur angeschlagen;
- die Aufgabe wird paarweise (mit Handfassung) erfüllt.

Haschen mit Freimal im Wald

Es werden Haschespiele wie gewöhnlich gespielt, nur daß derjenige nicht angeschlagen werden darf, der:
- sich mit dem Rücken an einen Baum gestellt hat;
- mit den Händen einen Baum anfaßt;
- mit den Armen einen Baum umfaßt hat;
- auf einen Baumstumpf oder einen liegenden Baum geklettert ist.

Walddreikampf

Die Kinder müssen eine dreiteilige Übung durchführen:
1. bis zu bestimmten Bäumen laufen und um diese herum;
2. bis zu einem auf der Erde liegenden Baum laufen, sich auf ihn stellen, auf ihm entlang bis zur Mitte laufen und herunterspringen;
3. bis zu einem Korb laufen, aus ihm einen Tannenzapfen o. ä. entnehmen und damit in ein Erdloch treffen (der Wurf wird so lange wiederholt, bis er gelingt), zum Ziel zurücklaufen.

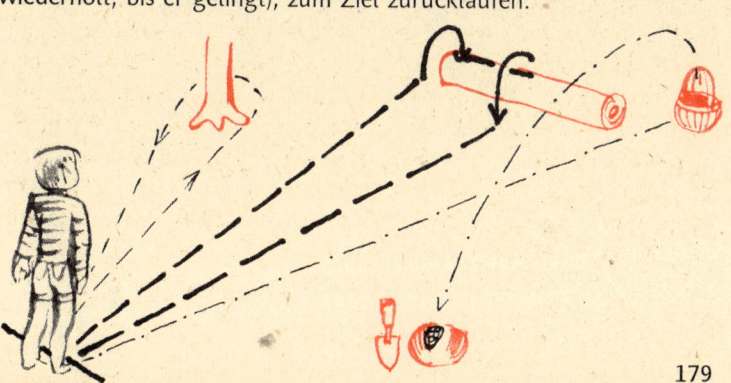

Wurfspiele und Springen im Wald

mehrere
Koniferenzapfen,
Kastanien,
Eicheln

M Ä

Zuerst wird das Naturmaterial gesucht und gesammelt. Danach führt die Erzieherin vor, wie die Würfe auszuführen sind:

- die Zapfen zuerst mit der rechten, danach mit der linken Hand bis zu einem Baum werfen;
- die Zapfen, Kastanien oder Eicheln über Sträucher oder niedrige Bäume werfen;
- mit den Zapfen in ein Ziel treffen; so weit wie möglich werfen.

Schlage den Zapfenhaufen um!

mehrere
Koniferenzapfen
oder Kasta-
nien, Stöcke

Auf einen Baumstamm werden mehrere Zapfen gelegt (Eicheln, Kastanien o. ä.). Die Kinder versuchen, mit einem Zapfen oder mit einem Stöckchen alle Zapfen auf einmal vom Baumstamm herunterzufegen. Wem ist es mit den wenigsten Schlägen gelungen?

Ä

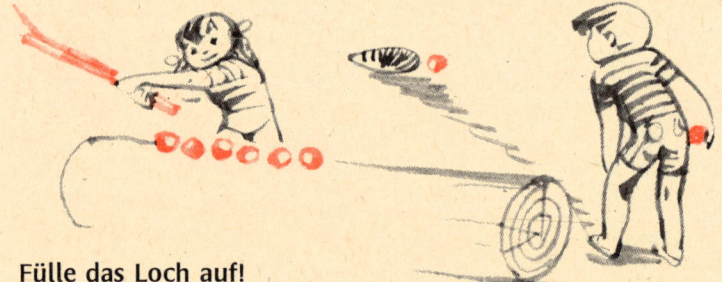

Fülle das Loch auf!

Koniferenzapfen,
Kastanien

M Ä

Ein kleines Erdloch muß mit Koniferenzapfen oder Kastanien gefüllt werden (aus einer Entfernung hineinwerfen). Dabei können die Kinder in Mannschaften eingeteilt und mehrere Erdlöcher vorbereitet werden. Welche Mannschaft hat die Aufgabe zuerst erfüllt?

Triff in den Korb!

Korb zum
Anhängen,
Eicheln

Ein Korb wird in einer bestimmten Höhe angebracht. Die Kinder müssen Eicheln (Kastanien) in den Korb werfen und möglichst oft treffen.

180

Springe über Zapfen!

Die Koniferenzapfen werden in 3 bis 4 parallelliegenden Linien im Abstand von 60 cm bis 80 cm ausgelegt. Die Kinder springen einzeln mit Schlußsprung über jede dieser Linien, zuerst mit Pausen nach jedem Sprung, danach so, daß Lauf und Sprung in einem Zyklus erfolgen.

mehrere
große
Koniferenzapfen

Varianten:
Die Abstände zwischen den Linien werden mehrmals erweitert:
- von der 1. bis zur 2. Linie 40 cm;
- von der 2. bis zur 3. Linie 50 cm;
- von der 3. bis zur 4. Linie 80 cm.

Springe um den Zapfenkreis!

Jedes Kind legt aus Zapfen einen Kreis (Durchmesser 60 cm) und stellt sich danach seitlich an seinem Kreis auf, Hände in Hüfthalte. Auf Kommando der Erzieherin hüpfen die Kinder entweder ein- oder beidbeinig um den Kreis herum, bis das Signal „Halt!" ertönt. Darauf folgt eine kurze Pause. Nun wird in die entgegengesetzte Richtung gehüpft.

viele
Koniferenzapfen

Besetze einen Kreis!

Die Zapfenkreise werden weiter gebraucht (ein Kreis weniger als Anzahl der mitspielenden Kinder). Die Kinder verteilen sich auf der Wiese. Auf den Ruf der Erzieherin: „Besetze einen Kreis!" versucht jedes Kind, schnell in einen Kreis zu springen. Ein Kind bleibt übrig. Es gibt im nächsten Spiel das Signal und ruft: „Besetze einen Kreis!" Zuvor wird ein Zapfenkreis weggenommen.

Auf der Wiese

Fußgymnastik auf der Wiese

Stäbchen
(abgeschältes
Ästchen),
Gras,
Koniferenzapfen

- Gras rupfen, die Zehen umfassen die Halme;
- ein Stäbchen (Ästchen) vom Boden abheben;
- ein Stäbchen mit den Zehen greifen, hochheben, forttragen;
- einen Koniferenzapfen vom Boden mit den Zehen abheben;
- wer hält den Zapfen am höchsten? (Beinhochhalte mit Stütz der Hände)

Bodenübungen auf der Wiese

- Ein Stück auf der Wiese kriechen;
- auf den Rücken legen, „Radfahren";
- Schwebesitz einnehmen, „Schaukel" ausführen;
- Rolle vor- und rückwärts ausführen;
- Rollen seitwärts, Beine und Arme gestreckt.

(vgl. auch Übungen im Sand, S. 185.)

Ziehkampf mit Handtuch oder Reifen

kleine feste
Handtücher
oder Reifen

Zwei Kinder sitzen im Strecksitz auf der Wiese oder im Sand einander gegenüber. Zwischen ihnen liegt ein kleines Handtuch, das sie mit den Zehen beider Füße zu ergreifen versuchen und sich dann gegenseitig wegziehen. Ebenso kann man einen Reifen in die Mitte legen, den die Kinder mit den Zehen erfassen und sich gegenseitig wegziehen.

An Kanten, Stufen, Graben

Steigen, klettern, kriechen, springen

Treppenstufen, Kanten am Weg

- Auf- und Absteigen an Kanten, Stufen; möglichst ohne die Hände zu benutzen;
- eine hohe Kante im Vierfüßlergang hinauf- und wieder hinabklettern; die Hände setzen auf dem Boden auf und greifen nach vorn, dann werden die Beine heruntergezogen;
- im Nachstellschritt hinauf- und hinabsteigen;
- mit Schlußsprung hinauf, Füße kräftig vom Boden abdrücken, Beine anhocken;
- mit Schlußsprung von einer Kante hoch und weit springen, später dabei geradeaus sehen.

Treppenstufen, Kanten am Weg (Höhenunterschiede: Jüngere Vorschulkinder 20 bis 30 cm, ältere Vorschulkinder 30 bis 60 cm)

Graben

Der Graben sollte mit Gras oder Moos bewachsen, sandig und trocken sein. Zuerst sucht man schmale, flache Stellen, später breitere, etwas tiefere Gräben, die man mit Hilfeleistung überwinden läßt.

- Im Graben laufen, hinein- und herausklettern;
- schnell hineinspringen oder -klettern, dort verstecken;
- hinübersteigen:
  - mit einem großen Schritt (bei geringer Breite)
  - im Vierfüßlergang hinüber (bei geringer Breite)
- überspringen:
  - zwei Kinder geben Hilfeleistung mit Handfassung
  - mit Anlauf springen, die Arme schwingen nach vorn oben mit
  - überspringen im Schlußsprung vorwärts.

Graben

Graben mit Hindernissen

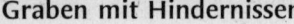

- Unter einem über den Graben gelegten stabilen Ast durchkriechen;

J

- den Ast im Graben übersteigen;
- über ein dickes, breites Brett (Stamm) den Graben im Vierfüßlergang überwinden;

M **Ä**

- aufgerichtet über das Brett (Stamm) balancieren.

Sandkuhle

Wir üben nur an einer sehr flachen Kuhle am Strand, in der sich kein Wasser befindet!

- Verstecken in der Kuhle (Wer ist nicht mehr zu sehen?);

- mit Hocksprung *weit* hineinspringen;
- vom Rand der Kuhle mit Schlußsprung hineinspringen;
- mit Anlauf zu zweit in die Sandkuhle springen; um die Wette herausklettern;
- Bälle in die Kuhle werfen; herausholen um die Wette;

- ausruhen und in den Kreis setzen; „Plumpsack" („Eins, zwei, drei ins faule Ei") spielen.

Am Strand – im Sandgelände

Liegen, rollen, rutschen, kriechen

- Auf dem Bauch liegen und mit den Armen Kreise im Sand ziehen;
- in Bauchlage, die Arme angewinkelt, im Sand liegen und die Fersen ans Gesäß schlagen;
- in Bauchlage, Arme und Körper gestreckt, im Sand liegen, die Beine anheben, rechts und links im Wechsel;
- auf dem Bauch liegend mit angewinkelten Armen vorwärtsrobben;
- vorwärtskriechen auf Händen und Unterschenkeln;
- Rückenlage einnehmen, Beine gegrätscht, die Arme in Seithalte, den Sand durch Kreisen der Arme zusammenschieben;
- Grätschen und Schließen der Beine (auch als „Adlerliegen" bekannt);
- Beine und Arme strecken, seitwärts im Sand rollen, nach rechts und links im Wechsel;
- im Sitzen mit Handstütz nach vorn rutschen, die Beine erst strecken, dann anhocken und nachrutschen, bis das Gesäß an den Fersen ist, die Arme nachschieben, Füße eng aneinanderlassen;
- im Hocksitz rückwärts rutschen; jetzt stemmen die Beine, die Arme stützen seitlich, das Gesäß etwas vom Boden lösen, die Hände wieder hinter dem Gesäß aufsetzen, Beine anhocken usw.;
- Sitzwandern im Sand: auf dem Gesäß ohne Hilfe der Arme vorwärtsbewegen;
- im Kniegang im Sand vorwärts bewegen;
- vorwärtskriechen und einen „Reiter" dabei tragen, auf dem Becken, niemals auf dem Rücken (Hohlkreuz).

Fußgymnastik im Sand

Die Kinder sitzen barfuß am flachen Strand, Beine gestreckt, Stütz der Hände hinter dem Gesäß.

- Mit der großen Zehe ein Loch in den Sand bohren; der Fuß wird dabei gut gestreckt;
- einen Fuß einbuddeln, mit dem anderen dafür kräftig Sand heranschieben (nicht heranziehen!);
- die Füße strecken und im Sand „tanzen" lassen;
- das „Schiffchen" machen: mit gebeugten Knien sitzen, die Fußsohlen einander zugewendet zusammenführen; dann langsam die Knie strecken, Zehen und Fersen so lange wie möglich zusammenhalten;
- mit beiden Fußsohlen „klatschen" – Knie werden weit nach außen gedreht;

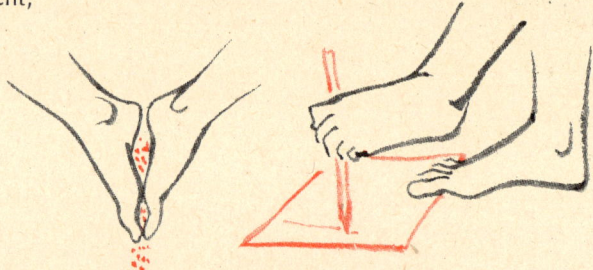

- die Arme anwinkeln, Beine gestreckt im Sand, gleichzeitig Zehen und Finger beugen und strecken;
- Zehen spreizen und schließen im schnellen Wechsel;
- mit allen Zehen (Fuß stark wölben) Sand fassen und wieder abrieseln lassen, kleine Steine, Muscheln u. ä. auflesen, hochheben, fallen lassen (vgl. Abb. unten rechts „Sammler");

- mit einem Stöckchen, das mit den Zehen eines Fußes gehalten wird, im Sand malen (vgl. Abb. oben rechts „Maler");
- barfuß im tiefen Sand laufen;
- die Füße im Sand vorwärts schieben, den sich anhäufenden Sand dabei mitnehmen (die Beine *nicht* anheben lassen!);
- im „Raupengang" im Sand gehen, die Zehen dabei abwechselnd strecken und einkrallen, die Ferse aufsetzen und so nachziehen, rechts und links im Wechsel üben.

Steinchen aufheben

Die Kinder sitzen im Strecksitz am Strand, vor ihnen steht eine flache Schale. Jedes versucht, mit den Zehen Steinchen oder Muscheln aufzuheben und in die Schale zu legen. Wer hat am Ende die meisten?

Partnerübungen am Strand

- Von hinten durch die gegrätschten Beine des Partners kriechen, um den Partner im Kreis; um das rechte Bein im Vierfüßlergang gehen;
- die Kinder stellen sich in einer Reihe hintereinander mit gegrätschten Beinen auf; eines nach dem anderen kriecht durch den so entstandenen „Tunnel", am besten auf dem Bauch robbend;
- das gleiche mit einem Tunnel aus der Bankstellung ausführen (Hände und Knie aufstützen, Gesäß hochheben, Beine strecken);
- mehrere Kinder liegen nebeneinander im Sand auf dem Bauch mit gestrecktem Körper, sie bilden eine „Schiene", die anderen Kinder gehen im Vierfüßlergang darüber hinweg, daran entlang, springen oder steigen hinüber (nur über die Beine!);
- die Kinder stellen sich paarweise auf, eines stützt die Hände in den Sand, das andere erfaßt es an den gestreckten Oberschenkeln („Schubkarrefahren").

1 Gymnastik-
ball, 2 Stöcke

Ballspiele am Strand

- Ball hochwerfen und fangen, tragen, weitergeben;
- wir spielen *Balltunnel*: der Ball wird durch die gegrätschten Beine nach hinten gegeben;
- im Strecksitz im Flankenkreis einen Ball über den Kopf geben.
- Ball mit den Füßen weitergeben.

Wir spielen *Ball am Stiel*. Ein mittelgroßer Gymnastikball und zwei Stöcke oder Äste werden gebraucht, eine Laufstrecke und ein Ziel müssen markiert werden. Die Kinder stehen in der Doppelreihe.

Der Ball wird auf die Stöcke gelegt und so von zwei Kindern die abgesteckte Strecke bis ins Ziel balanciert. Fällt er dabei herunter, so ist das nächste Paar an der Reihe.

1 großer
Wasserball

Wir spielen *Wasserball treiben* im Sand. Mit zwei Stäben wird ein Wasserball am ebenen Strand vorwärtsgetrieben, evtl. ins Wasser hinein (vgl. auch Wasserballtreffen, S. 120).

Wir spielen *Boot beladen*. Dafür sammeln wir viele Muscheln oder Steinchen, ritzen die Umrisse eines Bootes in den Sand. Alle Kinder kauern um dieses Boot herum, legen der Reihe nach eine Muschel (oder einen Stein) hinein. Keine darf den Rand des Bootes oder eine der anderen Muscheln berühren. Geschieht dies doch, so muß diese Muschel ins Wasser geworfen werden. Wer mehr als fünfmal eine wegwerfen mußte, der hat verloren. Wieviel Muscheln passen in das Boot? Wir zählen sie zum Schluß.

Wer eine Muschel berührt, kann auch eine Aufgabe erfüllen, zum Beispiel sich im Sand seitwärts wälzen, die Rolle vorwärts ausführen, eine „Brücke" machen.

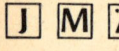

Schaufeln, laufen und spielen im Sand

Die Kinder sollen zunächst Sand zu einem großen Berg schaufeln. Auf diesen kann gesprungen, heruntergerutscht werden u. ä.

Die Schaufeln werden nach getaner Arbeit auf einer ebenen Fläche mit Abstand hintereinander in den Sand gesteckt; im Schlängellauf geht es um diese Slalomstrecke herum. Auch um die Wette kann gelaufen werden.

Die Schaufeln werden in einen großen Sandberg gesteckt. Die Kinder laufen von einer 20 m entfernten Ablauflinie auf Signal los. Wer holt sich am schnellsten eine Schaufel?

Mehrere Kinder graben eine flache Mulde in Bootsform, 3 bis 4 Stöcke oder Bretter werden als Sitze quer hineingelegt – das Boot ist fertig!

Wir ziehen schmale Gassen im Sand in Wassernähe, graben den Sand aus und formen Terrassen für eine Wasserburg.

mehrere Sandschaufeln

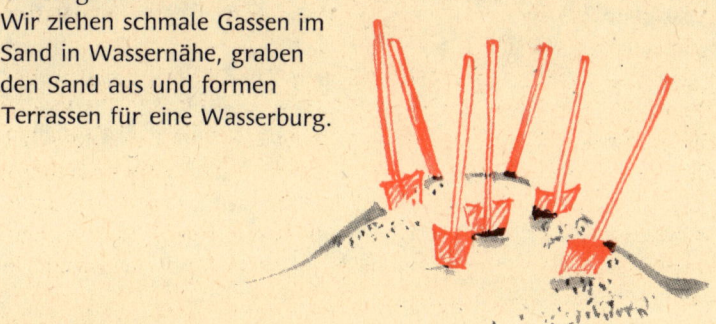

Tröpfelburg

Nahe am Wasser ist der Sand feucht, wir lassen die Eimer mit viel Wasser und etwas Sand auffüllen. Den dünnflüssigen Sand tröpfeln wir mit der Hand auf kleine Häufchen – schon entstehen hübsche Gebilde, Tannen, Wälle u. ä. um unsere Wasserburg. Fingerfertigkeit und Ausdauer werden geübt, die Phantasie angeregt. Sonnenschutz (Hütchen, Mütze) ist angebracht, weil die Kinder längere Zeit an einer Stelle spielen.

kleine Eimer

Sand einfüllen um die Wette

Eimer,
Säckchen oder
Tüten, Schippen

Die Kinder erhalten Eimer und Schippe und sollen – gleichzeitig beginnend – um die Wette den Eimer mit Sand füllen. Wer schafft es als erster?
Den Größeren kann man Säckchen oder Tüten geben, diese mit Sand zu füllen ist schon mühevoller. Sie laufen danach bis zu einer Schubkarre und entleeren das Säckchen (die Tüte). Wer ist zuerst fertig?

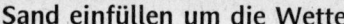

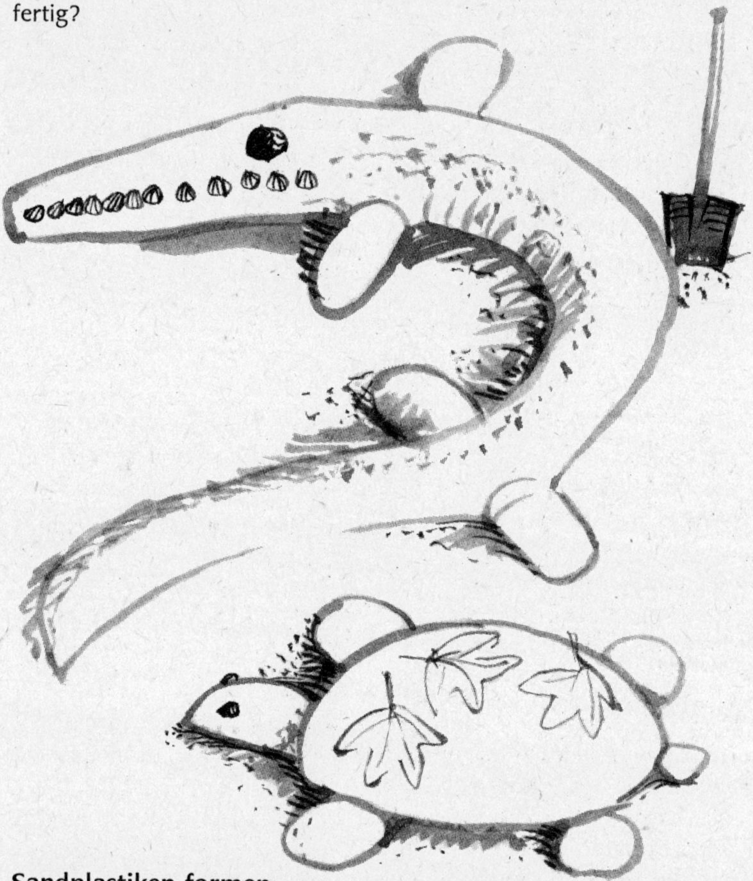

Sandplastiken formen

Sandschaufeln,
Naturmaterial

Feuchter Sand wird aufgehäufelt, mit der Schaufel festgeklopft und geformt: zu einer Schildkröte, zu einem Krokodil, einem Käfer, einer Seeschlange oder zu einem Phantasietier. Die Oberfläche wird mit Muscheln, Seetang, Holz und anderem Strandgut verziert und gestaltet. Bei diesen Tätigkeiten laufen die Kinder hin und her, bücken sich, greifen, heben auf, klopfen, graben – bewegen sich also recht vielseitig. (Sonnenschutz ist angebracht!)

190

Spiele im Schnee und auf der Eisbahn

Spiele mit Eis und Schnee

Farbiges Eis herstellen

Jedes Kind erhält ein bis zwei Glasgefäße mit Wasser, einen Pinsel und ein bis zwei Farben (Guaschfarben). Alle Grundfarben sollten mehrmals vorhanden sein. Die Erzieherin schlägt den Kindern vor, aus den gegebenen Farben zwei neue Farbtöne zusammenzustellen. Sie erinnert sie daran, daß man zuerst wenig von einer Farbe auf den Pinsel nehmen und diesen in das Wasser tauchen muß, um den gewünschten Farbton zu erhalten, den man nun allmählich verstärken kann.

Hat jedes Kind das Wasser so gefärbt, wie es ihm gefällt, füllt es dieses in ein Sandförmchen um. Die Formen werden ins Freie gestellt, damit das Wasser gefriert.

Sandförmchen, Guaschfarben, Wasser in Gläsern, Pinsel

Muster aus farbigem Eis

Nach einiger Zeit betrachtet die Erzieherin mit den Kindern die gefrorenen farbigen Eisförmchen. Die Förmchen werden auf ein Brett oder einen gepflasterten Weg gestürzt und das Eis wird herausgeklopft. Überrascht entdecken die Kinder, wie aus den von ihnen gemischten Farben hell- oder dunkelfarbiges Eis geworden ist.

Die Erzieherin regt sie nun an, dieses farbige Eis gemeinsam zu einer großen Blüte auf der Terrasse zu ordnen oder andere Muster zu legen.

Die Eisstücke kann man auch in kleine Stücke zerklopfen und damit ebenfalls dekorative Muster legen. Die Kinder tauschen die Farben dabei aus. Jüngere Kinder legen die Eisstücke an vorgezeichnete Linien oder Kreise an. Auch Schneebauten und Schneeplastiken lassen sich mit farbigen Eisstückchen phantasievoll dekorieren.

Eistorte backen

Die Kinder formen mit Schaufeln rechteckige oder runde Torten aus Schnee, die sie mit farbigen Eisstücken schmücken.

Schneebälle färben

Plakatfarbe,
Pinsel

Die Kinder formen einige Schneebälle und reihen sie auf einer Bank oder um die Schneeburg auf. Einige Kinder erhalten ein Gefäß mit Plakatfarben und Pinseln und betupfen der Reihe nach jede Schneekugel. So entstehen viele farbige Eiskugeln und verwandeln die Schneeburg in einen Eispalast.

J M Ä

Schneemalereien

J M Ä

Mit einem Stöckchen malen wir Bilder in den unberührten frischgefallenen Schnee, oder wir stapfen mit den Füßen ein Schneebild. Wer errät, was der andere „gemalt" hat?

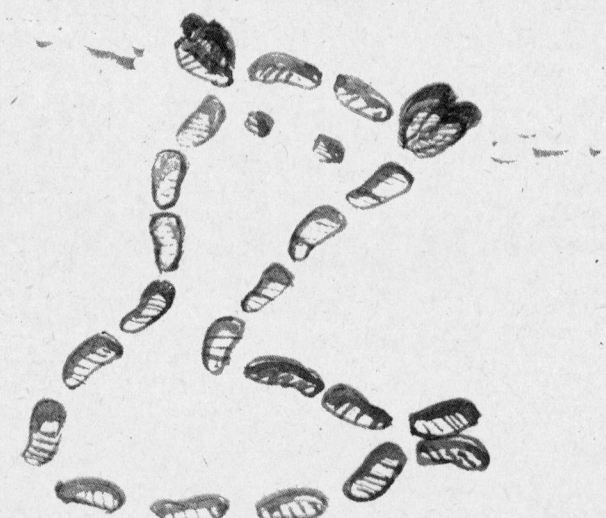

Schnee walzen und Schneesäulen bauen

Alle Kinder stellen sich an einer Linie auf, und jedes formt einen Schneeball. Auf ein Signal der Erzieherin werden die Schneebälle durch den Schnee vorwärts gewalzt, bis zu einer vorher festgelegten Stelle. Wer am Ende die größte Schneewalze hat oder als erster am Ziel ist, ist Sieger.

Je vier oder fünf Kinder türmen die Schneewalzen zu einer Säule aufeinander. Die höchste und schönste Schneesäule wird gemeinsam ermittelt.

Schneeplastiken formen

Der Schnee regt die Kinder nicht nur zum Formen von Schneebällen an oder zum Bauen eines Schneemannes, sondern auch zum Formen von *Schneeplastiken*. Dazu müssen die Kinder aber schon etwas geübt und erfahren im Formen mit Plastilin, Suralin oder Ton sein. Durch einfaches Formen kleiner und großer Schneebälle oder Schneewalzen kann man die ersten Figuren zusammenfügen, z. B. einen Schneemann, einen Hasen, eine Ente, eine Katze, einen Pinguin.

Schnabel, Ohren u. a. Details können die Kinder aus der Schneekugel herausstreichen oder mit Schnee anpappen. Jüngere, unerfahrenere Kinder lassen wir erst einmal flach liegende Tierfiguren formen, z. B. eine Schildkröte oder einen Fisch. Der Schnee wird aufgehäufelt, festgeklopft und abgerundet. Mit einem Stöckchen können die Reliefs eingeritzt werden. Diese Flachfiguren lassen sich gut als Gemeinschaftsarbeit gestalten.

Die Tierplastiken sollten – sofern es die Witterung erlaubt – einige Zeit stehenbleiben und weiterem Spiel dienen. So können z. B. die Puppenkinder den „Tierpark aus Schnee" besichtigen; an einem großen Fisch aus Schnee kann man das Märchen vom „Fischer und seiner Frau" spielen. Ein leichtes Besprühen mit Wasser macht die Figuren haltbarer.

Schneekarussell

Ein Spiel zum Warmmachen! Die Kinder bilden um einen Schnee-mann einen Innenstirnkreis, fassen sich dabei an den Händen, sie stellen „Schneeflöckchen" dar. Auf ein Signal laufen sie zuerst lang-sam, auf ein weiteres Signal erhöhen sie das Lauftempo. Nach den Worten der Erzieherin „Der Wind hat sich gedreht, die Schneeflöck-chen fliegen in eine andere Richtung!" verlangsamen die Kinder das Lauftempo und laufen in entgegengesetzter Richtung, danach das Tempo allmählich beschleunigend. Bei den Worten „Der Wind hat sich gelegt, die Schneeflocken fallen auf die Erde!" laufen die Kinder langsamer, das Karussell kommt zum Stehen, die Kinder bleiben ste-hen und lassen die Hände los.
Nach einer kurzen Pause kann das Spiel wiederholt werden, evtl. im Doppelkreis, jeder Kreis bewegt sich in einer anderen Richtung.

Troikalauf im Schnee

Die Kinder bilden zu dritt mit gekreuzten Händen eine „Troika" und laufen so auf der Schneefläche im Trabschritt herum. Welches Troi-kagespann läuft am gleichmäßigsten?

Schneeflöckchentanz

Die Kinder stellen sich zum Innenstirnkreis auf und fassen sich an den Händen. Sie können auch dicht aneinander in freier Aufstellung stehen. Auf den Ruf „Ein starker Wind weht! Schneeflocken, fliegt auseinander!" laufen die Kinder auf der Spielfläche umher, Hände in Seithalte, und drehen sich. Ruft die Erzieherin „Der Wind hat sich gelegt! Alle Schneeflocken zurück in den Kreis!" so laufen die Kin-der zurück, reichen einander die Hände und bilden wieder einen Kreis. Das Spiel übt Reaktionsschnelligkeit und räumliche Orientie-rungsfähigkeit.

194

Zug und Tunnel

Die Kinder bilden einen Zug, indem sie sich mit einer Hand am Gürtel (Kleidung) des Vordermannes festhalten. Das erste Kind stellt die „Lokomotive" dar, die übrigen sind „Waggons". Die „Lok" pfeift. Auf dieses Signal fährt der „Zug" los und begibt sich in Richtung „Schneetunnel" (Durchgang durch ein Gebüsch, den Hangelbogen auf dem Spielplatz o. ä.). Dort angekommen, pfeift die „Lok" noch einmal, und das Kind, das die „Lok" darstellt, beugt sich und läuft durch den Tunnel, nach ihm der gesamte „Zug". Danach wird die „Lok" gewechselt, und der „Zug" fährt erneut los, diesmal durch einen anderen Tunnel.

Puppenslalom

Die Kinder setzen ihre warm angezogenen Puppen, Teddybären oder Plüschtiere auf den Schlitten und stecken mit Stöcken und Fähnchen eine kurvenreiche Strecke (Slalom) ab. Wer schafft es, den Schlitten durch diese Slalomstrecke zu fahren, ohne ein Fähnchen zu berühren und ohne das Puppenkind, den Teddybär vom Schlitten zu kippen?

Puppen, Schlitten, Fähnchen, Stöcke

Sucht Püppchen Katrin!

Die Erzieherin versteckt eine Puppe im Freigelände. Während des Spazierganges erzählt die Erzieherin den Kindern, daß „Püppchen Katrin" versprochen hätte, sie heute zu besuchen, um mit ihnen zu spielen. Wahrscheinlich wäre sie schon da, hielte sich aber noch versteckt. Alle beginnen, „Püppchen Katrin" zu suchen; nachdem sie gefunden wurde, spielen sie mit ihr Kreisspiele, tanzen und drehen sich zu Paaren.

1 Puppe

Fähnchen stecken und haschen

Fähnchen für
jedes Kind Alle Kinder bekommen ein Fähnchen. Sie laufen um die Wette zu einem Schneewall (Graben, Sandkasten). Wessen Fähnchen steckt zuerst?

Varianten:

- Jedes Kind holt sein Fähnchen von einer Startlinie aus vom Schneewall zurück; (Wer ist erster?)
- alle laufen mit den Fähnchen um einen Baum (Bank, Schneehaufen) herum im Kreis; dieser wird immer enger gezogen;
- die Fähnchen werden zu einer Gasse in den Schnee gesteckt; zu einer Slalomstrecke gereiht u. ä.; alle laufen nacheinander hindurch;
- zwei Kinder fassen sich an den Händen und laufen gemeinsam durch die Slalomstrecke.

Fähnchen rauben von der Schneeburg

mehrere
Fähnchen Beliebt ist es im Winter, eine Schneeburg zu bauen. Um diese herum wird ein rundes Spielfeld durch einen Trampelpfad abgegrenzt. Die Burg wird nun von ein oder zwei Fängern bewacht. Alle anderen Kinder bleiben außerhalb des Kreises und versuchen auf ein Signal, ein Fähnchen von der Burg zu rauben oder es dort einzustecken und unabgeschlagen wieder aus dem Spielfeld zu gelangen. Wer abgeschlagen wird oder sein Fähnchen verliert, scheidet aus. Die anderen Kinder versuchen es erneut. Die beiden zuletzt übrigbleibenden Kinder werden die neuen Fänger.

Hindernislauf im Schnee

Ist der Schnee nicht hoch und schon festgetreten, kann man viele Lauf- und Haschespiele durchführen, so auch einen Lauf über Hindernisse:

- über Schlitten steigen;
- niedrige Schneewälle überwinden;
- den Rodelhang hinaufklettern und hinabrutschen;
- um Bäume und Gegenstände bis zu einem Ziel laufen.

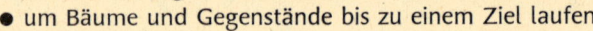

196

Spuren suchen im Schnee

„Wer ist zu uns zu Besuch gekommen?" – „Wer hat hier Futter gesucht?" fragt die Erzieherin, wenn auf dem frischen Schnee im Garten oder Park Spuren von Tieren zu sehen sind (Hunde, Katzen,
Vögel, Wildenten, Hasen). Die Kinder betrachten aufmerksam die
Spuren und bestimmen gemeinsam mit der Erzieherin das Tier, das
diese hinterlassen hat. Ebenso versuchen sie, Fahrzeugspuren zu bestimmen oder Abdrücke bestimmter Schuhsohlen wiederzuerken-
nen.

Hund   Katze   Krähe   Sperling

Taube   Feldhase   Reh   Wildschwein

Zielwerfen mit Schneebällen

Läßt sich der Schnee gut ballen, so veranstalten die Kinder gern
Wurfspiele. Zielwerfen kann man dabei durch einen aufgehängten
großen Reifen oder durch mehrere, in den Schnee gesteckte Reifen
üben. Aber auch Baumstämme, eine Ballwand, eine niedrige Wimpelkette, Stöcke im Schnee, ein Schneewall, große Plastewürfel
oder Bälle, eine Schneesäule u. ä., können Wurfziele sein. Die Treffer werden gezählt und bewertet, der beste Schütze erhält einen
Preis.

Abwerfen mit Schneebällen

In festem Schnee wird ein Kreis mit einem Durchmesser von 4 bis 5 m abgesteckt (Trampelpfad). Im Kreis stehen 5 bis 6 Kinder, außerhalb des Kreises ein Fänger mit einem Korb voller Schneebälle. Auf ein Signal versucht der Fänger, mit den Schneebällen die sich im Kreis bewegenden Kinder zu treffen. (Er darf nur auf die Füße zielen und muß sich dabei außerhalb des Kreises bewegen!) Jedes Kind versucht durch geschickte Bewegungen, den Schneebällen auszuweichen. Die Erzieherin achtet darauf, welche Spieler getroffen werden. Das Spiel wird wiederholt, der Fänger neu bestimmt.

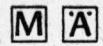

Holzfiguren treffen mit Schneebällen

große Holzfiguren

Es können sich mehrere Mannschaften (je 4 bis 6 Kinder) beteiligen. Jede Mannschaft formt eine bestimmte Anzahl von Schneebällen und stellt sich in Staffeln an einer Linie auf. Etwa 2 m entfernt stekken Holzfiguren im Schnee. Auf ein Signal der Erzieherin werfen die ersten Kinder jeder Staffel einen Schneeball nach ihrer Holzfigur. Sie sollen sie dabei umwerfen. Jeder Spieler kann zwei Würfe ausführen, dann kommt das nächste Kind an die Reihe. Die Treffer werden gezählt. Nach jedem Treffer darf die Figur etwas weiter gerückt werden. Sieger wird die Mannschaft, die nach einem Spieldurchlauf ihre Figur am weitesten gebracht hat.

Stöcke im Schnee

mehrere biegsame Stöcke

In den Schnee werden in einer Reihe lange, biegsame, aber feste Stöcke (Äste) gesteckt. Die Kinder laufen erst in weiten, dann in engen Bögen um diese herum (im Slalom).

Varianten:
- 3 bis 4 Kinder fassen sich zu einer Kette an und laufen so im Slalom durch die Stockreihe, kein Kind darf einen Stock umreißen.

Mit zwei besonders langen Stöcken werden mehrere „Tore" gebildet. Sie müssen fest im Schnee stecken und können evtl. oben zusammengebunden werden, damit sie einen festen Stand haben.
- Nacheinander gehen die Kinder gebückt durch jedes Tor, strecken sich danach wieder und laufen aufrecht zum nächsten Tor;
- sie nehmen Handfassung und gehen in der Kette hindurch;
- hinter dem letzten Tor müssen alle einzeln über ein quergehaltenes Stöckchen steigen (die Erzieherin hockt und hält dabei einen langen biegsamen Ast etwa in Kniehöhe der Kinder);
- die Kinder kriechen einzeln darunter hinweg.

Die Höhe des Stockes wird entsprechend den individuellen körperlichen Fähigkeiten der Kinder unauffällig verändert.

Spiele mit dem Schlitten

In der Ebene

Schlitten ziehen und schieben

Mit dem Schlitten kann man nicht nur rodeln, sondern auch einzeln, zu zweien, in der Gruppe viele Wettspiele veranstalten:

- den Schlitten so weit wie möglich schieben;
- den mit einem Partner besetzten Schlitten so schnell wie möglich schieben (Strecken vorgeben);
- mit einem Bein auf dem Schlitten knien, mit dem anderen abstoßen wie beim Rollerfahren (Bein wechseln);
- in Bauchlage auf dem Schlitten liegend sich seitlich mit den Händen abstoßen und so eine festgelegte Strecke fahren;
- auf dem Schlitten sitzend (später auch mit dem Rücken zur Fahrtrichtung) sich mit zwei Stöcken abstoßen; (Wer kann dabei die Richtung einhalten und ist als erster am Ziel?)

mehrere
Schlitten

Laufen um die Schlittenreihe

Die Schlitten werden mit großen Zwischenräumen in einer Reihe aufgestellt:

mehrere
Schlitten

- die Kinder laufen in großem Bogen um die Schlittenreihe, wenden und laufen zurück;
- sie laufen im Slalom um jeden Schlitten herum;
- sie gehen im Vierfüßlergang über die quergestellten Schlitten hinweg;
- sie steigen mit großem Schritt über jeden Schlitten.

Wechselt den Schlitten!

mehrere
Schlitten

Die Kinder können mit dem Schlitten auch *Platzsuchspiele* durchführen, ähnlich wie „Wechselt das Bäumchen". Die Schlitten werden dafür unregelmäßig auf dem Spielfeld verteilt (genügend Abstand zum Laufen lassen). Je zwei oder drei Kinder setzen sich auf einen Schlitten, ein überzähliger Spieler steht in der Mitte und ruft: „Wechselt den Schlitten!", worauf alle Kinder aufstehen, um zu zweien oder dreien einen anderen Schlitten zu besetzen. Das übrigbleibende Kind beginnt das Spiel von neuem.

Varianten:

- Die Schlitten können auch zu einem „Zug" hintereinander aufgestellt werden. Die Kinder laufen als „Fahrgäste" anfangs singend um den „Zug" herum, um dann auf ein Zeichen schnell einen Platz zu erobern. Das übrigbleibende Kind scheidet aus, ein Schlitten wird weggenommen. So kann man spielen, bis nur noch ein Paar um den letzten Schlitten kämpft.
- Schlittenbesetzen kann man auch als Wettlauf der Paare spielen. Dann stellen sich alle hinter einer Linie, 15 bis 20 m von den Schlitten entfernt, auf. Auf ein Zeichen beginnt der Wettlauf der Paare. Wer zuerst auf dem Schlitten sitzt, muß von dem anderen Partner eine Strecke gezogen werden. Dann erfolgt ein neuer Wettlauf.

Schildkrötenfahrt

Dieses Wettspiel können jeweils zwei oder drei Paare durchführen. Jedes Paar setzt sich, Rücken an Rücken, auf einen Schlitten. Auf ein Signal der Erzieherin versuchen die Kinder, ihren Schlitten so schnell wie möglich an eine etwa 8 m entfernte Ziellinie zu bringen. Sie stoßen sich dabei gleichzeitig mit den Beinen ab und bewegen so den Schlitten vorwärts.

mehrere
Schlitten

Schlittenkreis

Die Schlitten werden in einem großen Kreis im Abstand von 2 bis 3 m voneinander aufgestellt. Alle Kinder stellen sich im Innenstirnkreis neben ihrem Schlitten auf. Die Erzieherin fordert die Kinder auf, nun wie „Autos", also hintereinander, die „Straße" entlang zu fahren.
Nach einigen Minuten bleiben die „Autos" (Schlitten) stehen, und die „Fahrer" legen eine Ruhepause ein, nach der die Fahrt fortgesetzt wird.
Ist die Strecke zwischen den Schlitten sehr groß, die Reise also lang, so fahren die Autos bis zu dem Verkehrszeichen „Stop!". Erneut fortgesetzt wird die Fahrt auf ein Signal der Erzieherin.

mehrere
Schlitten

Schlittenzug

Erwachsene oder Kinder ziehen einen aus 3 bis 4 aneinandergeketteten Schlitten bestehenden „Zug" nach sich. Auf den Schlitten sitzen die „Passagiere".
Die Kinder können sich auch gegenseitig auf den Schlitten ziehen, oder zwei Kinder sitzen auf zwei miteinander verbundenen Schlitten, und zwei Kinder ziehen sie. Nach einiger Zeit werden die Rollen getauscht.

Staffelspiele mit dem Schlitten

mehrere
Schlitten

Jeweils 3 bis 6 Kinder bilden eine Mannschaft und stehen hintereinander vor je einem Schlitten. In einiger Entfernung wird ein Ziel markiert (Skistock, Fähnchen). Das erste Kind jeder Mannschaft läuft zum Ziel, dabei den Schlitten hinter sich herziehend, wendet und läuft zurück. Dann läuft das zweite Kind mit dem Schlitten los usf. Welche Mannschaft steht zuerst wieder am Platz?

Varianten:
- Das Kind sitzt mit dem Rücken zum Ziel auf dem Schlitten und bewegt ihn mit den Füßen zum Ziel;
- ein Partner wird gezogen – erst ohne Spielregel, dann um die Wette bis zu einem Ziel; auf dem Rückweg tauschen die Partner.

Ⓐ

Wer ist zuerst beim Schneemann?

mehrere
Schlitten

Die Kinder stehen in zwei Mannschaften eingeteilt 10 m von zwei „Schneemännern" entfernt. Vor jeder Mannschaft steht ein Schlitten. Auf ein Signal muß der Schlitten von den ersten Kindern zum Schneemann und um diesen herum geschoben werden. Danach wird der Schlitten zum nächsten Kind der Mannschaft zurückgebracht, jetzt kann er auch gezogen werden. Welche Mannschaft hat den Durchgang zuerst beendet?

Am Hang

Abwärtsfahren durch Tore

Dafür eignet sich ein Hang mit geringem Gefälle, der einen Auslauf oder einen kleinen Gegenhang hat. Das Abfahren soll nicht in zu schneller Reihenfolge geschehen und nur von einer Seite (Stelle) aus gut organisiert erfolgen, damit sich kein Kind verletzt. **mehrere Schlitten**
Folgende „Rodelaufgaben" können das Spiel beleben und im Wettbewerb gespielt werden:
- Abwärtsfahren im Sitz;
- Abwärtsfahren in der Bauchlage;
- Abwärtsfahren durch ein „Fähnchentor" oder eine mit Tannenzweigen begrenzte „Gasse";
- Abwärtsfahren und unterwegs einen Luftballon hoch halten oder ein Fähnchen aus dem Schnee ziehen.

Bei der Tordurchfahrt lernen die Kinder, den Schlitten während der Fahrt zu lenken: den Fuß auf der Seite abstützen, in die der Schlitten zu lenken ist; den Schlitten mit der Schnur und den Knien geradehalten, den Oberkörper nach hinten und gestreckt halten.

Zwei mal zwei – mit Stöcken abwärts!

An diesem Spiel beteiligen sich vier Kinder. Sie setzen sich zu zweit auf einen Schlitten, die Füße ruhen auf den Kufen. Mit kurzen Stökken stoßen sie den Schlitten vorwärts. Wer das andere Paar überholen kann, hat gewonnen.

Skilaufen

In der Ebene

Skier für mehrere Kinder

Voraussetzung für nachfolgende Spiele und Übungen ist, daß elementare Grundfertigkeiten im Skilaufen erworben wurden, das heißt, daß die Kinder schon einige Gehschritte, einige Gleitschritte auf den Skiern mit und ohne Stockschub ausführen können, ohne zu fallen. Sie sind auch als Angebot für den Freizeitsport in der Familie zu verstehen.

Am Ort werden vor jedem Spiel Seitwärtstreten, Fächertreten, kleine Gehschritte, große Gehschritte und Gleitschritte geübt.

Schneefegen auf Skiern

Die Kinder nehmen in jede Hand einen Zweig und fegen abwechselnd rechts und links Schnee, während sie Gleitschritte machen.

Slalomlauf zu zweit

Auf einer geraden Ebene werden 5 bis 7 Skistöcke, Zweige o. ä. aufgestellt. Die Kinder laufen auf Skiern in Zickzacklinie um diese Markierungen herum, das eine von rechts, das andere von links. In einem Wettkampf siegt derjenige, der die abgesteckte Entfernung am schnellsten bewältigt, ohne einen Stock umzuwerfen.

Kreislaufen auf Skiern

Die Erzieherin zieht eine kreisförmige Skispur (Durchmesser des Kreises 10 bis 30 m). Der Reihe nach laufen die Kinder (nicht mehr als 3 bis 4 Kinder) nacheinander auf Skiern auf dieser Kreisbahn. Es sollen nicht mehr als 2 Kinder in der Spur sein.

Fächertreten und wenden

Bei einem Durchlauf der Kreisbahn muß jedes Kind die Mitte durchqueren, in der Mitte einen „Fächer" (im Halbkreis nebeneinanderliegende Skispuren) treten, wenden und zum Ausgangsort zurücklaufen.

Torlauf auf Skiern

Auf der Kreisbahn wird aus zwei Skistöcken ein offenes „Tor" gebildet, durch das die Kinder laufen müssen, ohne es umzustoßen.
Es können auch mehrere Tore aus drei Skistöcken mit unterschiedlichen Höhen aufgestellt werden, so daß die Kinder gezwungen sind, in die Hocke zu gehen, um hindurch zu gelangen.

Spurwechseln

Auf dem Platz werden 2 bis 3 eng nebeneinander liegende Doppelspuren angelegt. An einer mit einem Zweig oder Fähnchen markierten Stelle sollen die Kinder jeweils in die andere Spur übersteigen.

205

Wer wendet als erster?

Die Kinder stellen sich in einer Reihe mit dem Gesicht zur Erzieherin auf. Auf das Signal: „Wenden!" machen die Kinder eine ganze Wendung durch Seitwärtstreten, wobei auf dem Schnee eine Zeichnung („Fächer") entsteht. Wer hat als erster die Wendung beendet?

Je weiter – desto besser!

Das Kind macht von einer festgelegten Abfahrtslinie aus 5 bis 6 Schritte und stößt sich auf dem letzten Schritt so kräftig ab, daß es gleitet. Wird ein Wettkampf veranstaltet, gewinnt das Kind, das am weitesten gelangte. Die Erzieherin steckt jeweils Fähnchen an der erreichten Stelle ein.

Lauf weg!

Die Kinder stehen im weiten Flankenkreis auf Skiern. Ein Kind läuft außen herum, gibt dabei einem anderen einen Schlag und sagt: „Lauf weg!" Dieses muß mit dem weiterlaufenden Kind um die Wette, aber in entgegengesetzter Richtung um den Kreis zu seinem alten Standort laufen.

Wer ist der Schnellste?

Die Kinder stellen sich an der Startlinie, 2 bis 3 Schritte voneinander entfernt, auf. Auf ein Signal laufen sie mit Geh- oder Gleitschritten auf den Skiern geradeaus auf ein abgestecktes Ziel zu (Entfernung 25 bis 30 m). Es gewinnt, wer das Ziel als erster erreicht oder dabei die geringste Anzahl an Schritten oder Schockschüben benötigt hat.

Einfangen

Es wird eine Laufstrecke von 25 bis 30 m abgesteckt. Zwei Kinder stellen sich einander genau gegenüber auf. Auf ein Signal der Erzieherin laufen sie in gerader Linie aufeinander zu und versuchen, einander abzuschlagen oder zu fangen.

Versuche zu überholen!

An diesem Spiel beteiligen sich kleine Gruppen von 2 bis 6 Kindern. Die Ziellinie ist für alle dieselbe, die Startlinie jedoch entsprechend den Fähigkeiten der Kinder verschieden: die geübtesten Kinder sollen etwa 80 m, die weniger geübten 40 bis 60 m laufen. Auf Signal beginnen alle zu laufen, versuchen, einander dabei zu überholen und als erste das Ziel zu erreichen.

Am Hang

Abwärtsfahren am Hang

Beim Herunterfahren vom Hang wechseln die Kinder die Stellung:
- sie stehen beim Gleiten aufrecht, Hände in Seithalte;
- sie gleiten in die Hocke, strecken die Arme nach vorn.

Korridorfahren

Die Kinder bemühen sich, einen mit Zweigen markierten Weg, den „Korridor", bei der Abfahrt einzuhalten und die Zweige beim Gleiten nicht zu berühren.

Gegenstände aufheben

Beim Heruntergleiten von Hängen bücken sich die Kinder und heben Gegenstände (Tuch, Koniferenzapfen, Fähnchen) auf. Die Gegenstände sollten einmal von rechts umfahren und mit der rechten Hand, einmal von links umfahren und mit der linken Hand aufgehoben werden.

Auf einem Ski

Die Kinder versuchen, auf einem Ski den Hang herunterzugleiten, wobei das andere Bein mit dem Knie nach oben gehoben wird. (Der Ski darf nicht die Schneedecke berühren.) Um das Gleichgewicht zu halten, balancieren die Kinder mit den Armen. Verlieren sie dennoch das Gleichgewicht, so stellen sie schnell das andere Bein wieder auf und setzen auf beiden Skiern die Abfahrt fort. Während des Gleitens kann versucht werden, das Standbein zu wechseln. (Das Einbeinfahren muß vorher in der Ebene gekonnt sein.)

Skifahren zu zweit oder zu dritt

Viel Spaß macht es sehr geübten Kindern auch, zu zweit oder zu dritt einen leichten Hang hinabzufahren, wobei sie sich an den Händen halten. Dabei ist anzustreben, daß Richtung und Geschwindigkeit gleichbleiben, um so lange wie möglich die Kette nicht abreißen zu lassen und nicht hinzufallen.

Spurenforscher auf Skiern

Es wird eine Laufstrecke bis etwa 200 m festgelegt, die gewisse Schwierigkeitsgrade haben sollte: unerwartete Kurven, Bäume und Sträucher, Tore u. ä. Die Laufstrecke wird von der Erzieherin mit auffallenden Zeichen markiert (Fähnchen, Pfeile, Wimpel). Die Aufgabe besteht darin, sich nach diesen Orientierungen zu richten und selbständig zum Ziel zu gelangen. Am Ende der Strecke sollten kleine Überraschungen auf die Läufer warten: Abzeichen, ein geschmückter Schneemann, kleine Preise, um die Anstrengungen zu belohnen.

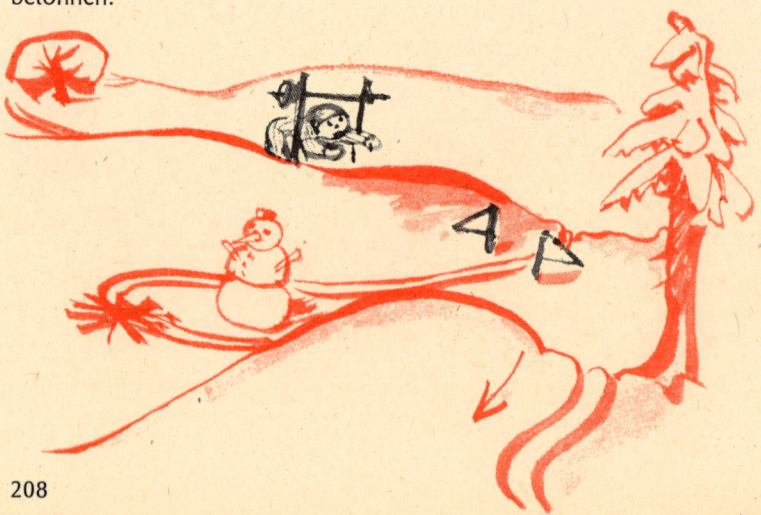

Schlittschuhlaufen

Auf der Schlitterbahn mit Eisgleitern

Die Kinder schnallen sich Eisgleiter an feste Schuhe. Sie werden aufgefordert, sich auf der Schlitterbahn (festgetretene Schneebahn) so vorwärts zu bewegen, daß das „Schlitterbein" gewechselt wird, und sich durch ausbalancierende Armbewegungen zu bemühen, nicht hinzufallen. Fällt ein Kind dennoch hin, leisten die Erzieherin und andere Kinder ihm beim Aufstehen Hilfe, sie zeigen ihm aber auch, wie man selbständig aufsteht.

Eisgleiter für mehrere Kinder

- Zwei Erwachsene (oder Kinder) nehmen ein Kind in die Mitte, reichen ihm die Hände und schlittern mit ihm die Bahn entlang;
- ein Erwachsener schleppt an einem mit Halteschlinge oder Griff versehenem Seil ein hockendes schlitterndes Kind hinter sich her;
- jedes Kind versucht, zwei bis drei Schritte Anlauf zu nehmen und selbständig die Bahn entlang zu schlittern;
- die Kinder nehmen Anlauf und schlittern; auf das Signal „Hocke!" gleiten sie in dieser Stellung vorwärts, bis sie zum Stehen kommen.

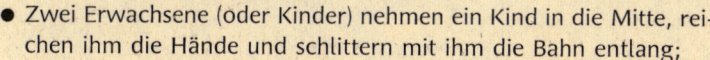

Auf der Eisbahn mit Schlittschuhen

Schlittschuhe
für mehrere
Kinder,
großes Plaste-
spielzeug
oder Kegel

Die angeführten Übungen und Spiele auf Schlittschuhen sind als Anregungen für die sportliche Tätigkeit der fünf- bis siebenjährigen Kinder *außerhalb* des Kindergartens zu verstehen. Sicheres Stehen und Laufen auf den Schlittschuhen ist Voraussetzung.

Auf einer festgetretenen Schneefläche wird durch Übersprühen mit Wasser eine ca. 5 bis 10 m breite und 50 bis 60 m lange Eisbahn angelegt. Auf dem Schneeweg energisch Anlauf nehmend, gleiten die Kinder diese Eisbahn entlang, so weit, wie jeder kommt.

- Nach einem Anlauf versuchen die Kinder, beidbeinig zu gleiten, wobei sie sich mehrmals hocken (Hände nach vorn gestreckt); die Aufgabe wird wiederholt;
- auf der Eisbahn wird zuerst in einer Entfernung von 3 bis 4 m (später 5 bis 6 m) von der Startlinie aus ein großer bunter Plastewürfel aufgestellt. Jedes Kind muß versuchen, nach Anlauf auf den Würfel zuzugleiten und diesen mit dem Fuß an- oder weiter zu stoßen;
- die Kinder versuchen, den auf der Eisbahn liegenden Würfel um die Wette so weit wie möglich zu stoßen (Wer stößt ihn am weitesten?);
- die Kinder stellen sich an einer Seite der Eisbahn zu zweit auf; an der gegenüberliegenden Seite werden Kegel, Würfel o. ä. Spielzeug aufgestellt; auf ein Signal laufen zwei Kinder los, jedes muß einen Gegenstand ergreifen und damit zum Ausgangspunkt zurücklaufen;
- die Kinder bilden eine Dreiergruppe; zwei Kinder laufen auf der Schneefläche links und rechts neben der Eisbahn und halten in der Hand ein 1 bis 2 m langes Seil; das dritte Kind hält sich in der Mitte des Seils fest und gleitet im Stehen oder in der Hocke die Eisbahn entlang; danach wird gewechselt;
- jeder Läufer versucht, auf beiden Beinen gleitend, einen geschlossenen Kreis zu zeichnen;
- während des Gleitens versuchen die Kinder, einen Bogen oder einen Kreis zu ziehen:
  - sich zu hocken und wieder aufzurichten;
  - nach dem Anlauf nach vorn zu gleiten und die Füße parallel zueinander stellen;
  - auf einem Bein zu gleiten oder einen ihnen zugeworfenen Schneeball aufzufangen;
- auf einer größeren Eisbahn ordnen sich mehrere Kinder zum „Zug" (Hände an die Hüfte des Vordermannes legen) und fahren so eine Strecke, auch in Bögen (Länge des Weges soll 15 bis 20 m nicht überschreiten); es können auch andere Stellungen geübt werden: in die Hocke gehen, ein Tuch aufheben u. ä.

210

Mit großen Schritten

Auf ein Signal laufen die Kinder auf ein Ziel zu, wobei sie sich bemühen, möglichst lange auf einem Schlittschuh zu gleiten und große Schritte zu machen. Wer die Entfernung mit der geringsten Anzahl Schritte bewältigt, hat gesiegt.

Schneeball anfahren

Auf das Eis wird ein Schneeball gelegt, etwa 15 bis 20 Schritte vom ersten Kind entfernt. Auf ein Signal läuft es los; 8 bis 10 Schritte vor dem Schneeball beginnt es, auf beiden oder auf einem Bein auf den Schneeball zuzugleiten, um ihn mit dem Schlittschuh anzufahren.

Laufen im Kreis zu zweit

Zwei Läufer stellen sich auf einer Kreislinie (Durchmesser 20 bis 30 m) einander gegenüber auf. Auf Kommando beginnen sie den Lauf im Kreis, wobei sie versuchen, einander einzuholen. Bei dieser Übung ist darauf zu achten, daß die Laufrichtung einige Male geändert wird, so daß die Kinder das Wenden üben müssen.

Semmelschritt

Die Reihe der Läufer bewegt sich hintereinander eine gerade Linie entlang. Die Kinder gleiten nach Anlauf auf beiden Schlittschuhen, grätschen dann leicht die Beine und führen sie wieder zusammen, so daß auf dem Eis jedes Mal die Figur einer „Semmel" entsteht.

Ohne die Füße zu heben!

Alle stellen sich in einer Reihe hintereinander auf und bewegen sich auf ein Signal so vorwärts, daß sie das Körpergewicht von einem Bein auf das andere verlagern, ohne die Füße vom Eis zu lösen.

Wettlauf auf Schlittschuhen

Zwei bis drei Läufer stellen sich nebeneinander mit einigen Schritten Abstand voneinander auf. In einer Entfernung von etwa 10 bis 50 Schritten wird die Ziellinie gekennzeichnet. Auf ein Signal laufen die Kinder gleichzeitig los und um die Wette zur Ziellinie.

Slalomlauf auf Schlittschuhen

An einer Linie werden 5 bis 6 Kegel oder Schneebälle aufgestellt. Jedes Kind stellt sich, etwa 10 m vom ersten Kegel entfernt, auf, nimmt Anlauf und gleitet auf beiden Schlittschuhen in Zickzacklinie oder im Slalom (Bogen) um die aufgestellten Gegenstände.

Pistolenlauf

Das Kind läuft los, hockt sich im Gleiten auf ein Bein und streckt das andere und die Arme nach vorn. In dieser Stellung gleitet es, bis es zum Stehen kommt. Danach steht es auf und läuft zurück in die Ausgangsposition. Die Übung wird einigemal wiederholt.

Schwalbenlauf

Während des Laufens erfüllen die Kinder folgende Aufgabe:
Sie gleiten auf einem Bein, beugen sich nach vorn und strecken das
andere Bein nach hinten aus. Die Hände sind seitlich ausgestreckt,
der Oberkörper gerade, der Kopf erhoben. Jedes Kind beendet die
Übung nach eigenem Ermessen.

Zeichne einen Vogel!

Das Kind stößt sich mit dem linken Bein ab und gleitet auf der Au-
ßenkante des rechten Schlittschuhes einen kleinen Bogen. Danach
wendet es sich und gleitet nun auf der Innenkante desselben Schlittschuhes genau denselben Bogen in die andere Richtung. Auf dem
Eis entsteht eine Vogelfigur.

Storchenlauf

Die Kinder bewegen sich in langsamem Tempo von einer Seite der
Eisbahn zur anderen. Ein Erwachsener läuft voran (5 bis 10 Schritte)
und führt eine Figur vor:
Er steht auf einem Bein, legt die Hände auf den Kopf, geht in die
Hocke, springt hoch oder macht einen „Storch" (ein Bein angezogen, das andere gestreckt, so lange wie möglich halten). Die Kinder
ahmen diese Figur nach.

Haschespiel auf Schlittschuhen

Die Kinder verteilen sich auf der Eisfläche. Ein Kind wird zum Fänger gewählt, der die Läufer abzuschlagen versucht. Wer schnell in
die Hocke geht, darf nicht abgeschlagen werden. Wer zuerst abgeschlagen wird, ist neuer Fänger.

Mutige Springer

Auf der Eisbahn stehend, springen die Kinder ein wenig hoch und
versuchen, auf beiden Schlittschuhen gleichzeitig wieder aufzuset-
zen. (Achtung! Nicht auf der Spitze aufsetzen!)
Die Kinder stoßen sich gebückt ab und springen über niedrige (20 cm hohe) Schneewälle und versuchen, beidbeinig aufzuset-
zen. Eine nur für sehr sichere Läufer geeignete Übung!

Winter und Sommer (Seitenwechsel)

Die Kinder werden in zwei Mannschaften eingeteilt, die mit dem Rücken zueinander an einer Linie stehen. Eine Mannschaft ist der „Winter", die andere der „Sommer". Auf das Kommando „Winter!" laufen die Kinder der entsprechenden Mannschaft nach vorn weg, die Kinder der anderen müssen sich umdrehen und versuchen, ein Kind der anderen Mannschaft einzufangen.

Kohlkopf (Mühle)

Die Kinder stellen sich zu zweit auf und nehmen Kreuzhandfassung ein. Der Rumpf wird zurückgebogen und das Körpergewicht auf die Innenkufe eines Schlittschuhs gelagert, mit dem anderen wird abgestoßen, und so drehen sich die beiden im Kreis. Auf dem Eis entsteht eine Figur, der „Kohlkopf". Der Lauf wird langsam beschleunigt. Am Drehen des „Kohlkopfs" können sich auch drei bis vier Kinder beteiligen.

Wer ist am schnellsten?

Entsprechend der Anzahl der Kinder werden mehrere parallel zueinander liegende gerade Linien abgesteckt. Auf jede dieser Linien werden im Abstand von 1,5 m bis 2 m drei bis vier Schneebälle gelegt. In einer Entfernung von 15 bis 20 m von diesen Linien wird die Startlinie gezogen. Auf Kommando laufen die Kinder los und sammeln die Schneebälle von ihrer Linie der Reihe nach auf. Sieger ist, wer seine Schneebälle als erster aufgelesen hat.
Das Spiel wird drei- bis viermal wiederholt. Anstelle von Schneebällen kann man auch Bausteine, kleinere Bälle und andere Gegenstände verwenden.

Bringe mir das Spielzeug!

Die Kinder stehen an einer Seite der Eisbahn in einer Reihe. An der gegenüberliegenden Seite werden farbige Kegel oder Bausteine aufgestellt. Auf ein Signal laufen die Kinder los, jedes muß einen Kegel (Baustein) ergreifen und zurück zum Ausgangspunkt bringen. Wer war dabei der Schnellste?

Troikalauf auf Schlittschuhen

Die Kinder laufen zu dritt, sich an den Händen fassend, entweder im Kreis oder von einer Seite der Eisbahn zur anderen. Nach einer Weile tauschen sie die Plätze: wer in der Mitte stand, läuft nun an der Seite. Das in der Mitte laufende Kind muß sich auf das Lauftempo seiner Partner einstellen.

Paarwettlauf

Sehr lebhaft und lustig geht es beim Paarlaufen über eine Strecke von 50 bis 100 m zu. Je zwei Kinder nehmen Handfassung und laufen mit anderen Paaren um die Wette. Welches Paar gewinnt?

Kreisellauf

Die Kinder werden in zwei Gruppen eingeteilt und stellen sich auf den gegenüberliegenden Seiten der Eisfläche auf (in gerader Zahl). Auf Kommando laufen alle zur Mitte der Eisfläche und aufeinander zu. Sie haken sich unter und drehen sich im Kreise, ohne die Schlittschuhe vom Eis zu lösen. Sind sie wieder zum Stehen gekommen, lösen sie sich voneinander und laufen zu ihrem Ausgangspunkt zurück.

In die Hocke! – In den Kreis!

Die Kinder nehmen Anlauf und auf das Signal „Hockt!" gehen sie in die Hocke. In dieser Stellung gleiten sie vorwärts, bis sie zum Stehen kommen (Wiederholung mehrmals). Auf den Ruf: „In den Kreis!" versucht jeder Läufer, auf beiden Beinen gleitend, einen geschlossenen Kreis auf dem Eis zu zeichnen. Wem gelingt es, diesen vollständig zu schließen?

Lustige Wettbewerbe
für Kinderfeste

Die im folgenden aufgeführten Spiele und Wettbewerbe eignen sich besonders für Kinderfeste im Kindergarten, in der Familie, für Garten- und Hausfeste. Kinder unterschiedlichen Alters nehmen daran teil. Daher verzichten wir auf eine Altersstufenangabe.

Topfschlagen

Einem Kind werden die Augen verbunden, es erhält einen Stock und muß sich in den Kreis stellen. Etwas von ihm entfernt wird auf den Boden ein kleines Geschenk (Preis) gelegt und ein Topf darüber gestülpt. Das muß sehr leise geschehen, damit das Kind nicht nach dem Geräusch die Richtung bestimmen kann. Danach versucht es, mit dem Stock am Boden tastend, den Topf zu finden. Ist der Topf gefunden, wird das Tuch abgenommen und die kleine Überraschung hervorgeholt.

1 Topf oder Plasteimer, ein hölzerner Kochlöffel oder 1 Stock, 1 Tuch

Kringelbeißen

Bindfaden,
Brezeln oder
Zuckerkringel

Ein Bindfaden wird, bis zur Körperhöhe eines Kindes reichend, an einem Baum oder an einem Ständer befestigt. Auf die Schnur wird eine Brezel gezogen. Das andere Ende des Bindfadens hält der Spielführer in der Hand.
Ein Kind tritt unter die Brezel. Es versucht, sie mit dem Mund zu erreichen und ein Stück davon abzubeißen. Die Hände muß es dabei auf dem Rücken halten! Der Spielführer kann es beim „Kringelbeißen" etwas necken, indem er die Schnur um wenige Zentimeter höher zieht. So muß das Kind noch einmal nach der Brezel schnappen, die es dann auch bekommt.

Eierlaufen

2 Löffel,
2 Kugeln
(Toneier,
Tennisbälle
o. ä.)

Zwei Kinder erhalten je einen Löffel, auf dem ein Ei (Kugel) liegt. Nach einem Startzeichen laufen sie bis zu einem bestimmten Ziel und wieder zurück. Der Löffel muß dabei so vorsichtig getragen werden, daß das Ei (Kugel) nicht herunterfallen kann. Verliert es ein Spieler auf dem Weg, muß er es schnell wieder aufheben, auf den Löffel legen und kann weiterlaufen. Das Ei (Kugel) darf nicht mit der Hand festgehalten werden. Wer zuerst mit dem Ei (Kugel) auf dem Löffel am Ziel anlangt, erhält einen Preis.

Froschhüpfen

Die Kinder stehen in einer Linie nebeneinander. Auf ein Zeichen des Spielleiters nehmen sie Hockstütz ein und hüpfen wie „Frösche" so schnell wie möglich auf die gegenüberliegende Ziellinie (Wimpelkette) zu. Der schnellste „Frosch" erhält einen kleinen Preis. Das Spiel kann abwechslungsreich gestaltet werden, indem nacheinander andere Tiere nachgeahmt werden, z. B. das Häschen.

Känguruhhüpfen

Es werden zwei Staffeln aufgestellt. Mit einem Ball oder einem Säckchen (Pappdeckel) zwischen den Knien wird bis zu einem Wendemal gehüpft. Auf dem Rückweg muß das Säckchen (Pappdeckel) auf dem Kopf balanciert werden. Welche Staffel macht die wenigsten Fehler und ist zuerst fertig?

Pappdeckel,
Sandsäckchen

2 Plastebecher,
bis an eine
Markierung mit
Wasser gefüllt

Wasser tragen

Es werden zwei Mannschaften gebildet, deren Spieler sich hintereinander aufstellen. Die ersten Kinder jeder Mannschaft halten einen
Becher mit Wasser in der Hand. Auf ein Zeichen laufen sie bis zu einem Wendemal und wieder zurück. Kein Tropfen Wasser darf dabei
vergossen werden! Hat ein Spieler etwas Wasser verschüttet, so
muß er zu einer Kanne laufen und den Becher wieder bis an eine
Markierung mit Wasser füllen.
Die Kanne darf nicht direkt im Spielfeld, aber auch nicht zu weit
entfernt, stehen, damit die Verzögerung nicht so groß ist. Ist der
Spieler zu seiner Mannschaft zurückgekehrt, gibt er den Becher dem
zweiten Kind in die Hand und stellt sich wieder an.

Bei acht: Hocken!

Rahmentrommel

Die Kinder stehen im offenen Innenstirnkreis, der Spielführer gibt
eine Bewegung vor, z. B. Hocken oder Grätschstand, die auf Signal
eingenommen werden muß. Der Spielführer schlägt dazu auf eine
Rahmentrommel (Klanghölzer u. ä.), je nach Wahl, z. B. sieben leise
Schläge, der achte laut. Beim lauten Schlag muß die vorgegebene
Haltung eingenommen werden. Wer Fehler macht, gibt ein Pfand.
Der Sieger wird neuer Spielführer.

Aufspulen (Autorennen)

Spielfahr-
zeuge, die an
langen Schnüren
befestigt
sind, Stäbe
zum Aufwickeln

Zwei bis vier Kinder stellen sich nebeneinander an einer Linie auf
oder sitzen auf einer Bank. In einiger Entfernung stehen die Spiel-
fahrzeuge, die Schnüre liegen am Boden, das Ende mit Stab jeweils
vor einem Kind. Auf das Startzeichen des Spielleiters beginnen die
Kinder, die Schnur ihres Fahrzeugs aufzuspulen (Stabende mit beiden Händen halten). Wer sein Fahrzeug zuerst aufgespult hat, ist
Sieger und bekommt eine kleine Belohnung.

Hütchentransport

Es wird eine Strecke von 6 m markiert, an deren Anfang und Ende je ein hölzerner Ständer steht. Über den ersten Ständer wird ein Hütchen mit breitem Rand gestülpt. Der Spieler bekommt 2 Stäbchen in die Hand, mit deren Hilfe er, ohne die Stäbchen zu kreuzen, das Hütchen abnehmen, zum zweiten Ständer tragen und diesem überstülpen muß. Gelingt dies, so wird ein Preis vergeben. Das nächste Kind kann nun seine Fähigkeiten erproben.

1 Papphütchen,
2 Stäbchen,
2 Holzständer

Balltreiben durch eine Slalomstrecke

In den Boden werden 10 bis 12 Holzpflöcke (z. B. Pflanzhölzer) im Abstand von 1 m gesteckt. Jedes Kind legt nacheinander seinen Ball an die Startlinie und treibt ihn auf ein Zeichen des Spielleiters im Slalom um die Pflöcke herum bis zum Wendemal (letzter Pflock) und zurück.
Rollt der Ball einmal aus der Bahn, muß er zurückgeholt werden. Dann wird das Spiel an der Stelle, wo der Ball ausgeschert ist, weitergeführt. Der Ball kann auch mit dem Fuß gerollt werden. Wer hat am Ende die wenigsten oder keinen Fehler gemacht?

Dosen angeln

mehrere
Papp- oder
Blechdosen
mit Drahtbü-
gel oder Ösen
versehen,
Stange mit
Angelhaken

Wir stellen mehrere mit einem Drahtbügel versehene, bemalte oder beklebte Pappdosen auf dem Rasen auf. Die Kinder erhalten einen Angelhaken, der an einer langen Stange befestigt ist, und versuchen, eine Dose zu angeln. Drei Versuche sind gestattet. In den Dosen sollte eine kleine Näscherei versteckt sein.

Kegelspiel mit Schwungseil

1 Schwungseil,
1 Stoffball,
9 Kegel

An einem langen, kräftigen Baumast wird ein Schwungseil mit einem festen Stoffball am Ende befestigt. Neun Kegel aus Plast werden darunter aufgestellt. Aus etwa 1 bis 2 m Entfernung wird das Seil gefaßt und in Schwung versetzt. Der Ball muß zuerst an den Kegeln vorbei und sie dann mit dem Rückschwung treffen. Wer die meisten Kegel getroffen hat, ist Sieger.

Kegelspiel

Die Kegel werden im engen Kegelstand in einiger Entfernung von den Kindern (2 bis 3 m) aufgestellt. Jedes Kind rollt die Kugel und versucht die Kegel zu treffen. Die Treffer werden gezählt, das heißt, entsprechende Striche in den Sand gezogen oder Muggelsteine ausgelegt. Jedes Kind hat drei Versuche. Wer schafft die meisten Kegel? (Es kann anfangs auch ohne Zählen gespielt werden.)

9 Kegel aus Plast, 1 Kugel

Schatzsuche

Im Garten, auf dem Spielplatz wird ein „Schatz" versteckt (ein großer Ball, ein Kuscheltier, ein Paket). Die Erwachsenen dürfen nur durch Rufe wie „Heiß!" – „Kalt!" die Suche der Kinder unterstützen. Wer entdeckt den Schatz als erster?
Es ist zu empfehlen, nur in kleinen Gruppen von 3 bis 5 Kindern suchen zu lassen, damit recht viele einen „Schatz" finden können.

mehrere Geschenke zum Suchen

Steckenpferdreiten

Wieder neu belebt wurde in Kindergärten das Steckenpferdreiten. Die Steckenpferdchen – aus stabilem Stock und daran befestigtem Pferdekopf (Pappe oder Holz) bestehend – werden an einer Schlaufe gehalten, der Stecken wird zwischen die Beine genommen. Und schon kann das „Reiten" im Kreis, auf einer Linie, durch eine Gasse und um die Wette bis zu einem Ziel erfolgen.

mehrere Steckenpferde

Kleidertausch

mehrere
lustige
Kleidungsstücke
und Kopf-
bedeckungen,
die sich
schnell
anziehen lassen,
1 Stuhl

Dieses Spiel erfordert viel Geschicklichkeit beim An- und Ausziehen. Zwei Mannschaften stehen sich im Abstand von etwa 10 m *gegenüber*, in der Mitte der Laufstrecke steht ein Stuhl mit Kleidungsstükken, die sehr weit und lustig sind: Hüte, Hosen, Filzschuhe, Hemden usw. Auf ein Signal läuft der erste Läufer jeder Mannschaft los und zieht sich ein Stück davon an. Beim nächsten Läufer der *eigenen* Mannschaft angekommen, zieht er dieses Kleidungsstück wieder aus, und der nächste Läufer streift es über. Dann läuft dieser zum Stuhl, holt sich ein weiteres Kleidungsstück und übergibt dem nächsten Kind nun schon zwei Stücke usf. Welche Mannschaft ist am schnellsten?

Variante:

● Hose, Jacke, Mütze liegen auf der Strecke verteilt (in Reifen). Bedingung ist, daß sich jedes Kind das entsprechende Kleidungsstück an der jeweils gekennzeichneten Stelle anzieht und erst dann weiterläuft.

Polterbude

mehrere
Papp- oder
Blechdosen,
Stoffbälle

Wir bauen aus neun Blechdosen eine Pyramide und werfen mit Stoffbällen danach. Wer bei drei Würfen die meisten Treffer erzielt hat, erhält einen Preis.

Sandsäckchen in Reifen werfen

Auf der Wiese werden 8 oder mehr große Reifen (auch Autoreifen) dicht aneinander ausgelegt. Von einer Linie aus werfen die Kinder nacheinander 3 Sandsäckchen (Stoffbälle) in die Reifen. Als getroffen gilt, wenn das Sandsäckchen (der Ball) *im* Reifen liegenbleibt. Wer erzielt die meisten Treffer? Zwei Kinder sammeln die Sandsäckchen, nachdem ein Kind geworfen hat, schnell wieder ein und übergeben sie dem nächsten Spieler.

8 Reifen, mehrere Sandsäckchen oder Stoffbälle

Varianten:

● Die Anzahl der ausgelegten Reifen kann erhöht, der Abstand zwischen den Reifen vergrößert und die Abwurflinie weiter zurück verlegt werden.

225

Wir füttern das Kaninchen

Wurffigur,
Bälle

An einer Wand oder an einem Gestell wird eine Wurffigur befestigt, die ein Kaninchen o. ä. mit offenem Maul darstellt. Ein Kind wird aufgerufen, es bekommt eine „Möhre" (aus Pappe ausgeschnitten und bunt bemalt) oder einen Ball und stellt sich der Figur gegenüber auf. Es schaut sich diese gut an, danach verbindet man ihm die Augen. Nun muß das Kind dem „Kaninchen etwas zu fressen geben" bzw. die Möhre (den Ball) in die Öffnung stecken. Gelingt ihm das, erhält es ein Lob (Preis). Gelingt es ihm auch nach mehreren Versuchen nicht, wird das Tuch von den Augen genommen, und das Kind muß herausfinden, was es falsch gemacht hat. Das Spiel dauert nach Ermessen der Erzieherin.

Spaß mit Bambusstab und Bonbon

Stab mit
Faden, Bonbons

Ein Kind hält auf dem Rücken mit beiden Händen eine Bambusstange (oder einen Laternenstab). An der Stange ist ein Faden befestigt (Länge bis Mundhöhe des Kindes), am Ende des Fadens befindet sich ein Bonbon. Mit dem Mund muß das Kind den Bonbon nun schnappen. Der Bambusstab gerät dabei in Bewegung, das Kind kann die Süßigkeit also nicht sofort schnappen.

Zauberstab, berühre mich!

Mit einem „Zauberstab" werden die Kinder vom „Zauberer" (ein Kind) in Tiere verwandelt (Hund, Hase, Schlange, Vogel, Bär), in Fahrzeuge (Auto, Feuerwehr, Flugzeug) oder in Figuren wie Hampelmann. Jedes Kind bewegt sich dementsprechend eine Weile, bis es wieder „entzaubert" wird. Alle Kinder sollten während des Spiels selbst einmal „zaubern" dürfen!

Holzstab, bemalt als „Zauberstab"

Sackhüpfen

Es liegen zwei saubere Säcke bereit. Ihre Länge muß der Größe der Kinder entsprechen (bis zur Achselhöhle). Zwei Kinder schlüpfen in je einen der Säcke, die ihnen unter den Armen zugebunden werden. Nach einem Kommando hüpfen sie bis zu einem Ziel und wieder zurück.

2 Säcke, etwas Schnur

Man kann den Kindern den Rat geben, im Schlußsprung (mit beiden Beinen zugleich) und nicht zu schnell zu springen, damit sie nicht so leicht hinfallen. Das Aufstehen im Sack ist recht schwer, den Kindern muß dabei geholfen werden.

Bei einer anderen Spielform fassen sich jeweils zwei Kinder an den Händen und hüpfen im Schlußsprung gemeinsam zum Ziel. Fällt eines hin, so hilft ihm das andere Kind beim Aufstehen.

Variante:
- Ähnlich kann dieses Spiel mit einem Reifen gestaltet werden, in den das jeweilige Kind steigt und den es mit beiden Händen in Hüfthöhe hält, während es im Schlußsprung vorwärts hüpft.

Tüten schlagen

An einer Leine werden mehrere aufgeblasene Tüten befestigt. Aus etwa 10 m Entfernung starten auf ein Zeichen einige Kinder. Wer zuerst eine Tüte herunterzieht oder zum Platzen bringt, ist Sieger und erhält einen Preis.

Variante:

eine Leine,
Plastetüten

● Es werden dünne Fäden gespannt (zwischen Bäumen); an jedem Faden hängt mit einer Büroklammer befestigt ein farbiges Blatt Papier, das auf Signal bis an das Ende des Fadens (etwa bis 1 m) gepustet werden muß.

Schlage den Luftballon!

mehrere
Luftballons

Die Kinder stehen in zwei Staffeln hintereinander. Je ein Luftballon wird an ein Bein der ersten beiden Läufer gebunden. Die Läufer jeder Staffel laufen bis zum Wendemal und versuchen, den Luftballon des anderen während des Laufs zum Platzen zu bringen.
Gelingt dies, so scheidet der betroffene Spieler aus. Welche Staffel kann am längsten spielen?

Wer hat die beste Puste?

mehrere
Luftballons

Es werden zwei Gruppen gebildet. Alle Kinder legen sich in Bauchlage auf den Rasen, Abstand von der Mitte ca. 2 m. In die Mitte werden aufgeblasene Luftballons gelegt, und dann wird kräftig gepustet. Wer die meisten Luftballons zur anderen Gruppe bläst, hat gewonnen.

228

Klettern und am Glöckchen zupfen

Am Klettergerüst wird ein Glöckchen angebracht. Die größeren Kinder klettern einzeln hinauf und zupfen daran. Wem es gelingt, der erhält einen kleinen Preis. Die Erzieherin gibt jeweils Sicherheitsstellung!

Glöckchen und Faden

Klettern nach Geschenken

An Festtagen hängt man einige Geschenke am Klettergerüst auf. Die Kinder klettern einzeln hinauf, wer das Geschenk erreicht (angetippt hat), erhält es später von der Erzieherin, die jeweils Sicherheitsstellung gibt.

Jeweils zwei sehr geübte, sichere Kinder kann man einmal an zwei Kletterstangen um die Wette klettern lassen – auch hier geben Erwachsene Sicherheitsstellung.

kleine Geschenke mit Faden befestigt

Was hängt an der Leine?

eine Leine, kleine Gewinne

Den jüngeren Kindern wird es Vergnügen bereiten, von einer Linie aus auf eine entfernte Leine zuzulaufen, an der mit Bindfäden befestigt verschiedene kleine Gewinne hängen. Die Leine kann zwischen zwei Bäumen in 1,5 m Höhe gespannt sein.

Jedes Kind sucht sich etwas aus. Auf Kommando laufen alle Kinder auf ihr Ziel zu. Wer einen Gegenstand zuerst festhält, bekommt ihn. Ein paar Trostpreise sollten auf alle Fälle bereitliegen!

Geschenke abschneiden

Leine mit kleinen Geschenken, Kinderscheren

Von einem Baume zum anderen wird eine nicht zu hohe Leine gezogen (1,5 m) und mit allerlei Geschenken behängt, die an Bindfäden befestigt sind. Von einer Linie aus müssen die älteren Kinder auf die Leine loslaufen und ein Geschenk mit einer dort bereitliegenden Kinderschere abschneiden.

Tippscheibe

Es wird eine große drehbare Scheibe mit farbigen Punkten von verschiedenem Wert aufgestellt, eine Tippscheibe. Die Spieler laufen einzeln (mit verbundenen Augen) mit ausgestrecktem Arm darauf zu. Die Punkte, die sie anstoßen, bezeichnen den Wert, für den sie einen kleinen Preis erhalten.

Rasenreiten mit der Rasenrutsche

Die „Rasenrutsche" besteht aus einer an einem Besenstiel geschraub-
ten PVC-Fläche, auf der die Kinder knien. Ein Griff, etwas oberhalb
der Gleitfläche angebracht, erleichtert das Festhalten, wenn das Reiten losgeht. Dieses lustige Ziehspiel können die Erwachsenen mit
jüngeren Vorschulkindern (einzeln, bei Kinderfesten oder auf Aus-
flügen) auf kurzgeschnittenem Rasen veranstalten.

Besenstiel,
PVC-Fläche
mit Griff

Ringstechen

Eine rhombenförmige Sperrholzfläche wird durchbohrt, in Hüfthöhe mit Angelschnur an einem Ast befestigt und mit einem Gewicht (Baustein) beschwert. Zwei Mannschaften versuchen, mit einem Stab in die Bohrung zu treffen. Das geschickteste Kind wird
Sieger. Erwachsene geben Hilfestellung, damit die Kinder sich nicht
verletzen.

Sperrholz-
fläche in
Rhombenform,
an Angelschnur
hängend,
2 Stäbe

Schubkarren- oder Wagenrennen

mehrere
stabile
Schubkarren,
Wagen oder
Plasteautos

Einen Wettlauf zum Kinderfest kann man mit mehreren richtigen Schubkarren, kleinen Handwagen oder großen Plasteautos veranstalten. Die Kinder stellen sich wiederum in Staffeln auf. Auf ein Signal laufen die ersten Kinder jeder Staffel mit der Schubkarre bis zu einem Wendemal, um dort etwas einzuladen und zurückzutransportieren. Unterwegs müssen sie unter einem Seil hindurchfahren, über eine Brücke (Bretter) oder um mehrere Kegel im Slalom fahren. Das nächste Kind bringt den Gegenstand zum Wendemal zurück usf.

Variante:

● Die größeren Kinder transportieren ein jüngeres Kind in der Schubkarre oder dem Handwagen. Die schnellsten Kinder erhalten einen Preis.

Schubkarrenlauf

Beim Schubkarrenlauf gehen einige Kinder in den Vierfüßlerstand, die anderen packen sie an den Oberschenkeln (oberhalb der Knie, Arme herumlegen). Jetzt müssen die „Schubkarren" mit gestreckten Armen einige Meter gehen und werden dabei von den anderen geführt. Danach wechseln sie. Wer ist zuerst am Ziel?

Kartoffellauf

Die Kinder stellen sich in zwei gleich große Mannschaften hintereinander an einer Startlinie auf. Der erste Läufer jeder Mannschaft bekommt einen Korb. In einiger Entfernung von der Startlinie werden mehrere Kartoffeln (oder Kastanien) ausgelegt. Auf ein Signal laufen die ersten Läufer zu den Kartoffeln (Kastanien), sammeln diese in den Korb und tragen ihn im Laufschritt zur Startlinie zurück. Die Mannschaft, deren Läufer als erster zurückkommt, erhält einen Punkt.

Kartoffeln oder Kastanien, 2 Körbe

Die zweiten Läufer laufen auf ein Signal los, tragen die Kartoffeln (Kastanien) zurück, laufen mit dem leeren Korb zu ihren Mannschaften zurück. Der zuerst ankommende Läufer erhält den Punkt. Es gewinnt die Mannschaft, die die meisten Punkte errungen hat.

Zwei-Deckel-Lauf

2 quadratische Pappdeckel für jede Staffel

Es werden zwei bis drei Mannschaften mit je 4 bis 6 Kindern gebildet. Der erste Läufer jeder Mannschaft erhält zwei Pappdeckel, jeder muß so groß sein, daß man mit beiden Füßen auf ihm stehen kann. Abwechselnd werden die Deckel nun vorgelegt: auf einen tritt der Läufer, den anderen legt er sich vor die Füße, um mit dem nächsten Schritt darauf zu treten, dabei den hinter ihm liegenden Deckel wieder aufnehmend usf. Auf diese Weise legt der Läufer eine kurze Strecke bis zu einem Wendemal zurück. Der Rückweg darf frei gelaufen werden.

Der zweite Läufer bekommt die Pappdeckel für den nächsten Wettlauf. Die Sieger erhalten jeweils einen Punkt (Muggelstein). Am Ende wird die schnellste Mannschaft ermittelt.

Geschickter Kellner

2 Langseile, ein Tablett mit 2 bis 4 Plastebechern

Die Seile werden zu einer Gasse oder Slalomstrecke ausgelegt. Die Kinder stehen in einer Reihe hintereinander vor dieser Gasse und sollen sich als „Geschickter Kellner" erproben. Sie müssen einzeln nacheinander das Tablett mit den Bechern voll Wasser bis zum Ende der Gasse balancieren, ohne Wasser zu verschütten. Die Becher werden entsprechend dem Alter und den Fähigkeiten der Kinder bis zu einer Markierung gefüllt.

Das Tablett nimmt ein Erwachsener ab und trägt es zur Startlinie zurück.

Lauf mit dem Hut!

Die Kinder werden in zwei Mannschaften eingeteilt und stellen sich in der Staffel auf. Die beiden ersten Kinder bekommen große bunte Papierhüte aufgesetzt, laufen auf Kommando bis zu einem Ball, tragen oder rollen diesen um ein Wendemal (Stuhl), legen den Ball an der alten Stelle ab und laufen zu ihrer Staffel zurück. Sie übergeben den Hut dem nächsten Kind. Nun läuft dieses los usf. Welche wird die schnellste Staffel sein?

2 bunte Papierhüte, 2 Bälle, 1 Stuhl als Wendemal

Nasser Ball

Drei Mannschaften mit je 6 Kindern sollten beteiligt sein, damit das Spiel spannend wird. Zuerst muß ein *Ball* auf der flachen Hand ein Stück getragen, damit auf eine Bank gestiegen, ein *Hut* aufgesetzt und so die Bank entlang balanciert werden. Am Ende der Bank wird der Ball in eine *Wanne* mit Wasser geworfen. Dann kann der Spieler einen Schluck Brause *trinken*, den *Ball* aus der Wanne holen und zum nächsten Spieler zurücklaufen.

1 Ball, 1 Hütchen, 1 Bank, 1 Wanne mit etwas Wasser je Staffel

Dieser läuft mit dem Ball zur Bank, *rollt* ihn bis zur Wanne, in diese hinein, macht eine *Rolle vorwärts* – holt den *Ball* aus der Wanne und läuft zur Staffel zurück. Der dritte Spieler führt die Aufgaben des ersten Spielers aus usf. im Wechsel. Welche Mannschaft hat zuerst alle Aufgaben gelöst?

mehrere
Sprungseile,
2 Fähnchen

Sprungseilstaffel – Sprungseilkönig

Die Kinder stellen sich mit ihren Sprungseilen an einer Linie auf und laufen auf ein Startzeichen mit Seildurchschlägen bis zu einer gegenüberliegenden Ziellinie. Der Spielführer kontrolliert, daß kein Seildurchschlag ausgelassen wird. Wer wird erster sein?

Danach stellen sich die Kinder, die besonders gut Seilspringen können, in zwei Staffeln auf. Auf ein Zeichen laufen die ersten Kinder jeder Staffel unentwegt seilspringend bis zu einem Wendemal (Fähnchen), um dieses herum und – ohne zu springen – um die Wette zu ihrer Staffel zurück. Sie übergeben das Sprungseil dem nächsten Kind. Nach einem Staffeldurchlauf stellen sich nur die Kinder wieder auf, die jeweils gesiegt haben. Es werden neue Paare gebildet. So wird weiter gespielt, bis nur noch zwei Kinder wetteifern – eines wird „Sprungseilkönig".

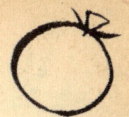

Belustigungen zum Kinderfest

Eine Rakete starten lassen

Als Auftakt zum Fest, um einen Sieger oder eine Siegermannschaft zu ehren, lassen wir „eine Rakete starten" während des Festes. Das geschieht so:

Alle Kinder stampfen mit den Füßen, zuerst langsam, dann immer schneller werdend; alle klatschen mit den Händen auf ihre Oberschenkel, auf die Brust, in die Hand; alle zischen, fauchen und rufen: „Peng!" oder „Hu-u-u-uh …!" in anschwellendem Ton. Zuletzt reißen alle die Arme hoch und rufen: „Aaaah!"

Lebende Schlange

Während des Kinderfestes kann plötzlich eine „lebende Riesenschlange" auftauchen. Das gibt einen Spaß! Bald merken die Kinder, wer sich darunter versteckt hat.

Laken oder Decken

Mehrere Kinder und ein Erwachsener gehen tief nach vorn gebeugt oder auf allen vieren hintereinander, die Hüften oder den Rücken des vorderen Kindes dabei fassend, unter einem über sie gebreiteten farbigem Tuch (Laken, Decke). Es sollten höchstens die Füße ein wenig zu sehen sein. Das erste Kind oder besser ein Erwachsener geht aufrecht und trägt eine Maske (Schlangenkopf oder Phantasietier); das letzte, kleinste Kind kann einen bunten Schal, eine Blechbüchsenschnur, einen angebundenen Besen o. ä. hinter sich herziehen.

Die „Schlange" läuft auf die kreischenden Kinder zu, neckt sie, rempelt sie an, zupft sie an der Kleidung, schnuppert herum, schlägt mit dem Hinterteil aus und treibt allerlei Unfug. Den Einfällen sind keine Grenzen gesetzt, allerdings gehört vorher etwas Übung dazu!

Male mir eine Hasennase!

Zum Kinderfest sollten sich die Kinder auch einmal mit Wasserfarbe oder etwas Schminke gegenseitig bemalen können. Wir cremen die Haut vorher ein wenig ein.

Vorschläge:

Wasserfarbe, Schminke

Jedes Kind bekommt eine Katzennase mit Barthaaren oder ein Bärtchen oder eine rote Hasennase von einem anderen Kind aufgemalt.

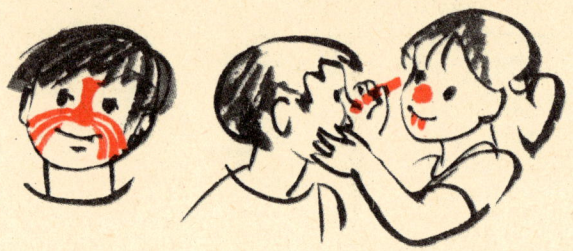

Auf die Handrücken werden Farbtupfer, Sterne oder Blütenköpfe gemalt.

Die Erzieherinnen schminken einige Kinder wie kleine Clowns im Gesicht.

Wer hat danach die beste Spielidee?
Nach dem Spiel kann alles leicht unter der Brause abgewaschen werden.

238

Pflastermalen und Spielen

Auf Flächen mit festem Grund, auf Plattenwege, Höfe, Terrassen u. ä., können die Kinder nach einem Thema oder nach freier Wahl Bilder malen. Jedes bekommt ein Quadrat zugewiesen und farbige Kreide. Beginn und Ende des Malens erfolgen auf ein Zeichen des Spielführers. Am Ende wählen die Kinder die drei besten Pflastermaler aus.

farbige Kreide

Man kann auch den Grundriß einer *Stadt* vorgeben, z. B. Straßen. Nun malt jedes Kind ein Haus. Dann können sie sich gegenseitig „besuchen", den Straßen Namen geben usw.

Oder es werden Berge, Flüsse, Seen vorgezeichnet. Die Kinder malen Häuser, Bäume, Autos, Menschen dazwischen, ziehen Wege und Straßen von einem zum anderen und spielen „Verreisen" o. ä.

Lustige Köpfe

Wir klammern an eine Leine große Packpapier- oder Kartonstücke, so daß sie bis zum Boden reichen und etwas höher als die Kinder sind. Mit Farbe oder Faserstiften werden runde und ovale Kreise aufgemalt und ausgeschnitten. Diese Öffnungen stellen die Gucklöcher dar, durch welche die Kinder später schauen können.

festes Packpapier oder Karton, Fasermalstifte, Leine, Klammern

Wenn wir um die Öffnungen herum Frisuren mit Zöpfen, Ponnys, Schleifen u. ä., Körper mit Armen, Händen, Füßen und lustige Bekleidung malen, sehen die durchschauenden Kinder sehr spaßig aus und werden gar nicht so leicht erkannt. Spielt man mit Zuschauern, läßt man einige Kinder malen, während sich andere bereits dahinter verstecken. Dann können die Zuschauer raten: Wer schaut wo heraus?

Stuhlpolonaise

Eine Stuhlreihe wird als Doppelreihe oder Wechselreihe aufgestellt (eine Sitzfläche nach vorn, eine Sitzfläche nach hinten). Es muß ein Stuhl weniger sein als mitspielende Kinder. Die Kinder stellen sich hintereinander im Flankenkreis um die Stuhlreihe auf, die Hände auf dem Rücken. Auf ein Zeichen laufen sie nach Akkordeonmusik oder Rahmentrommelschlägen singend um die Stuhlreihe herum, so lange, bis die Musik plötzlich abbricht. Sofort muß jedes Kind versuchen, einen Stuhl zu besetzen. Sitzen plötzlich zwei auf einem Platz, so entscheidet der Spielleiter, wer ausscheiden muß.
Nach jeder Runde wird ein Stuhl zur Seite gestellt. Die Musik wird immer schneller, die Laufrunde immer enger.
Wer zuletzt übrig bleibt, hat gewonnen.

Stuhlreihe (margin)

Variante:
● Im Freien kann das Spiel auch mit Reifen gespielt werden.

Dreibeinlaufen

mehrere Bänder (margin)

Je zwei Paare laufen als „Dreibein" um die Wette, das geschieht so: Die beiden zusammen laufenden Kinder stellen sich eng nebeneinander auf, die beiden innenstehenden Beine werden über den Fußgelenken mit einem Band zusammengebunden. Nun muß das Laufen, das Hinfallen und Aufstehen erst einmal etwas geübt werden. Die Kinder nehmen Schulter- und Hüftfassung oder haken sich ein.
Wer traut sich nun einen Wettlauf zu? Welches Paar kommt am schnellsten bis zum Ziel? Welches fällt dabei gar nicht hin?

240

Schwänzchen anzeichnen

Auf eine Tafel wird ein Tier in großen Umrissen gezeichnet, zum Beispiel ein Schwein, eine Katze, eine Maus. Das Schwänzchen fehlt aber noch. Einem Kind werden die Augen verbunden, es bekommt einen Farbstift oder Kreide und wird zur Tafel geführt. Dort muß es das fehlende Schwänzchen anfügen, also zeichnen. Ob es ihm gelingt, dies an der richtigen Stelle einzusetzen? Für die Zuschauer ist es meist sehr lustig, die Ergebnisse zu betrachten, auch der kleine Zeichner lacht, wenn er sieht, wie verkehrt das Schwänzchen sitzt. Die Zeichnung wird abgewischt, das nächste Kind kommt dran.

Tafel, Kreide, Zeichenkarton, Farbstifte

Variante:
- Jüngere Kinder können auch ein aus Pappe geschnittenes Schwänzchen erhalten, das sie dann ankleben; Untergrund müßte dann ein Stück Zeichenkarton sein.

Armes Katerchen

Eines ist das „Katerchen" und kriecht auf allen vieren im Kreis von Kind zu Kind. Dabei mauzt es gar jämmerlich und schneidet Grimassen. Wenn es vor einem Kind kauert, muß dieses das Katerchen streicheln und sagen „Armes, armes Katerchen!" Dabei darf es nicht lachen! Gelingt es dem „Katerchen", das andere Kind zum Lachen zu verleiten, so wird dieses nun „Katerchen".

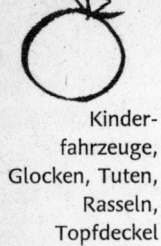

Krach- oder Musikauto-Umzug

Kinderfahrzeuge, Glocken, Tuten, Rasseln, Topfdeckel

Eine spaßige Einlage bei einem Kinderfest ist das Auftauchen eines Dreirad- oder Rollercorso mit diversen Krach- und Musikmachern, der dann einige Runden um den Spielplatz oder durch die Zuschauerreihen zieht. Das können sein:
Kinderfahrzeuge mit angebundenen Glöckchen, Kuhglocken, Klingeln, scheppernde Blechbüchsen oder mit Steinchen gefüllte Kartons und Dosen, welche die Fahrzeuge nachziehen. Kinder mit Tuten, Trommeln, Rasseln, Topfdeckeln, die von anderen im Wagen gezogen werden und lustig verkleidet sind.

Stelzenmann

2 Stelzen (Holzklötze), lange, weite Hose

Das kann eine Belustigung sein, die Erwachsene für die Kinder veranstalten. Um die nötige Übergröße zu erlangen, werden stabile Holzklötze unter die Schuhe geschnallt (mittels Lederschlaufen und Riemen), damit man sicher darauf stehen und gehen kann. Eine sehr lange und weite Hose verdeckt die Stelzen. Ein „Stelzenmann" kann nun als Zauberer, als Clown oder Zirkusdirektor auftreten und die Kinder erheitern.

Schlangenbeschwörer

1 Korb, 1 Flöte, 1 Schlangenattrappe

Während eines Kinderfestes kann auch einmal ein Schlangenbeschwörer auftreten. Er schleppt einen großen Korb herein, in dem die dressierte „Schlange" liegt (ausgestopfter Strumpf). Nun muß er sie mit einer Flöte zum Leben erwecken. Zwischen dem Schlangenkopf und der Flöte ist eine Angelschnur befestigt worden. Beginnt der Schlangenbeschwörer nun zu flöten, bewegt er das Instrument hin und her, auf und ab– in gleicher Weise bewegt sich die Schlange. Sie hebt den Kopf, reckt sich ein wenig, immer mehr, tanzt hin und her zum Vergnügen der Kinder. Vielleicht springt sie zuletzt sogar aus dem Korb heraus?

Strümpfestricken

1 Ball

Ein beliebtes überliefertes Wettspiel für zwei Kinder ist das „Strümpfestricken". Sie stehen einander gegenüber, so eng, daß ihre Fußspitzen aneinanderstoßen. So geben sie anfangs einen Ball hin und her, werfen ihn bei den folgenden Wechseln, indem sie dabei jeder jeweils einen Schritt nach hinten treten. Der Abstand voneinander wird nun immer größer, der Ball darf nicht zu Boden fallen (dann „fällt eine Masche"). Geschieht das doch, so beginnt man von neuem oder der, der keinen Fehler machte, sucht sich einen anderen Partner. Welches Paar „strickt den längsten Strumpf"?

Hütchen und Kappen

Zum Kinderfest sollte jedes Kind eine kleine Kappe, ein Hütchen oder ein Stirnband bekommen oder es im Wettspiel gewinnen können. Die größeren Kinder helfen, einige Zeit vor dem Fest, diesen Kopfschmuck zu basteln. Dafür einige Anregungen:

Tütenhütchen

Wir verwenden Zeichenkarton, Buntpapier, festes Geschenkpapier und basteln daraus Tütenhütchen (Abb. a–c). Mit Hutgummi (Smokband) versehene Kopfbedeckungen können während des ganzen Festes getragen werden. Die Hütchen sollten wir unterschiedlich bekleben oder bemalen, damit jedes Kind ein individuelles Aussehen hat und später ein Andenken an den schönen Tag.

Zeichenkarton, Buntpapier, Hutgummi, Klebstoff, Schere

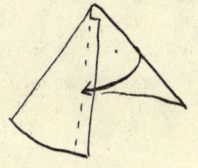  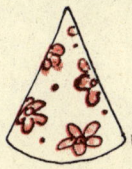

Abb. a–c : Tütenhütchen

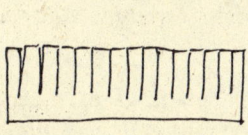 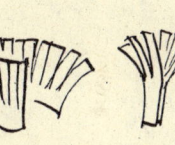 

Abb. d–f: Bommel aus Faltschnitten, auch Blume auf Draht gewickelt

Kappe aus Kreppapier

Kreppapier oder Seidenpapier wird zur Hälfte oben mit schmalen Einschnitten versehen, unten durch eine Pappeinlage verstärkt, seitlich zusammengeklebt. Oben bindet man die Kappe (die Streifen) mit einer Schleife, einem Band oder Faden ab.

Kreppapier, Pappstreifen, Klebstoff, Schere, Band

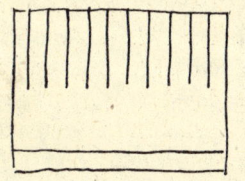 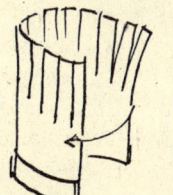 

Pappstreifen
(auch aus
Wellpappe)

Stirnband-Krone

Aus einem schmalen Pappstreifen schneidet man Dreiecke oder Halbkreise (Bogen) aus. Die Enden werden, der Kopfgröße der Kinder entsprechend, zum Stirnband zusammengeklebt.
Verstärkt man den Streifen mit Wellpappe, so lassen sich in diese Federn einstecken oder andere Schmuckelemente.

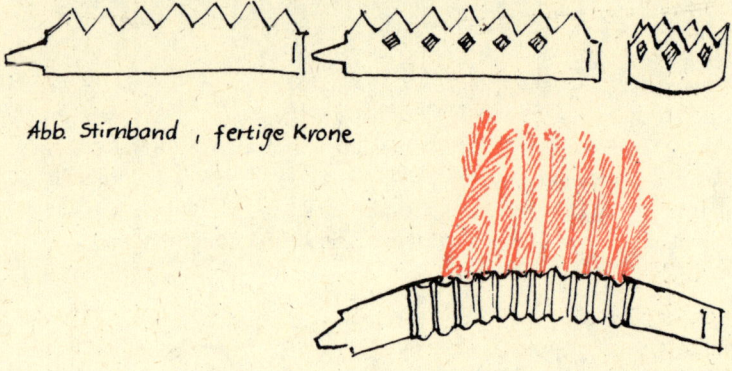

Abb. Stirnband , fertige Krone

Abb. Wellpappenstreifen , Federschmuck

Girlanden für die Festwiese

Den Platz, auf dem das Kinderfest stattfindet, die Orte, an denen die einzelnen Wettbewerbe und andere Veranstaltungen ausgeführt werden, begrenzen bzw. markieren wir mit Girlanden, Lampions, Luftballons und ähnlichem. Es gibt viele Möglichkeiten dafür. Einige Girlanden kann man selbst herstellen, die Kinder helfen, ihren Fähigkeiten entsprechend, und freuen sich dabei auf das Fest.

Girlande mit eingeknotetem Kreppapier

Kreppapier,
Schnur, Leine

In eine Schnur werden Streifen farbigen Kreppapieres eingeknotet. Dazwischen können Laternen gehängt werden.

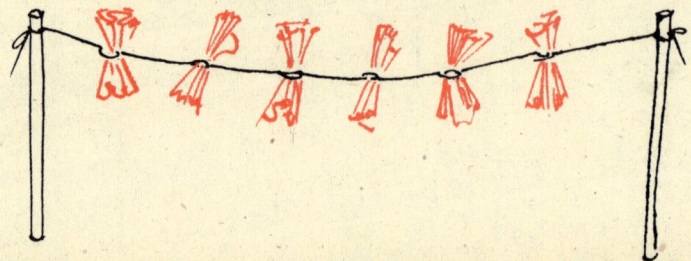

Luftballongirlande

Sehr lustig sehen aufgeblasene und mit Gesichtern bemalte Luftballons aus, die an einer Leine befestigt sind, sich im Wind bewegen, aber nicht wegfliegen. Abwechselnd kann man in diese Girlande noch lange, farbige Bänder einbinden.

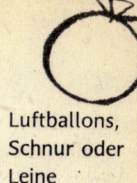

Luftballons, Schnur oder Leine

Wimpelkette

Aus Stoffresten oder Karton schneidet man Dreiecke oder Vierecke zu, evtl. auch doppelt. Die Wimpel können, oben mit einem Einziehtunnel versehen, auf eine Leine oder eine dünne Schnur aufgezogen werden, oder man hängt sie am Mittelbruch wie Wäsche über die Leine und klammert sie an. So einfach lassen sich auch Poster und Plakate befestigen.

Stoffreste, Schnur oder Leine

Girlande aus Faltschnitten

Kreppapier (30 cm breit) in der Mitte falten. Beim Bruch beginnend, 2 cm breit wechselseitig oben und unten einschneiden. Den Streifen auffalten und vorsichtig auseinanderziehen.

Kreppapier

Zeichenkarton,
Faden

Sonnen für Girlanden

Einen Streifen Zeichenkarton (42 cm × 6 cm) in gleichmäßige Streifen falten und wie eine Ziehharmonika zusammenschieben (Abb. a bis b). Den gefalteten Streifen an der unteren Seite auffädeln, an der oberen abschrägen, dann wieder ausbreiten, zuvor den Faden unten verknoten. Die Streifenenden zusammenkleben.

Zwei kleine Sonnenscheiben ausschneiden, zu beiden Seiten der Faltform aufkleben. Eine Öse oder einen Faden zum Aufhängen an-

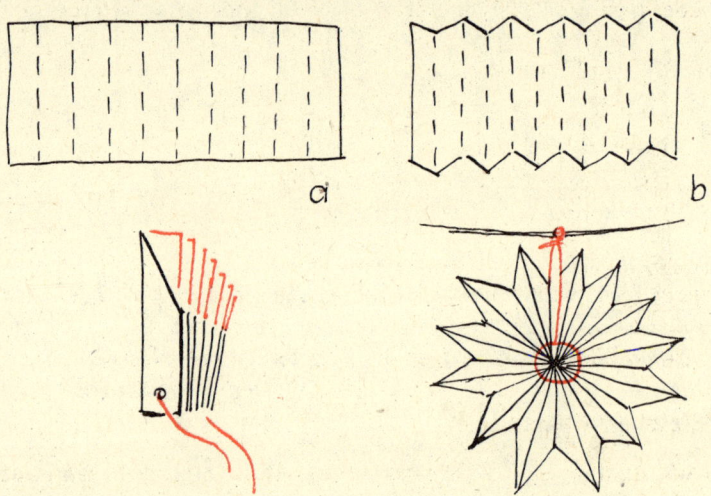

bringen. Die Sonnen können nun auf eine Schnur gereiht, aber auch einzeln auf dem Platz aufgehängt werden. Unterschiedliche Farben und Größen der Schmuckelemente beleben diese Girlanden.

246

Reihenfiguren

Ein Papierstreifen (30 cm lang, 16 cm breit) wird einmal längs gefaltet, so daß oben ein Bruch entsteht. Dann faltet man diesen Streifen mehrfach seitlich, so wie eine Ziehharmonika. Auf das erste Viereck wird eine Figur gezeichnet und ausgeschnitten, und zwar so, daß die Hände nicht aus- oder abgeschnitten werden, sondern die Reihenpüppchen zusammenhalten.

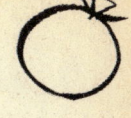

Faltpapier
(Papierstreifen)

Man kann sie als Tischschmuck aufstellen, auf Sichtblenden kleben oder mehrere Reihenfiguren zu einer Girlande zusammenfügen.

Abb. Reihenpüppchen falten, schneiden, aufstellen

Geschenkegirlande

Aus Buntpapier, Zeichenkarton und Geschenkpapier kann man kleine Tüten falten und kleben oder Päckchen packen, diese mit Schleifen einbinden. Darin werden nun winzige Süßigkeiten versteckt, kleine Geschenke, wie Murmeln, Buntstifte, Puppenstubengeschirr und Kaufladenzubehör in Kleinstformat, Anhänger, Falttiere, Bildchen und ähnliches. Die Tüten werden mit Klammern auf einer Leine befestigt, die Päckchen kann man mit langen Fäden anbinden. Bei Wettspielen (vgl. Geschenke abschneiden; Was hängt an der Leine, S. 230) werden diese kleinen Geschenke später gewonnen oder auch als Trostpreise verteilt.

kleine Geschenke,
Geschenkpapier,
Zeichenkarton,
Bänder,
Faden

Alphabetisches Spiel- und Übungsverzeichnis

Ab, ins Mauseloch! 134
Abschlagen mit dem Tuch 138
Abwärtsfahren am Hang (auf Skiern) 207
Abwärtsfahren durch Tore 203
Abwerfen mit Schneebällen 198
Abzählreime 38
Alle meine Entchen, kommt nach Haus! 62
Alle mir nach! 178
Anduzen 166
Anschleichen 59
Armes Katerchen 241
Auf der Eisbahn (mit Schlittschuhen) 210
Auf der Schlitterbahn (mit Eisgleitern) 209
Auf einem Ski 207
Aufspulen (Autorennen) 220

Bälle aus dem Korb, in den Korb! 110
Bänder haschen 56
Ballfangen mit dem Netz 121
Ballnecken zu dritt 111
Ballprellen am Boden 125
Ballprellen an die Wand 128
Ballprellen auf Gehwegplatten 126
Ballprellen über die Turnbank 125
Ballprellen zum Partner 125
Ballrollen 106
Ball über das Seil 112
Ball über das Seil und nachlaufen 122
Ball über den Kopf 111
Ballspiel am Netz 122
Ballspiele am Strand 188
Ballspielschule 109
Ballspielschule im Kreis 108
Balltreiben durch eine Slalomstrecke 221

Bär und Bienen 47
Bäume (Übungen) 171
Baumstamm liegend (Übungen) 172
Baumstümpfe (Übungen) 171
Bei acht: Hocken! 220
Belustigungen zum Kinderfest 237
Besetze einen Kreis! 181
Bilderwettlauf (Nummernwettlauf) 35
Blinde Kuh 46
Blumen im Wind 65
Blumenzeck 54
Blüten werfen 124
Boccia 166
Böckchen, Böckchen, schiele nicht! 61
Bodenübungen (auf der Wiese) 182
Brettspiele (auf dem Tuch) 160
Brettspiele und Legespiele (auf der Terrasse) 161
Bringe mir das Spielzeug! 215
Brückenwächter 50
Brüderchen, hilf! 54

Das böse Tier (Häscher im Versteck) 52
Das Fenster 79
Das große Mikado 159
Das letzte Paar heraus! 29
Das Männchen 42
Das obdachlose Häschen 70
Das Spiel mit dem Hut 32
Der Ball fliegt zu Anne 107
Der Bär ist los 41
Der Brief 77
Der Drachen 81
Der Eiskönig 63
Der Fuchs im Hühnerstall 41
Der Hering 65
Der Obstdieb 52
Der Plumpsack geht um 73
Der Turm 79
Die Kette 80
Die Schwalbe hat kein Nest 69
Die Sonne 82
Die Unsichtbaren 175
Die Vögel haben Hunger 116
Die Woche oder das Kreuz 78
Domino (kleine Variante) 162
Dosen angeln 222
Drachenspiel 158
Dreibeinlaufen 240

Dreiradfahren 149
Drittenabschlagen 32

Eierlaufen 218
Eilbotenlauf 37
Eimerchen füllen 28
Eine Rakete starten lassen 237
Einfache Krocketbahnen 169
Einfacher Wanderball 112
Einfangen (Skilauf) 206
Eins, zwei, drei, erstes Paar vorbei! 61
Eisbär, Eisbär, komm heraus! 45
Eistorte backen 192
Elefantenhasche 55
Enten schöpfen 37
Ernte einbringen 34

Fächertreten und wenden (Skilauf) 205
Fähnchen stecken und haschen 196
Fähnchen rauben von der Schneeburg 196
Fahrradfahren 153
Fangt das Seil! 92
Fangt den Schmetterling! 94
Fangt die Enten! 58
Farben- und Formendomino 164
Farben- und Formenpuzzle zu zweit 165
Farben verkaufen 47
Farbiges Eis herstellen 191
Felder besetzen 83
Felderhüpfspiele 75
Findet den Weg! 178
Findet die gleichen Blätter! 175
Findet ein Haus! 68
Findet euren Baum wieder! 175
Fischerspiel 64
Fischer, wie hoch steht das Wasser? 65
Fliegender Teller 124
Flugtaube basteln 157
Formen legen (mit Seilen) 92
Froschhüpfen 219
Frost Rotnase und Frost Blaunase 63
Fuchs und Hasen 55
Fuchs und Hühner 49
Fülle das Loch auf! 180
Fußgymnastik (auf der Wiese) 182
Fußgymnastik (im Sand) 186
Fußgymnastik (mit dem Tuch) 140

Gänse, wollt ihr fressen? 63
Gärtner 33
Gegenstände aufheben (Skilauf) 207
Gehen, balancieren und hüpfen in der Schnecke 83
Gehen, laufen, springen, steigen (mit Gummibändern) 145
Gehen, laufen, springen, steigen, klettern (im Wald) 171
Gehweghopse 75
Gehwegplatten besetzen 86
Geschenke abschneiden 230
Geschickter Kellner 234
Geschicklichkeitsspiele mit dem Kinderfahrrad 153
Geschicklichkeitsspiele mit dem Roller 151
Girlanden (für die Festwiese) 244
Graben (steigen, klettern, springen) 184
Grubenball 115
Grüblein 133
Gummibandspiele 145
Gürkchen, geht nicht weiter! 43

Haltet den Garten sauber! 115
Handabschlagen 31
Haschen auf Schlittschuhen 213
Haschen mit Freimal (auf dem Spielplatz) 53
Haschen mit Freimal (im Wald) 179
Haschen im Busch 46
Haschespiele 38
Henne und Katze 42
Hinausfliegen 132
Hindernislauf (im Schnee) 196
Hindernislauf (im Wald) 178
Hinüberziehen mit dem Seil 96
Hochwerfen und Fangen 106
Holzfiguren treffen (mit Schneebällen) 198
Humpelzeck 53
Hühner und Habicht 51
Hüpfender Kreis 91
Hütchentransport 221
Hütchen und Kappen 243

In die Hocke! – In den Kreis! 216

Jäger und Hase 114
Jakob und Jakobinchen 60
Jetzt kommt das Bällchen zu mir! 105
Je weiter – desto besser! (Skilauf) 206

Kämmerchen vermieten 67
Kanal 35

251

Känguruhhüpfen 219
Kartoffellauf 233
Kasper, krieg uns! 49
Katze und Maus 44
Katze und Maus (mit Geräten) 45
Kauermännchen 53
Kegeln 223
Kegelspiel mit dem Schwungseil 222
Kegelstand (Murmelspiel) 134
Keulen umwerfen 104
Kieseljagd 51
Klatschball 113
Kleidertausch 224
Kleines Golf 167
Kletterbaum 174
Klettern nach Geschenken 229
Klettern und am Glöckchen zupfen 229
Kletterzeck (Hochhasche) 54
Klingelmännchen 59
Kling, Glöckchen! 169
Knüttelspiel 167
Kohlkopf (auf Schlittschuhen) 214
Komm, Bällchen! 105
Komm mit! – Lauf weg! 29
Korridorfahren (auf Skiern) 207
Krach- oder Musikauto-Umzug 242
Kraft- und Gewandtheitsspiele 75
Kreiseltreiben 154
Kreishasche 42
Kreisellauf (auf Schlittschuhen) 216
Kreislauf (auf Skiern) 205
Kringelbeißen 218
Krocket 168
Kugelbahn über die Brücke (Murmelspiel) 129
Kugel- und Zielballspiele 166
Küken und Habicht 50

Laubhasche – Baumhasche 176
Laufen, hüpfen, springen (in der Seilgasse) 145
Laufen im Kreis zu zweit (auf Schlittschuhen) 211
Laufen! – Setzen! – Laufen! 28
Laufen um die Schlittenreihe 199
Lauf mit dem Hut! 235
Lauft durch die Schranke! 94
Lauf weg! (auf Skiern) 206
Lebende Schlange 237
Liegen, rollen, rutschen, kriechen (im Sand) 185
Löwe und Antilope 42

Luftballonlauf 31
Luftballon (Übungen) 137
Lustige Köpfe 239

Male mir eine Hasennase! 238
Marktfrau 50
Mäuschen, ins Häuschen, der Kater kommt! 72
Mein bunter Reifen 98
Meister, gib uns Arbeit! 64
Mit großen Schritten (auf Schlittschuhen) 211
Monatszeck 54
Müde – matt – aus! 108
Mühlespiel (auf dem Tuch) 160
Murmelkullerbahn 129
Murmellotto 135
Murmeln aus der Reihe schlagen 132
Murmeln an die Wand werfen 136
Muster aus farbigem Eis 191
Mutter, darf ich verreisen? 66

Namen rufen 116
Nasser Ball 235
Neckball im Kreis 111

Ohne die Füße zu heben 212

Paarwettlauf 28
Paarwettlauf (auf Schlittschuhen) 216
Paarzeck 54
Papierflieger falten 156
Papierhelm falten 156
Papierpfeil falten 156
Papierschiffchen falten 156
Partnerübungen (am Strand) 187
Partnerübungen (mit Ball) 106
Partnerübungen (mit Reifen) 100
Partnerübungen (mit Seil) 89
Pflastermalen und Spielen 239
Pilzsuche 177
Pistolenlauf (auf Schlittschuhen) 212
Platzsuchspiele 67
Plätzewechseln durch Tore 74
Polterbude 224
Pudelmütze fangen 57
Puppenslalom 195
Puppenspringen 84
Puzzlespiel aus sechs Teilen 165

Rasenreiten (Rasenrutsche) 231
Reifenrollen um die Wette 98
Reifenspringen 80
Reifentreiben um ein Wendemal 98
Rette sich, wer kann! 73
Riesendomino 163
Riesenschlange fangen 94
Ringewerfen (auf Stäbe) 124
Ringkugeln (Murmelspiel) 130
Ringstechen 231
Ringtauziehen 95
Rolle den Ball ins Loch! 117
Rolle den Ball zum Partner! 117
Rollerfahren um ein Wendemal 150
Rollerslalom 150
Rose – Tulpe – Nelke 90

Säckchen tragen und werfen 141
Sackhüpfen 227
Sand einfüllen um die Wette 190
Sandkuhle 184
Sandplastiken formen 190
Sandsäckchen in Reifen werfen 225
Schattenhasche 55
Schatzsuche 223
Schaufeln, laufen und spielen im Sand 189
Schiebekästen 81
Schieberrennen 151
Schildkrötenfahrt (auf Schlitten) 201
Schlage den Luftballon! 228
Schlage den Zapfenhaufen um! 180
Schlagt den Ball! 126
Schlangenkönig (mit Seil) 94
Schlangenbeschwörer 242
Schlittenfahren (am Hang) 203
Schlittenfahren (in der Ebene) 199
Schlittenkreis 201
Schlittenzug 201
Schlößlein (Murmelspiel) 133
Schlittschuhlaufen 210
Schneebälle färben 192
Schneeball anfahren (auf Schlittschuhen) 211
Schneefegen (auf Skiern) 204
Schneeflöckchentanz 194
Schneekarussell 194
Schneemalereien 192
Schneeplastiken formen 193
Schnee walzen – Schneesäulen bauen 192

Schnell, ins Haus! 68
Schubkarrenlauf 233
Schubkarren- oder Wagenrennen 232
Schwalbenlauf (auf Schlittschuhen) 213
Schwänzchen anzeichnen 241
Schwänzchen haschen 56
Schwesterchen, komm mit! 66
Seile aufwickeln 91
Seilschwingen 94
Seilspringschule 90
Seiltroika 93
Semmelschritt (auf Schlittschuhen) 212
Skifahren (am Hang) 207
Skifahren zu zweit oder zu dritt 208
Skilaufen (in der Ebene) 204
Slalomlauf (auf Schlittschuhen) 212
Slalomlauf zu zweit (auf Skiern) 204
Spaß mit Bambusstab und Bonbon 226
Spiele im Wald 175
Spiele mit dem Schlitten 199
Sportwürfelspiel 160
Springball auf einem Brett 128
Springe um den Zapfenkreis! 181
Springt über das Seil! 93
Springe über Zapfen! 181
Sprungseilstaffel – Sprungseilkönig 236
Sprungseil (Übungen) 87
Spurenforscher (auf Skiern) 208
Spuren suchen im Schnee 197
Spurwechsel (auf Skiern) 205
Staffelläufe 33
Steckenpferdreiten 223
Steinchen aufheben (Fußgymnastik) 187
Steinchen werfen auf Quadrate 86
Stelzenmann 242
Stöckchen, klopf! 60
Stöcke im Schnee 198
Störche fangen die Frösche 43
Storchenlauf (auf Schlittschuhen) 213
Stuhlpolonaise 240
Strümpfestricken 242
Suchball 114
Sucht Püppchen Katrin! 195

Tauziehen als Mannschaftswettbewerb 96
Tauziehen zu zweit 95
Taxifahrer 101
Teddybär, spring hinein! 91

Tippscheibe 230
Topfschlagen 217
Torschießen (Murmelspiel) 131
Torlauf (auf Skiern) 205
Treppenstufen, Kanten (Übungen) 183
Triff das Tor! 118
Triff in den Korb! 180
Trippeltrappel 40
Troikalauf (auf Schlittschuhen) 216
Troikalauf (im Schnee) 194
Tröpfelburg (am Strand) 189
Tüchlein rauben 138
Tuch werfen und fangen 138
Tunnelball 111
Tunnelball im Kreis 111
Tüten schlagen 228

Übungen mit Bällen 105
Übungen mit Gummibändern 145
Übungen mit Gymnastikkeulen 104
Übungen mit Luftballons 137
Übungen mit Pappdeckeln 142
Übungen mit Papprollen 143
Übungen mit Reifen 97
Übungen mit Sandsäckchen 141
Übungen mit Sprungseilen 87
Übungen mit Teddys 144
Übungen mit Tennisringen 102
Übungen mit Tüchern 138
Um das Häuschen gehe ich 67
Um die Mauer (Ballspiel) 127
Umkehr- oder Rücklaufstaffel 33

Verkehrsgarten 152
Verstecken (im Wald) 176
Versuche zu überholen! (Skilauf) 206
Vogelhändler (ältere Spielweise) 48
Vögel und Füchse 177
Vögel verkaufen 47

Walddreikampf 179
Waldstaffellauf 179
Wandball 126
Wanderball (ältere Spielweise) 113
Wanderball in der Gasse 112
Was hängt an der Leine? 230
Wasserball treffen 120
Wassermann 41

Wasser tragen 220
Wasser und Sturm 74
Wechselt das Bäumchen! 69
Wechselt den Partner! 72
Wechselt den Schlitten! 200
Wer hat den Clown zuerst angezogen? 36
Wer hat die beste Puste? 228
Wer hat keinen Ball? 110
Werfen in Kreise 120
Wer ist am schnellsten? (auf Schlittschuhen) 215
Wer ist ein guter Torwart? 118
Wer ist zuerst am Baum? 27
Wer ist zuerst beim Schneemann? 202
Wer wendet als erster? (Skilauf) 206
Wettläufe 27
Wettlauf durch Tore 28
Wettwanderball 112
Wettmurmeln 130
Wettspiele mit dem Roller 150
Wieviel Hörner hat der Bock? 60
Wieviel Teile hat mein Name? 66
Windmühle basteln 155
Windmühlenlauf 155
Wind – Wasser – Sturm 74
Winter und Sommer (Seitenwechsel auf Schlittschuhen) 214
Wir basteln einen Drachen 158
Wir füttern das Kaninchen 226
Würfelspiel auf der Terrasse 161
Wurfspiele (im Wald) 180

Zahlenspringen 84
Zauberstab, berühre mich! 227
Zeichne einen Vogel! (auf Schlittschuhen) 213
Zick und Spann (Murmelspiel) 136
Zickzackhopse 78
Ziehkampf mit Handtuch oder Reifen 182
Zielmurmeln 131
Zielwerfen (durch Reifen) 120
Zielwerfen (in die Plastewanne) 119
Zielwerfen (mit Schneebällen) 197
Zielwerfen (nach Blechbüchsen) 119
Zielwerfen (nach Figuren) 119
Zwei-Deckel-Lauf 234
Zwei mal zwei – mit Stöcken abwärts! 203
Zwerg und Riese 53
Zug und Tunnel 195

Inhaltsverzeichnis

Einführung 7
Laufspiele 27
Wettläufe 27
Wer ist zuerst am Baum? . . . . J* 27
Eimerchen füllen . . . . M – Ä 28
Laufen! – Setzen! – Laufen! . . . . J – Ä 28
Wettlauf durch Tore . . . . Ä 28
Paarwettlauf . . . . M – Ä 28
Das letzte Paar heraus! . . . . Ä 29
Komm mit! – Lauf weg! . . . . M – Ä 29
Mannschaftswettlauf . . . . M – Ä 30
Seitenwechsel . . . . J – Ä 30
Handabschlagen . . . . Ä 31
Luftballonlauf . . . . J – Ä 31
Drittenabschlagen . . . . Ä 32
Das Spiel mit dem Hut . . . . M – Ä 32
Staffelläufe 33
Umkehr- oder Rücklaufstaffel . . . . M – Ä 33
Gärtner . . . . Ä 33
Ernte einbringen . . . . M – Ä 34
Säckchen tragen und werfen . . . . J – Ä 34
Kanal . . . . M – Ä 35
Bilderwettlauf (Nummernwettlauf) . . . . M – Ä 35
Wer hat den Clown zuerst angezogen? . . . . Ä 36
Enten schöpfen . . . . Ä 37
Eilbotenlauf . . . . Ä 37
Haschespiele 38
Abzählreime . . . . J – Ä
Haschen und Weglaufen 40
Einfaches Haschen . . . . J – Ä 40
Trippeltrappel . . . . J – Ä 40

* Eignung für Altersgruppen des Kindergartens: Jüngere, mittlere, ältere Gruppe,
  SCH = Schulkinder, evtl. sehr geübte Kinder der älteren Gruppe

Wassermann	M–Ä	41
Der Bär ist los	J–Ä	41
Der Fuchs im Hühnerstall	M–Ä	41
Das Männchen	J	42
Kreishasche	M–Ä	42
Löwe und Antilope	Ä	42
Henne und Katze	J–Ä	42
Störche fangen die Frösche	J–M	43
Gürkchen, geht nicht weiter!	J–Ä	43
Hasenjagd	M–Ä	44
Katze und Maus	M–Ä	44
Katze und Maus (mit Geräten)	M–Ä	45
Eisbär, Eisbär, komm heraus!	M–Ä	45
Häschen im Busch	M–Ä	46
Blinde Kuh	M–Ä	46
Vögel verkaufen	Ä	47
Bär und Bienen	M–Ä	47
Farben verkaufen	Ä	47
Vogelhändler (ältere Spielweise)	Ä	48
Uhren verkaufen	M–Ä	49
Fuchs und Hühner	M–Ä	49
Kasper, krieg uns!	M–Ä	49
Küken und Habicht	M–Ä	50
Marktfrau	Ä	50
Brückenwächter	M–Ä	50
Hühner und Habicht	M–Ä	51
Kieseljagd	Ä	51
Der Obstdieb	M–Ä	52
Das böse Tier	Ä	52
Haschen mit Freimal		53
Kauermännchen	J	53
Humpelzeck	M–Ä	53
Zwerg und Riese	M–Ä	53
Paarzeck	M–Ä	54
Blumenzeck (Autozeck)	M–Ä	54
Monatszeck	Ä	54
Brüderchen, hilf!	M–Ä	54
Kletterzeck (Hochhasche)	M–Ä	54
Elefantenhasche	M–Ä	55
Schattenhasche	M–Ä	55
Fuchs und Hasen	M–Ä	55
Haschen und etwas wegnehmen		56
Schwänzchen haschen	J–Ä	56
Bänder haschen	Ä	56
Pudelmütze fangen	M–Ä	57
Fangt die Enten!	J–Ä	58
Anschleichen und Haschen		59
Anschleichen	J–M	59

Klingelmännchen . . . . M – Ä   59
Stöckchen, klopf! . . . . J – Ä   60
Jakob und Jakobinchen . . . . J – Ä   60
Wieviel Hörner hat der Bock? . . . . M – Ä   60
Böckchen, Böckchen, schiele nicht!
(Eins, zwei, drei, erstes Paar vorbei!) . . . . M – Ä   61
Haschen mit Zurücklaufen oder Seitenwechsel   62
Alle meine Entchen, kommt nach Haus! . . . . J – Ä   62
Frost Rotnase und Frost Blaunase . . . . M – Ä   63
Der Eiskönig . . . . M – Ä   63
Gänse, wollt ihr fressen? . . . . M – Ä   63
Meister, gib uns Arbeit! . . . . M – Ä   64
Fischerspiel . . . . Ä   64
Fischer, wie hoch steht das Wasser? . . . . M – Ä   65
Der Hering . . . . M – Ä   65
Blumen im Wind . . . . M – Ä   65
Schwesterchen, komm mit! . . . . M – Ä   66
Mutter, darf ich verreisen? . . . . Ä   66
Wieviel Teile hat mein Name? . . . . Ä   66
Platzsuchspiele   67
Kämmerchen vermieten . . . . M – Ä   67
Um das Häuschen gehe ich . . . . M – Ä   67
Findet ein Haus! . . . . J – Ä   68
Schnell, ins Haus! . . . . J – M   68
Die Schwalbe hat kein Nest . . . . M – Ä   69
Wechselt das Bäumchen! . . . . M – Ä   69
Das obdachlose Häschen . . . . M – Ä   70
Hundehütte . . . . M – Ä   71
Mäuschen, ins Häuschen, der Kater kommt! . . . . . . M – Ä   72
Wechselt den Partner! . . . . M – Ä   72
Der Plumpsack geht um . . . . J – Ä   73
Rette sich, wer kann! . . . . M – Ä   73
Plätze wechseln durch Tore . . . . M – Ä   74
Wasser und Sturm . . . . J – Ä   74
Wind – Wasser – Sturm . . . . J – Ä   74

Kraft- und Gewandtheitsspiele   74
Felderhüpfspiele   75
Gehweghopse . . . . M – Ä   75
Schlußhüpfen – Einbeinhüpfen – Grätschen . . . . . M – Ä   76
Der Brief . . . . M – Ä   77
Die Woche oder das Kreuz . . . . Ä   78
Zickzackhopse . . . . Ä   78
Der Turm . . . . M – Ä   79
Das Fenster . . . . Ä   79
Die Kette . . . . M – Ä   80
Reifenspringen . . . . Ä   80
Schiebekästen . . . . Ä – SCH   81

Der Drachen . . . . M – Ä   81
Die Sonne (I) . . . . J – M   82
Die Sonne (II) . . . . M – Ä   82
Gehen, balancieren und hüpfen in der Schnecke . . . . J – Ä   83
Felder besetzen . . . . Ä – SCH   83
Zahlenspringen . . . . Ä – SCH   84
Puppenspringen . . . . Ä – SCH   84
Steinchen werfen auf Quadrate . . . . Ä – SCH   86
Gehwegplatten besetzen . . . . Ä – SCH   86
Seilspringen und Seilschwingen   87
Übungen mit dem Sprungseil (jüngere Gruppe) . . . . . J   87
Übungen mit dem Sprungseil (mittlere/ältere Gruppe) . M – Ä   88
Partnerübungen . . . . M – Ä   89
Seilspringschule . . . . Ä – SCH   90
Rose – Tulpe – Nelke . . . . Ä – SCH   90
Hüpfender Kreis . . . . Ä – SCH   91
Teddybär, spring hinein! . . . . Ä – SCH   91
Seile aufwickeln . . . . M – Ä   91
Formen legen . . . . M – Ä   92
Fangt das Seil! . . . . J – Ä   92
Springt über das Seil! . . . . Ä   93
Seiltroika . . . . Ä – SCH   93
Schlangenkönig . . . . Ä   94
Lauft durch die Schranke! . . . . Ä   94
Riesenschlange fangen . . . . M – Ä   94
Fangt den Schmetterling! . . . . M – Ä   94
Tauziehen   95
Lauf des Tausendfüßlers . . . . M – Ä   95
Ringtauziehen . . . . Ä – SCH   95
Tauziehen zu zweit . . . . M – Ä   95
Hinüberziehen mit dem Seil . . . . Ä   96
Tauziehen als Mannschaftswettbewerb . . . . M – Ä   96
Spiele und Übungen mit Reifen   97
Reifenrollen – Reifentreiben . . . . J – M   97
Reifenrollen um die Wette . . . . M – Ä   98
Reifentreiben um ein Wendemal . . . . Ä   98
Mein bunter Reifen . . . . J – M   98
Übungen mit dem Reifen (jüngere Gruppe) . . . . . . J   99
Übungen mit dem Reifen (mittlere, ältere Gruppe) . . . M – Ä   100
Partnerübungen mit dem Reifen . . . . M – Ä   100
Spiele und Übungen mit Tennisringen   102
Individuelle Übungen . . . . J – Ä   102
Übungen zu zweit oder im Kreis . . . . M – Ä   103
Spiele und Übungen mit Gymnastikkeulen   104
Individuelle Übungen – Gruppenübungen . . . . J – Ä   104
Keulen umwerfen . . . . M – Ä   104

Spiele und Übungen mit Bällen 105
Rollen und fangen 105
Jetzt kommt das Bällchen zu mir! . . . . J – M 105
Komm, Bällchen! . . . . J – M 105
Partnerübungen . . . . J – M 106
Ballrollen . . . . J – M 106
Werfen und fangen 106
Hochwerfen und Fangen . . . . M – Ä 106
Freies Spiel mit dem Ball . . . . J – Ä 107
Einfaches Fangen . . . . J – Ä 107
Der Ball fliegt zu Anne . . . . J – Ä 107
Müde – matt – aus! . . . . Ä – SCH 108
Ballschule im Kreis . . . . M – Ä 108
Ballspielschule . . . . Ä – SCH 109
Bälle aus dem Korb, in den Korb! . . . . J – Ä 110
Wer hat keinen Ball? . . . . J – Ä 110
Neckball im Kreis . . . . M – Ä 111
Ballnecken zu dritt . . . . M – Ä 111
Ball über den Kopf . . . . M – Ä 111
Tunnelball . . . . Ä 111
Tunnelball im Kreis . . . . Ä 111
Ball über das Seil . . . . M – Ä 112
Einfacher Wanderball . . . . M – Ä 112
Wettwanderball . . . . Ä 112
Wanderball in der Gasse . . . . M – Ä 112
Wanderball (ältere Spielweise) . . . . Ä 113
Klatschball . . . . Ä 113
Suchball . . . . J – Ä 114
Eins, zwei, drei, wer hat den Ball? . . . . M – Ä 114
Jäger und Hase . . . . Ä 114
Grubenball . . . . M – Ä 115
Haltet den Garten sauber! . . . . Ä 115
Die Vögel haben Hunger . . . . M – Ä 116
Namen rufen . . . . Ä 116
Fußball rollen und stoßen 117
Lauf mit dem Ball! . . . . M – Ä 117
Rolle den Ball zum Partner! . . . . M – Ä 117
Rolle den Ball ins Loch! . . . . Ä 117
Triff das Tor! . . . . Ä – SCH 118
Wer ist ein guter Torwart? . . . . Ä – SCH 118
Fußball im Kreis . . . . Ä – SCH 118
Zielwerfen 119
Zielwerfen in die Plastewanne . . . . J – Ä 119
Zielwerfen nach Blechbüchsen . . . . M – Ä 119
Zielwerfen nach Figuren . . . . J – Ä 119
Zielwerfen durch Reifen . . . . M – Ä 120
Wasserball treffen . . . . M – Ä 120
Werfen des Balles in Kreise . . . . M – Ä 120

Werfen und Fangen 121
Ballfangen mit dem Netz . . . . Ä 121
Schmetterlinge fangen . . . . Ä 121
Ball über das Seil und nachlaufen . . . . Ä 122
Ballspiel am Netz . . . . Ä 122
Ringe werfen am Boden . . . . M – Ä 123
Ringe auf frei gehaltene Stäbe werfen . . . . Ä – SCH 123
Fliegende Teller . . . . J – Ä 124
Blüten werfen . . . . J – Ä 124
Ballprellen 125
Ballprellen am Boden . . . . M – Ä 125
Ballprellen zum Partner . . . . M – Ä 125
Buntes Bällchen . . . . M – Ä 125
Ballprellen über die Turnbank . . . . M – Ä 125
Ballprellen auf Gehwegplatten . . . . Ä 126
Wandball . . . . Ä 126
Schlagt den Ball! . . . . M – Ä 126
Um die Mauer . . . . Ä – SCH 127
Ballprellen an die Wand . . . . Ä – SCH 128
Springball auf einem Brett . . . . Ä 128

Murmelspiele 129
Murmelkullerbahn . . . . J – Ä 129
Kugelbahn über die Brücke . . . . J – Ä 129
Wettmurmeln . . . . J – Ä 130
Ringkugeln . . . . Ä 130
Zielmurmeln . . . . M – Ä 131
Tor schießen . . . . M – Ä 131
Hinausfliegen . . . . M – Ä 132
Murmeln aus der Reihe schlagen . . . . Ä 132
Grüblein . . . . M – Ä 133
Schlößlein . . . . Ä – SCH 133
Kegelstand . . . . Ä – SCH 134
Ab, ins Mauseloch! . . . . M – Ä 134
Murmellotto . . . . M – Ä 135
Zick und Spann . . . . Ä – SCH 136
Murmeln an die Wand werfen . . . . Ä 136

Spiele und Übungen mit Hilfsmitteln 137
Mit dem Luftballon 137
Laufen, hüpfen, springen . . . . J – Ä 137
Balancieren und prellen . . . . J – Ä 138
Mit dem Tuch 138
Tüchlein rauben . . . . J – M 138
Abschlagen mit dem Tuch . . . . M – Ä 138
Tuch werfen und fangen . . . . M – Ä 138
Übungen am Ort mit dem Tuch . . . . J – Ä 139
Schwünge mit dem Tuch . . . . J – Ä 139

Gehen, laufen, hüpfen, steigen mit dem Tuch . . . . . J – Ä 140
Fußgymnastik mit dem Tuch . . . . J – Ä 140
Mit dem Sandsäckchen 141
Übungen mit dem Sandsäckchen . . . . J – Ä 141
Füllt das Körbchen! . . . . J – Ä 141
Mit Pappdeckeln . . . . J – Ä 142
Mit Papprollen . . . . J – Ä 143
Mit dem Teddy . . . . J – Ä 144
Mit Gummibändern 145
Gummibandspiele . . . . Ä – SCH 145
Laufen, hüpfen, springen in der Seilgasse . . . . Ä – SCH 145
Koordinationsübungen und Bewegungsschulung . . . . Ä – SCH 148

Spiele mit Kinderfahrzeugen, Kreiseln, Papierfliegern . 149
Dreiradfahren . . . . J – Ä 149
Rollerfahren . . . . M – Ä 149
Wettspiele mit dem Roller . . . . M – Ä 150
Rollerslalom . . . . M – Ä 150
Rollerfahren um ein Wendemal . . . . M – Ä 150
Fähnchenholen . . . . M – Ä 150
Schieberrennen . . . . M – Ä 151
Geschicklichkeitsspiele mit dem Roller . . . . M – Ä 151
Verkehrsgarten . . . . M – Ä 152
Fahrradfahren . . . . M – Ä 153
Geschicklichkeitsspiele mit dem Kinderfahrrad . . . . Ä 153
Kreiseltreiben . . . . Ä – SCH 154
Windmühle basteln . . . . Ä 155
Windmühlenlauf . . . . J – Ä 155
Papierflieger, Pfeil . . . . M – Ä 156
Papierhelm, Papierschiffchen . . . . J – Ä 156
Flugtaube . . . . Ä 157
Drachen basteln . . . . Ä 158
Drachenspiel . . . . Ä 158

Spiele mit großen Figuren, Kegeln und Kugeln auf
Pflasterwegen und Rasen 159
Das große Mikado . . . . Ä 159
Brettspiele auf dem Tuch 160
Mühlespiel . . . . M – Ä 160
Sportwürfelspiel . . . . M – Ä 160
Brett- und Legespiele auf der Terrasse 161
Würfelspiel . . . . M – Ä 161
Domino (kleine Variante) . . . . M – Ä 162
Riesendomino . . . . Ä – SCH 163
Farben- und Formendomino . . . . M – Ä 164
Farben-Formenpuzzle zu zweit . . . . M – Ä 165
Puzzlespiel aus sechs Teilen . . . . M – Ä 165
Kugel- und Zielballspiele 166

Anduzen	M – Ä	166
Boccia	Ä – SCH	166
Knüttelspiel	Ä – SCH	167
Kleines Golf	Ä – SCH	167
Krocket	Ä – SCH	168
Einfache Krocketbahnen	M – Ä	169
Kling Glöckchen!	M – Ä	169
Krocket als Mannschaftsspiel	Ä – SCH	170
Spiele und Übungen im Park, im Wald, auf der Wiese und am Strand		171
Im Park, im Wald		171
Gehen, laufen, steigen, springen, klettern	J – Ä	171
Bäume	J – Ä	171
Baumstümpfe	M – Ä	171
Baumstamm liegend	M – Ä	172
Vierfüßlergang	M – Ä	173
Im Sitzen	M – Ä	173
Klettern, steigen, überspringen	M – Ä	174
Kletterbaum	Ä	174
Laufen und kriechen	J – Ä	175
Die Unsichtbaren	M – Ä	175
Findet euren Baum wieder!	J – M	175
Findet die gleichen Blätter!	J – Ä	175
Laubhasche – Baumhasche	M – Ä	176
Verstecken	M – Ä	176
Vögel und Füchse	J – Ä	177
Pilzsuche	Ä	177
Findet den Weg!	Ä	178
Hindernislauf im Wald	Ä	178
Alle mir nach!	Ä	178
Waldstaffellauf	Ä	179
Haschen mit Freimal im Wald	M – Ä	179
Walddreikampf	M – Ä	179
Wurfspiele und Springen im Wald		180
Schlage den Zapfenhaufen um!	M – Ä	180
Fülle das Loch auf!	M – Ä	180
Triff in den Korb!	Ä	180
Springe über Zapfen!	M – Ä	181
Springe um den Zapfenkreis	J – Ä	181
Besetze einen Kreis!	J – Ä	181
Auf der Wiese		182
Fußgymnastik auf der Wiese	J – Ä	182
Bodenübungen auf der Wiese	J – Ä	182
Ziehkampf mit Handtuch oder Reifen	M – Ä	182
An Kanten, Stufen, Graben		183
Steigen, klettern, kriechen, springen	J – Ä	183
Treppen, Kanten	J – Ä	183

Graben . . . . J – Ä   184
Graben mit Hindernissen . . . . J – Ä   184
Sandkuhle . . . . M – Ä   184
Am Strand – im Sandgelände   185
Liegen, rollen, rutschen, kriechen . . . . J – Ä   185
Fußgymnastik im Sand . . . . J – Ä   186
Steinchen aufheben . . . . M – Ä   187
Partnerübungen am Strand . . . . M – Ä   187
Ballspiele am Strand . . . . J – Ä   188
Schaufeln, laufen und spielen im Sand . . . . J – Ä   189
Tröpfelburg . . . . J – Ä   189
Sand einfüllen um die Wette . . . . J – Ä   190
Sandplastiken formen . . . . J – Ä   190

Spiele im Schnee und auf der Eisbahn   191
Spiele mit Eis und Schnee   191
Farbiges Eis herstellen . . . . J – Ä   191
Muster aus farbigem Eis . . . . J – Ä   191
Eistorte backen . . . . J – M   192
Schneebälle färben . . . . J – Ä   192
Schneemalereien . . . . J – Ä   192
Schnee walzen und Schneesäulen bauen . . . . J – Ä   192
Schneeplastiken formen . . . . M – Ä   193
Schneekarussell . . . . J – Ä   194
Troikalauf im Schnee . . . .   Ä   194
Schneeflöckchentanz . . . . J – M   194
Zug und Tunnel . . . . M – Ä   195
Puppenslalom . . . . M – Ä   195
Sucht Püppchen Katrin! . . . . M – Ä   195
Fähnchen stecken und haschen . . . . M – Ä   196
Fähnchen rauben von der Schneeburg . . . . M – Ä   196
Hindernislauf im Schnee . . . . M – Ä   196
Spuren suchen im Schnee . . . . M – Ä   197
Zielwerfen mit Schneebällen . . . . M – Ä   197
Abwerfen mit Schneebällen . . . . M – Ä   198
Holzfiguren treffen mit Schneebällen . . . . M – Ä   198
Stöcke im Schnee . . . . M – Ä   198
Spiele mit dem Schlitten   199
In der Ebene   199
Schlitten ziehen und schieben . . . . M – Ä   199
Laufen um die Schlittenreihe . . . . M – Ä   199
Wechselt den Schlitten! . . . . M – Ä   200
Schildkrötenfahrt . . . .   Ä   201
Schlittenkreis . . . .   Ä   201
Schlittenzug . . . . J – Ä   201
Staffelspiele mit dem Schlitten . . . .   Ä   202
Wer ist zuerst beim Schneemann? . . . . J – M   202

Am Hang 203
Abwärtsfahren durch Tore . . . . Ä 203
Zwei mal zwei – mit Stöcken abwärts! . . . . M – Ä 203
Skilaufen 204
In der Ebene 204
Schneefegen auf Skiern 204
Slalomlauf zu zweit 204
Kreislaufen auf Skiern 205
Fächertreten und wenden 205
Torlauf auf Skiern 205
Spurwechseln 205
Wer wendet als erster? 206
Je weiter – desto besser! 206
Lauf weg! 206
Wer ist der Schnellste? 206
Einfangen! 206
Versuche zu überholen! 206
Am Hang 207
Abwärtsfahren am Hang 207
Korridorfahren 207
Gegenstände aufheben 207
Auf einem Ski 207
Skifahren zu zweit oder zu dritt 208
Spurenforscher auf Skiern 208
Schlittschuhlaufen 209
Auf der Schlitterbahn mit Eisgleitern 209
Auf der Eisbahn mit Schlittschuhen 210
Mit großen Schritten 211
Schneeball anfahren 211
Laufen im Kreis zu zweit 211
Semmelschritt 212
Wettlauf auf Schlittschuhen 212
Ohne die Füße zu heben 212
Slalomlauf auf Schlittschuhen 212
Pistolenlauf 212
Schwalbenlauf 213
Zeichne einen Vogel! 213
Storchenlauf 213
Haschespiel auf Schlittschuhen 213
Mutige Springer 213
Winter und Sommer (Seitenwechsel) 214
Kohlkopf 214
Wer ist am schnellsten? 215
Bringe mir das Spielzeug! 215
Troikalauf auf Schlittschuhen 216
Paarwettlauf 216
Kreisellauf 216
In die Hocke! – In den Kreis! 216

Lustige Wettbewerbe für Kinderfeste 217
Topfschlagen 217
Kringelbeißen 218
Eierlaufen 218
Froschhüpfen 219
Känguruhhüpfen 219
Wasser tragen 220
Bei acht: Hocken! 220
Aufspulen (Autorennen) 220
Hütchentransport 221
Balltreiben durch eine Slalomstrecke 221
Dosen angeln 222
Kegelspiel mit Schwungseil 222
Kegelspiel 223
Schatzsuche 223
Steckenpferdreiten 223
Kleidertausch 224
Polterbude 224
Sandsäckchen in Reifen werfen 225
Wir füttern das Kaninchen 226
Spaß mit Bambusstab und Bonbon 226
Zauberstab, berühre mich! 227
Sackhüpfen 227
Tüten schlagen 228
Schlage den Luftballon! 228
Wer hat die beste Puste? 228
Klettern und am Glöckchen zupfen 229
Klettern nach Geschenken 229
Was hängt an der Leine? 230
Geschenke abschneiden 230
Tippscheibe 230
Rasenreiten mit der Rasenrutsche 231
Ringstechen 231
Schubkarren- oder Wagenrennen 232
Schubkarrenlauf 233
Kartoffellauf 233
Zwei-Deckel-Lauf 234
Geschickter Kellner 234
Lauf mit dem Hut! 235
Nasser Ball 235
Sprungseilstaffel – Sprungseilkönig 236
Belustigungen zum Kinderfest 237
Eine Rakete starten lassen 237
Lebende Schlange 237
Male mir eine Hasennase! 238
Pflastermalen und Spielen 239
Lustige Köpfe 239
Stuhlpolonaise 240

Dreibeinlaufen 240
Schwänzchen anzeichnen 241
Armes Katerchen 241
Krach- oder Musikauto-Umzug 242
Stelzenmann 242
Schlangenbeschwörer 242
Strümpfestricken 242
Hütchen und Kappen 243
Girlanden für die Festwiese 244

Alphabetisches Spiel- und Übungsverzeichnis 248
Inhaltsverzeichnis 258
Literaturnachweis 270

Literaturnachweis

„Bummi", Kinderzeitschrift. Verlag Junge Welt, Berlin, verschiedene Jahrgänge.

Blumenthal, Ekkehardt: Bewegungsspiele für Vorschulkinder. Verlag Karl Hofmann, D-7060 Schorndorf bei Stuttgart.

Der Kindergarten. Hefte zur Spielpflege im Kindergarten, Hort und Heim. Hrsg. von Christine Uhl. Verlag Werden und Wirken, Weimar 1947, 1948.
Heft 2: Das Felderhüpfen; Heft 9: Allerlei Spiele mit Schußkullern, Steinchen und Knöpfen; Heft 12: Haschemann.

Döbler, Erika und Hugo: Kleine Spiele. 12., stark überarbeitete Auflage. Volk und Wissen Volkseigener Verlag, Berlin 1980.

Gräsel-Ullmann: Der Teddybär turnt mit. Österreichischer Bundesverlag, Wien 1981.

Körpererziehung im Kindergarten. Autorenkollektiv unter Leitung von Stanislaus Keller. Volk und Wissen Volkseigener Verlag, Berlin 1986.

Körperübungen und Spiele im Kindergarten. Autorenkollektiv. Volk und Wissen Volkseigener Verlag, Berlin 1955.

Kommt herbei zum großen Kreis! Hrsg. von Waltraut Singer, Günther Preißler, Annelies Beger, Volk und Wissen Volkseigener Verlag, Berlin 1986.

Kriesel, Margot und Ursula: Spielturnen im Freien. Eine Übungssammlung in Bildern. Volk und Wissen Volkseigener Verlag, Berlin 1959.

Lehnert, Gerda; Lachmann, Ingrid: Sport und Spiel mit kleinen Leuten. Sportverlag Berlin 1981.

Lukácsy, András: Spiele aus aller Welt. Corvina Kiado, Budapest 1964.

Minskin, Jefim: Spiele im Hort. (Übersetzung a. d. Russ.) Volk und Wissen Volkseigener Verlag, Berlin 1982.

„Neue Erziehung im Kindergarten", Volk und Wissen Volkseigener Verlag, Berlin, verschiedene Jahrgänge.

Ossokina, T. I.; Timofejewa, E. A.; Furmina, L. S.: Spiele und Beschäftigungen für Kinder im Freien. Verlag „Proswestschenie", Moskwa 1981 (russ.).

Reisekutsche. Reime, Gedichte, Rätsel, Märchen, Erzählungen, Spiele und Lieder aus sozialistischen Ländern für Kindergarten, Hort und Familie. Hrsg. von Waltraut Singer und Marga Arndt. Volk und Wissen Volkseigener Verlag, Berlin 1984.

Spaß und Spiel. Anregungen für fröhliche Stunden mit Vorschulkindern. Hrsg. von Marga Arndt, Inge Borde-Klein, Waltraut Singer. Volk und Wissen Volkseigener Verlag, Berlin 1976.

Zapletal, Miloš: Das Buch der 1000 Spiele – Die schönsten Spiele der Welt. Südwest Verlag, München 1976 (Lizenzausgabe des Titels: Enzyklopedie Hera, Olympia Verlag, Prag).

Einzelautoren und Verlage

Wir danken den nachfolgend genannten Autoren und Verlagen für die freundliche Genehmigung zum Abdruck der aufgeführten Beiträge:

Aus: Blumenthal, Ekkehardt: Bewegungsspiele für Vorschulkinder. Verlag Karl Hofmann, D-7060 Schorndorf bei Stuttgart.
(Die Vögel haben Hunger; Haltet den Garten sauber)

Aus: Gräsel-Ullmann: Der Teddybär turnt mit Österreichischer Bundesverlag, Wien 1981.
(Tücherl rauben; Abschlagen; Tuch werfen und fangen; Gummibandspiele; Teddybär turnt mit; Bierdeckelübungen)

Aus Lukácsy, András: Spiele aus aller Welt. Corvina Kiado, Budapest 1964.
(Der Hut des Lehrers; Löwe und Antilope; Kreishasch; Henne und Wildkatze)

Aus Minskin, Jefim: Spiele im Hort. (Übersetzung a. d. Russ.) Volk und Wissen Volkseigener Verlag, Berlin 1982.
(Die Eule; Lauf des Tausendfüßlers; Hinüberziehen mit dem Seil; Aufspulen)

Aus: Ossokina, T. I.; Timofejewa, E. A.; Furmina, L. S.: Spiele und Beschäftigungen für Kinder im Freien, Verlag „Proswestschenie", Moskau 1981 (russ.).
(Kleingärtner; Ernte einbringen; Kanal; Paarstaffellauf; Netzspiel; Lauf-setz dich -lauf!; Gänse wollt ihr fressen? Rolle den Ball ins Loch; Triff das Tor; Torwart; Vögel und Füchse; Die Unsichtbaren; Fuchs und Hühner; Bär und Bienen; Waldstaffellauf; Springe über Zapfen; Wir springen im Kreis; Schlage den Zapfenhaufen um; Fülle das Loch auf; Triff in den Korb; Pilzsuche; Eistorte backen; Zug und Tunnel; Schlittenkreis; Schneekarussel; Troika; Je weiter – desto besser! Wer wendet als erster? Wer ist der Schnellste? Versuche zu überholen; Spurenforscher; Auf einem Ski; Skifahren zu zweit; Wettlauf (mit Schlittschuhen); Slalomlauf; Mit großen Schritten; Ohne die Füße zu heben! Schneeball anfahren; Laufen im Kreis zu zweit; Pistolenlauf; Schwalbenlauf; Zeichne eine Vogelfigur; Haschespiel; Mutige Springer; Winter und Sommer; Wer ist am schnellsten? Kreisellauf; Kohlkopf; In die Hocke! – In den Kreis!)

Aus: Zapletal, Miloš: Das Buch der 1000 Spiele – Die schönsten Spiele der Welt. Südwest Verlag, München 1976. (Lizenzausgabe des Titels: Enzyklopedie Hera, Olympia Verlag, Prag.)
(Überwerfen des Balles; Kleines Golf; Um die Mauer; Ballprellen auf Gehwegplatten; Puppenspringen; Auf Quadrate werfen; Werfen in Kreise; Riesendomino; Hinausfliegen; Grüblein; Aus der Reihe schlagen)

Autoren

Gasterstedt, Karla: Hüpfspiele (Der Drachen; Die Sonne); Farben-Formenpuzzle; Entenschöpfen; Wer hat den Clown zuerst angezogen?

Grun, Margarethe: Wieviel Teile hat mein Vorname?

Hüttner, Hannes: Abzählreim (Eins, zwei, drei, wo ist unser Hund geblieben)

Heinlein, Gerhard: Rasenreiten

Kindergarten Dresden, Goethe-Allee: Bilderdomino; Wurffiguren für Bälle und Ringe

Kindergarten Waren-West: Farben- und Formendomino

Thomalla, Elgin: Domino (kleine Variante); Würfelspiel; Zickzackhopse; Puzzle zu zweit

Tuchtenhagen, A.: Brettspiele auf dem Tuch

Schelosky, Franka: Das große Mikado

Simon, Helga: Der Turm; Zickzackhopse (Abb. 4)

Singer, Waltraut: Bilderwettlauf; Pudelmütze fangen; Katze und Maus mit Geräten; Vogelhändler; Monatszeck; Blumenzeck; Kauermännchen; Fuchs und Hase; Bänderhaschen; Blütenwerfen; Schmetterlinge fangen; Springball auf einem Brett; Formenlegen mit Seil; Tröpfelburg; Sandplastiken; Lauft durch die Schranke; Kletterzeck; Der Ball fliegt zu Anne; Rose – Tulpe – Nelke;

Gehweghopse; Gehen und balancieren und hüpfen in der Schnecke; Kugelbahn über die Brücke; Tippscheibe; Murmeln an die Wand werfen; Spiele mit dem Roller; Ballspiele am Strand; Hütchentransport; Sprungseilstaffel – Sprungseilkönig; Hüpfender Kreis; Geschickter Kellner; Nasser Ball; Male mir eine Hasennase!; Pflastermalen und Spielen; Lustige Köpfe; Lebende Schlange; Hütchen und Kappen; Girlanden für die Festwiese; Stelzenmann; Geschicklichkeitsspiele mit Roller und Fahrrad; Verkehrsgarten; Schlangenbeschwörer.